Heinz Florian Oertel · Nachspiel-Zeit

Heinz Florian Oertel

Nachspiel-Zeit

Bemerkungen

Das Neue Berlin

Ermunterung

Eigentlich bin ich schon tot. Statistisch jedenfalls. Da, wo ich lebe, in Berlin-Pankow, wird – mit Statistikstand von 1997/98 – ein Männermensch 71,3 Jahre alt. Durchschnittlich, wohlgemerkt. Aber, was ein Durchschnittslebende und Durchschnittstote sind, weiß ich auch nicht. Für mich ist gut zu wissen, ich lebe noch. Statistisch gesehen, freilich schon in meiner Nachspiel-Zeit. Doch, was lehrt uns das Leben? Traue nur der Statistik, die du selber fälschst …

Übrigens, Berlin besitzt (noch) 23 Bezirke. Ein Blick auf die bundeshauptstädtische Bezirkslebenszeitdurchschnittsrangliste ist hochinteressant. Pankows Männer sind Tabellenelfter. Letzter ist Kreuzberg. Dort sterben die Adams schon mit 67,6 Jahren. Und wer ist, sozusagen, Bayern München? Na, Ihr Tototip? Jawohl, in Zehlendorf, dem westlichsten der Bezirke, wo auch viele Politiker leben, kann man durchschnittlich 74 werden ….

Was mich jedoch am meisten freut: Überall, in jedem Bezirk, in jeder deutschen Statistik leben die Frauen länger! Hurra! Das bietet den Männern, die der Statistik ein Schnippchen schlagen, die Chance, länger mit Frauen zusammenzuleben. Was gibt's Schöneres?

Für mich läuft also Nachspiel-Zeit. Okay, der Große Schiedsrichter guckt zwar schon häufiger auf die Uhr, aber noch schweigt seine Pfeife. Mithin: Ich renne weiter nach Vorlagen, Eingaben, Abgaben, erlebe Einwürfe, Abwürfe, Eckstöße, Freistöße, Strafstöße, höre Pfuis und Bravos. Tempo, Tempo, keine Zeit ist zu verplempern, los, jeder Angriff, jede Flanke kann die letzte sein …

Zeit

Was ist Zeit?

Ob Höchste Zeit oder Nachspiel-Zeit oder sonstwas für Zeit – Zeit bestimmt unser Leben. Zeit ist Leben. Leben ist Zeit. Wir leben auf Zeit. Sekunden, Minuten, Stunden, Tage, Wochen, Monate, Jahre, Jahrzehnte. Jede Sanduhr rinnt ihrem Staubrest entgegen. Unerbittlich.

Wie oft am Tag, wie oft im Leben blicken wir auf Uhren? Und auf Kalender? Wieviel bleibt noch? Jedem Leben sind Frühling, Sommer, Herbst und Winter zugedacht. Doch nicht jeder darf alles erleben. Seine Kinderzeit, Schulzeit, Lehrzeit, Studienzeit, Berufszeit, Rentnerzeit …

Und wohl zu jeder Zeit urteilten Menschen über ihre Zeit, was schon Shakespeare schrieb. Er hatte, 1594, gerade eine Pestepidemie überlebt. Ausgangs des 16. Jahrhunderts gingen dann in London seine meisterlichen Werke von »Der Widerspenstigen Zähmung« bis »Was Ihr Wollt« über die Bühne. Das neue Jahrhundert, 1601, eröffnete sein »Hamlet«. Den läßt er klagen: »The time is out of joint.« Die Zeit ist aus den Fugen. So sind wir heute, am Ende des 20. und kurz vorm 21. Jahrhundert, alle wieder Hamlet …

Im Sport, dem meine meiste Lebenszeit gehörte, reguliert sich auch alles über Zeit. Seine Uhren schaffen Resultate, die ebenso Urteile sind und immer Folgen zeitigen. Insofern widerspiegelt Sport das Leben. Und umgekehrt. Sport ist immer wie das Leben, wie die Gesellschaft, in der er lebt.

Vieles, was ich mit dem Mikrofon in den Stadien der Welt erlebte, bestätigt das. Die dabei gelebten gemeinsamen, dann getrennten und nun wieder gemeinsamen deutschen Jahre sind Zeitstücke davon. Den neutralen, mindestens neutraleren Historikerblick darauf, mit dem einmal unsere Zeit mit Abstand objektiver beschrieben wird, lernen wir leider nicht mehr kennen.

So bleiben nur alle subjektiven Versuche vom Jetzt. Wobei Lebens-Nachspiel-Zeit schon wertvoll ist. Sie macht Erkennen und Benennen leichter.

Olympia

Was für ein Wort!

Im Reporterleben nahm es für mich den besonders wertvollen und wichtigen Rang ein. Als Sportgeschehen und mit daraus gewachsener Lebenshaltung. Ich will im nachhinein auch nichts verteufeln. Schon, als ich in Cottbuser Straßen Jesse Owens und Paovo Nurmi spielte, geisterte es um mich herum. Großvater, Vater, meine Onkel, alle mindestens Sportinteressierte, gebrauchten es. Die Lehrer und ältere Schüler. Im Krieg verlor es sich, und bei Kriegsende war es weg. Alles andere war viel dringlicher.

Seit 1952 aber, mit meinem ersten direkten Olympiaerlebnis in Helsinki, kehrte es zurück und gewann mich. Von Spiele zu Spiele. Und mit der olympiaeigenen Zeitrechnung, dem Vierjahresabstand, Olympiade genannt, bestimmte es mitentscheidend meinen Lebensablauf.

Jetzt, 1999, kehre ich Scherben. Dabei weiß ich längst, Olympia ist nicht nur aus Griechischem gewachsene Tradition, nicht nur der Medaillenwettstreit, um das Wort Kampf zu vermeiden. Olympia besitzt Alltagswert. Es findet täglich statt. In allen kleinen Vereinen, beim Jedermannsport, und trotz tausend anderer Ablenkungsmöglichkeiten und Versuchungen immer noch unter Kindern und Jugendlichen. Glücklicherweise. Das rede ich mir nicht aus bloßem Trostsuchen ein. Es ist so. Dieses Olympia lebt. Viele, speziell die Medien, nehmen es jedoch nicht wahr. Bei denen zählt das zum Vermarktungsramsch, den man mit Füßen kickt, so wie manche Blechdosen traktieren. Weg damit.

Mit der großen Ware Olympia macht man hingegen seine Geschäfte. Das aber besudelt die Idee, bespuckt das Gestern. Doch was heißt heute noch Idee? Olympische Ideale? Im Museum sind sie zu besichtigen. Als Geschichte ausgelegt dienen sie zur Schaufensterdekoration, um Heutiges am günstigsten zu verkaufen. So wandelten sich die Zeiten, weil sich so die Menschen wandelten.

Dabei hätten sie allen Grund, aus Geschichte endlich mal zu lernen. Griechische und römische Olympiageschichte beweist, wie Niedergang dem Aufstieg folgte. Wie Sport zum Circus wurde. Ehrliches zu Unehrlichem. Würde zu Unwürdigem. Moral verkam. Von Moral darf heute, im Sommer 1999, aber ohnehin kaum gesprochen werden, weil sie nicht in die Landschaft paßt. Moralpächter, Moralwächter, Moralschelter dürfen nur Moralaufsichtsräte sein, – die Machtbesitzer. Normale Moralreklamierer sind als Moralapostel, Moralprediger, Moralinonkel, Moralisten zu verteufeln. Das kennen wir. Auch von früher.

Zurück ins Gestern von Olympia. Nach glanzvoller Blüte, nach großen Jahrhunderten ging Olympia erstmals an sich selbst zugrunde. Was einstens auch Stelldichein der Dichter, Künstler, Wissenschafter, Politiker, und zuerst stets der Olympioniken war, glitt zunehmend in die Hände von politischen Ehrgeizlingen, Geschäftemachern und anderen zwielichtigen Existenzen. Auf wirkliche Olympiasieger wie Koroibus aus Elis, der als allererster in den Annalen steht, Philombrotos, Chionis,

Milon von Kreton, Astylos, Theagenes aus Thasos, Leonidas von Rhodos folgten die Scharlatane. An deren Spitze verherrlichte sich Roms Kaiser Nero. Bei den 211. Olympischen Spielen, 67 unserer Zeit, fuhr er mit einem Zehner-Fohlengespann auf den Kampfplatz. Ohne Gegner, denn wer hätte überhaupt noch ein solches Gespann aufbieten können, »siegte« er und ließ sich den Lorbeerkranz überreichen. Das verstieß gegen alle olympischen Sitten, und doch gab's keinen Einspruch. Er war Staatsoberhaupt und besaß alle Macht. Das Fußvolk durfte sich nur wundern. Roms Herrscher lehrten, wie man sich Sport und Olympia zunutze macht. Olympiakämpfer wurden von den Besatzern nach Rom gebracht. Boxer und Ringer als Gladiatoren gedungen. Um 100 unserer Zeit blühten in 64 römischen Gladiatoren-Arenen die Geschäfte. Aus Olympiakämpfern und Siegern, die ursprünglich zum eigenen Ruhm antraten, machte man im Circus Maximus bezahlte Gaudifiguren kaiserlicher Launen. Wie schreiben die Historiker? »Der Olympismus versank in Professionalismus und Brutalität.« Das liegt 1900 Jahre zurück.

Coubertin

Dem französischen Pädagogen, Philosophen und Historiker verdanken wir die Olympia-Wiedergeburt, zu der es 1800 Jahre brauchte ... Das sagt viel. Baron Pierre de Coubertin hatte 1889 von seiner Regierung den Auftrag erhalten, Fragen der Körpererziehung zu erforschen. Alles in allem schien die Zeit günstig, denn – auch das beschreiben Historiker – im zerrissenen Europa regte sich, mehr oder minder deutlich, bewußt und unbewußt, eine gewisse Friedenssehnsucht und damit verbunden die Suche nach einem möglichst unpolitischen, für alle akzeptablen Ideal. 1894, beim internationalen leibeserzieherischen Kongreß in Paris, unterbreitete Coubertin seine neuen Ideen von der Wiedergeburt antiker Spiele in moderner Form. Viele klatschten Beifall, und später bezeichneten kluge Köpfe dies als Sternstunde der Menschheit. Coubertin selbst blieb skeptischer: »Im Grunde genommen habe ich mich auf ein Abenteuer eingelassen, von dessen Gelingen ich keineswegs überzeugt war.«

Trotz solcher Zweifel und Ungewißheiten, was aus dem alten Neuen werden kann, erwies er sich als tatkräftig und umsichtig. Er setzte die politische Unabhängigkeit seines IOC, des Internationalen Olympischen Komitees, durch und blieb dessen Präsident von 1895 bis 1925. Und er forderte die Überfachlichkeit seines Gremiums, weil er schon ahnte, daß von den Fachverbänden Gängeleien drohten. Wie richtig diese Vorahnungen waren, bewahrheitete sich im Laufe der Jahrzehnte, da diese Einrichtungen immer wieder und aus Furcht vor eigenem Bedeutungsverlust Querelen machten.

Um nicht zu tief ins Olympiageschichtsgeschehen zu tauchen stelle ich, genau 105 Jahre nach Coubertins Olympiawiederauferstehung, nur noch seinen bedeutendsten Erfolg heraus: unter seiner IOC-Präsidentschaft gingen nicht nur 8 Olympische Spiele über die Weltbühne des Sports, und das mit der ersten schrecklichen Weltkriegsunterbrechung, sondern Coubertin verankerte und forderte auch erfolgreich alte olympische Tugenden: unter gleichen Bedingungen, in ritterlichem Geiste, für die Ehre ihrer Länder und zum Ruhme des Sports zu kämpfen.

IOC

Zum Ruhme des Sports? 1999? Zur Dicke des Portemonnaies, jeder zum eigenen Vorteil, je mehr – desto besser, es lebe das Geld, – das sind olympische Maximen heute. Vorgelebt vom IOC.

Sieben, nur sieben Präsidenten führten bis heute das Internationale Olympische Komitee. Nach dem Griechen Demetrius Bikelas, dem man, wahrscheinlich, schon aus geschichtlicher und ideeller Verehrung, 1894 den Erstvorsitz in Paris für zwei Jahre, bis zu den ersten Spielen der Moderne, 1896 in Athen, übertrug, waren es Coubertin, mit seiner Amtszeit von 29 Jahren auch der Dauerhafteste, Henri de Baillet-Latour, Belgien, in dessen Präsidentschaft die Berliner Nazispiele von 1936 fallen, Sigfrid Edström, der Schwede, Avery Brundage, USA, – seine »Regierungszeit« von 1952 bis 1972 prägte vorrangig auch das deutsch-deutsche Problem, – Lord Kilanin, Großbritannien, und Juan Antonio Samaranch, der Spanier.

Dieser jetzt noch amtierende IOC-Präsident gehört seit 1966 dem exklusiven Weltsportzirkel an, und er trägt dort die »Geschichtsstartnummer« 276. Präsident wurde er bei den Olympischen Spielen 1980 in Moskau. Unter seiner Ägide entwickelte sich der olympische Sport zur Geldmaschinerie, das IOC zur Sportweltbank. Skandale wie Betrügereien und Bestechungen, Korruption statt olympischer Moral, Geldgier statt Ritterlichkeit markieren seinen Weg und den des olympischen Sports in Richtung Verderben. Analogien zum Geschehen vor 1900 Jahren, nun in moderner Version, sind unübersehbar. Das IOC und sein Sport befinden sich, taumeln in der größten Krise ihrer Geschichte. Eine Besänftigungskommission verschleiert mehr, als daß sie der Aufklärung aller ruchbar gewordenen Vorfälle dient. Was ein Provinzblatt im US-amerikanischen Salt Lake City, der Stadt kommender Winterspiele im Jahr 2002, auslöste, geriet zur Lawine. Jener 24. November 1998 kann eines Jahres und möglicherweise noch in Jahrhunderten als der Tag gekennzeichnet werden, da Olympia vom Tempel in den Keller rutschte. Wieder.

Im zuerst geworfenen Schneeball von Salt Lake City ging es um die Behauptung, eine Tochter des IOC-Mitgliedes René Essomba aus Kamerun studiere in den USA auf Kosten des SLOC, also des Organisationskomitees von Salt Lake. Was inzwischen alles aus dunklen Ecken ans Tageslicht kam, welche IOC-Mitglieder zurücktraten und welche zurücktreten mußten, ist bekannt. Ich will das nicht nochmals aufwärmen. Sicher ist nur, das IOC und seine Führung sind nicht nur bis auf die Haut blamiert und diskreditiert, sondern Olympia selbst wurde schwer beschädigt.

Was noch zu retten ist, weil auch andere Teufelsprobleme wie Doping hartnäckige Feinde der Ritterlichkeit sind, wird sich zeigen. Ausgangs des 20. Jahrhunderts und kurz vorm Beginn des 3. Jahrtausends unserer Zeitrechnung bleibt als bittere Bilanz: der moderne Sport, egal, ob als olympischer oder Elitesport bezeichnet, ist lebensgefährlich krank. Die Krankheit trägt einen alten Namen: Geld.

Fünfzigjähriges

Arrogante Spötter rümpfen die feine Nase. Was soll's mit solchen Daten, die sich Jubiläen nennen, da eine Null für eine Null von mehreren Nullen geehrt wird? Was soll's? Einiges, denn Jubiläen sind immer auch Erinnerungsstützen und Staubteilchen der Geschichte. Meine Null bezieht sich auf 1949, da ich im Oktober meine allererste Sportreportage sprach, als Anfängerlehrling des Studios Cottbus, das zum Landessender Brandenburg gehörte. Eine Radiokonstruktion wie heute wieder. Vor 50 Jahren versuchte ich, das »Endspiel um die Brandenburgische Landesmeisterschaft im Frauen-Feldhandball zwischen Luckenwalde und Spremberg« in den Reportagegriff zu kriegen. Meine Vorgabe war, die letzten drei Minuten zu schildern, und das, wie sich herausstellte, in einem Spiel, das bereits nach drei Minuten 1:0 stand und auch so endete ... Vielmals wurde es beschrieben, x-mal sprach ich davon. Schwamm drüber. Doch da es nun jubiläumsreif ist, steht dem schon ein kleiner Trommelwirbel zu.

Heute steht es auch als Signal, das vieles andere von damals wachruft. Der Sport ringsherum hatte den Krieg überlebt, und vier Jahre Neuaufbau waren zwar eine ziemlich knappe Zeit, in der jedoch schon wieder viel bis heute Unvergessenes passierte. Cottbus-Ost, seinerzeit zweifacher Fußball-Landesmeister, feiert jetzt sein 100jähriges Vereinsjubiläum. Union Halle trat als Meister-Nachfolger von Planitz in der Saalestadt eine Begeisterungslawine los, denn im Dresdner Ostragehege bezwangen Rappsilber, Belger, Fritzsche, Knefler und Co. den Ostzonenmeisterschafts-Kontrahenten Fortuna Erfurt mit 4:1. 50000 – 1949 (!) – erlebten das Finale, vom erstklassigen Schiedsrichter Gerhard Schulz geleitet, und auch Erfurts beste wie Helmut Nordhaus oder Jochen Müller sind dauerhaft Große. Mancher Gernegroß von heute müßte sich eine dicke Scheibe abschneiden. Da nun der VfL Halle 96 einen neuen Anlauf nimmt, Halle wieder zu einer Fußballgroßstadt zu machen, sei diese Erinnerung speziell unterstrichen.

Und: der Pankower Pietzsch wurde Schach-Champion, Sieglinde Weber-Dempe aus Weimar flitzte in 12,0 Sekunden über die 80 m-Hürden-Strecke zur Ost-Meisterschaft, Frotz Lacina, der Potsdamer, brauchte über 100 m flach 11,0 Sekunden, Ernst Schmidt holte sich mit 13,19 m den Kugelstoßersieg, Karl-Heinz Langhoff, Rostock, wurde mit 1,85 m Hochsprungmeister, Kraulerin Eva-Maria Schmidt aus Leipzig benötigte für die 1,137 min, die Frauen von Kleinzschocher-West Leipzig und die Männer von Buckau-Wolf Fermersleben ließen sich als Ostzonen-Handballmeister feiern, Frankenhause war Eishockey-Champion, Erfurts unverwüstlicher Bruno Zieger kaperte gleich drei Bahnradsporttitel, Herbert Radochla aus dem kleinen Döbern erturnte den Meisterschaftssieg am Seitpferd (und seine Tochter Birgit gewann dann, fünfzehn Jahre später, 1964 in Tokio als erste deutsche Turnerin eine Olympiamedaille, Silber am Sprungpferd). Und: Heinz Kitzig, Wasserspringer-Experte der Extraklasse, siegte für Dresden beim Turmspringen, Olga Jensch-Jordan, schon 1932 in Los Angeles Olympia-Vierte, distanzierte 17 Jahre danach die Konkurrenz im Kunstspringen zur Ostzonenmeisterschaft, Magdeburgs Wasserballer, traditionsstark, wurden Meister, und ebenso der großartige Wolfgang Jacke im Tennis und seine spätere Frau auch, Inge Hallbauer; Herbert Leonhardt, Skispionier vom Aschberg, setzte sich in Oberhof gegen die 15 km-Spezialisten und gegen die Nordisch-Kombinierten durch …

Wo anfangen und wo enden? Und wenn es auch im fünfzigjährigen nachhinein manchem Heutigen zu simpel scheint, ich behaupte steif und fest: Gäbe es diese Sieger- und Meisterjubilare nicht – viele andere gehören freilich noch dazu –, nichts, aber auch gar nichts wäre aus den Siegesserien der folgenden Jahrzehnte geworden.

Und, halt! Da stoppt mich der Einwand: Guckte der, also ich, damals überhaupt nicht nach Westen? Weiß, wußte er nicht, daß es ebenso neuen Sport, neue Meister von Hamburg bis München, von Karlsruhe bis Bremen gab? Ich wußte, wußte von Bantz, Blask, Buchner, von Budinger, von Cramm, Eder, Falk, Fütterer, Herberger, Kilian, Schade, Walter …, aber ich guckte noch nicht dahin. Das stimmt.

Normales

Was ist normal?

Daß wir alle sterben müssen. Reiche und Arme. Sieger und Verlierer. Daß es ein Kommen und Gehen gibt. In allem. Sport, als Spiegelbild des Lebens, erklärt es ebenso. Champions von heute waren Nachwuchs von gestern. Umgekehrt kann der Nachwuchs von heute die Meistergilde von morgen sein. Kann. Nämlich nur dann, wenn jedermann Normales berücksichtigt.

Das bedingt zuerst Einsicht. Alles beginnt unten. Alles. Kein Minister fällt parteigebacken vom Himmel. Kein Tenor kriecht aus der Retorte. Kein Reporter ist durchs Windelschreien schon olympiastartverdächtig. Kein Marathonläufer wird das ehrenhalber. Also, wenn das alles so ist, wieso unterlaufen uns dann so viele Grunddummheiten, die Normalstes ignorieren?

Leider geht der Sport mit Spitzendummen voran. Wie anders versteht sich sonst dieser Vorgang: Da, wo schon viel ist, wird immer noch mehr hingepumpt. Bäume werden oben gegossen! Dort, wo Blüten blühen, farbige Früchte hängen. Torheit, was hast du für Methode?

Unser Alltagsleben beweist es. Kommunen, Länder, Großsponsoren plazieren ihr Geld meist beim bereits Gewordenen, aber viel zu selten dort, wo erst was werden will. Man möchte schreien: Unten, ganz unten sind die Wurzeln! Guckt endlich wieder richtig hin! Stellt die Welt nicht auf den Kopf! Werdet, handelt normal! Doch wer hört das noch? Mächtige kaum, Halbmächtige selten. So trudelt der Sport in Richtung Verderben.

Übungsleiter, die Kindern und Jugendlichen helfen, sich im ABC ihres Sportes zurechtzufinden, Übungsleiter, die Kinder von der Straße holen und Menschlichkeit und Toleranz und Fairplay vorleben – wer unterstützt sie und wie? Kleine Vereine, die zu Wettkämpfen reisen, wer gibt ihnen Geld, und mehr als einen knappen Zuschuß? Bürgermeister heben meist macht- und schuldlos die Hände. Sie können nicht. Wer dann? Gäbe es nicht immer noch Freunde, kleine Sponsoren wie die Handwerker, und vor allem die Eltern, die trotz vieler Probleme selbst zusetzen, längst setzte es vielerorts Pleiten.

Glücklich die Orte, die Vereine, die noch auf Sportlehrer bauen können. Wer von denen über die offiziellen Sportstunden hinaus Freizeit verschenkt, findet aber nicht immer die grundsätzliche Rektorenanerkennung. Traurig, daß auch solche Normalität auf der Strecke blieb.

Und, es ist das traurigste Zeichen, daß generelle gesellschaftliche Anerkennung für alle diese wichtigen Basis-Leistungen selten wird.

Normal müßte auch sein, daß diejenigen, die einst unten Unterstützung empfingen, es als oben Angekommene wieder zurückzahlen. Voran alle Tennis-, Fußball- und anderen Millionäre. Bafög-Vorschläge bewegen sich just auf dieser Ebene. Studenten mit staatlicher Unterstützung sollen eines Jahres, dann in Amt und Würden und bei Geld, das Vorgestreckte wiedergeben. Okay.

Genau das täte auch dem Sportkreislauf gut. Vereinsjünglinge von gestern, dank damaliger Hilfe Gipfelstürmer geworden, befinden sich in keiner anderen Situation. Gäben sie nur *ein* Prozent vom Jetzigen – absolut oder jährlich –, wäre das fürs Unten ein Riesengewinn. Immerhin, ein Prozent von einer einzigen Million sind schon 10000 Mark. Für Kleinvereine ein himmlischer Segen, der sie jubeln ließe. Siehe, das gibt es noch, alles Gute kommt von oben …

Grimmer

An schwedische Reportageaufenthalte denke ich besonders gern. Und das nicht nur des angenehmen, mir sympathischen Landes wegen. Auch nicht nur in Erinnerung des unvergessenen, dort erlebten Sportes. Fußball, Eishockey, Leichtathletik … Gern und dankbar erwähne ich die Sverige-Radio- und Fernsehkollegen. Sven Jerring, der Nestor! Was für ein Könner, bis weit in seine siebziger Lebensjahre hinein. Immer noch übertrug er live vom Vasalauf, der das Riesenfeld von Sälen nach Mora führt. Ich erinnere mich vieler freundlicher Kollegenstunden mit Lennart Hyland und Flex Petterson. Immer blieben sie aufgeschlossene, gegenüber jedermann tolerante Gastgeber und hilfsbereite Kollegen. Dazu sachliche Beobachter der weltpolitischen und sportlichen Entwicklung. Mir ist es Bedürfnis, das auch mit dem Abstand vieler Jahre laut und deutlich zu sagen.

Einmal konnte ich mich bei ihnen für zahlreiche Interviewhilfeleistungen revanchieren. 1974 in Falun. Vor 25 Jahren, als Gerhard Grimmer mit anderen DDR-Ski-Assen tolle Triumphe feierte.

1954 übertrug ich zum ersten Mal Nordische Skiweltmeisterschaften aus Falun, in der mittelschwedischen Provinz Dalarna. Herrgott, das ist schon vierzig Jahre her … Damals lernte ich auch Sven Jerring kennen. Er machte mich dann mit Sixten Jernberg und anderen nordischen Skikönigen bekannt. Wir alle sprachen uns bei minus 34 Grad Eiszapfen an die starren Lippen.

1974 setzten dann in Falun Gerhard Grimmer, Gert-Dietmar Klause, Gerd Heßler und Dieter Meinel Ausrufezeichen. Sie krönten das jahrelange Verfolgungsrennen, die Weltelite endlich zu erreichen, mit zwei Weltmeistertiteln. Das Quartett gewann die 4 x 10 km-Staffel vor allen großen Favoritenteams der skisieggewohnten Länder, und Gerhard Grimmer gewann die skigeschichtsumwitterte Marathondistanz über 50 km. Was 1954 noch in kühnsten Träumen undenkbar schien, wurde wie ein Urknall im Nordischen Skisport Tatsache.

Dabei hatte es aber auch schon vorher »geknallt«. Grimmer, der im thüringischen Dörfchen Seligenthal aufwuchs und dort heute noch lebt, landete 1965 bei seinem internationalen Debüt in Kawgolowo über 30 km auf dem 71. (!) Platz. Deprimierend. Vielleicht für Fans und Außenstehende. Nicht für einen Kämpfer wie Gerhard Grimmer. Jahr für Jahr, Winter für Winter ging es Schritt für Schritt voran. Horst Wagner, sein Trainer im Oberhofer Leistungszentrum, Erich Ast, Trainerkönner in Klingenthal, sie und viele Helfer dazu, alles besonders auch im engen Kontakt zum Fördersystem der Kinder- und Jugendsportschulen, schufen ein Niveau, das aufhorchen ließ. Am Holmenkollen, dem Mekka des Nordischen Skisports, geschah die erste Langlaufsensation. Gerhard Grimmer bezwang 1970 – und 1971 gleich noch einmal – die komplette Weltelite. Noch nie zuvor siegten dort Nichtskandinavier. Halt! Russen, also auch Skilanglauf-Großmächtige, hatten es 1958 und 1967 geschafft. Grimmer setzte zweifellos einen skihistorischen Fixpunkt. Holmenkollen, dann Falun. Vor 25 Jahren.

Das alles, auch die folgenden DDR-Skifrauen-Erfolge, speziell 1980 in Lake Placid, gab's nur einmal. Und – kommt nie wieder? Jüngst zu den Weltmeisterschaften von 1999 im österreichischen Ramsau funkte die deutsche Frauenstaffel immerhin einen Hoffnungsschimmer. Überraschungsdritter hinter Rußland und Italien. Sehr gut. Doch DSV-Sportdirektor Thomas Pfüller, wie Sprungerfolgstrainer Reinhard Hess in der DDR ausgebildet und bereits in zielsicherer Spur, wertete sachlich: »Unsere Langlaufsituation ist unbefriedigend. Es gibt zu viel Eigenbrötlerei, gerade in den Landesverbänden. Wir brauchen eine Führungspersönlichkeit aus den eigenen Reihen, die Entwicklungsarbeit bis hinein in den Nachwuchs leistet, ähnlich wie es im Biathlon und Skispringen klappt ...«

Pfüller, alle Fachleute und freilich auch die Fans, die von heute, und diejenigen, die Grimmers und seiner Mitstreiter Taten kennenlernten, dürften beispielsweise nicht mit dem 41. Rang einverstanden sein, den der beste Deutsche in Ramsau über 30 km errang. Da trennen uns wieder Welten von der Elite.

Gerhard Grimmer, inzwischen rüstiger Skisenior von 56 Jahren, galt nach seiner glanzvollen Laufbahn in internationalen Gremien als geschätzter Experte. Vielleicht, und von der Fachwelt längst erwartet, wäre es doch gut, auf mehr DDR-Experten und deren Wissen zurückzugreifen. Das deutsche Skilanglaufen und Gerhard Grimmer stehen dafür nur als Beispiel.

Verspätung

Leider mausert sich nicht nur die Deutsche Bahn AG zum Weltmeisterkandidaten für Verspätungen, Pleiten, Pech und Pannen. Als ursprünglicher Anhänger des Eisenbahnfahrens werde ich zunehmend vergrault. Auch einsame, manchmal gar »menschenentleerte« Bahnhöfe, personalreduziert auf Null, erschrecken. Systematisch wurde das zu DDR-Reichsbahnzeiten Gute verschrottet. Wie in anderen Branchen und Öffentlichkeitszweigen auch. Demontage Nr. 2 nach 1945.

Aber auch der deutsche Sport beschädigt sich mit falschen Weichenstellungen und liefert seine Verspätungen und Probleme, wobei die Hoffnung bleibt, daß er sich nicht dem DB-(Deutsche-Blamage-)Niveau anschließt.

Noch lebt der deutsche Spitzensport mit DDR-Reserven. Beim Olympia-Bilanzieren von Atlanta 1996 konnten über 50 Prozent aller deutschen Medaillengewinner auf eine KJS-(Kinder- und Jugend-Sportschulen-)Grundausbildung zurückblicken. Doch diese Gunda-Niemann- oder Jan-Ullrich-Generation scheidet in einigen Jahren definitiv aus. Was wird dann?

Wer sich an dieser nicht unheiklen Problematik reibt, muß zuerst die Grundfrage beantworten: Will Deutschland noch Spitzensport? Jeder kann das nach seinem Gusto beantworten. Ja oder Nein. Da in den letzten Jahren aber mehrfach Bundesspitzenpolitiker ein unüberhörbares Ja verbreiteten, muß angenommen werden, man wolle den Spitzensport wirklich. Dann allerdings müßten endlich alle folgenden und notwendigen Schritte mit ehrlicher und übereinstimmender Konsequenz vollzogen werden. Da hapert's aber.

Im Sturm (oder war's nur Wind?) der Wendejahre blieb

dieses Thema umstritten, vorsichtig ausgedrückt. Strittiges kann jedoch auch zu Gutem führen. Hier wurde es aber von der Wende verweht. Haßhaltungen, oft von realistischer Beurteilung weit entfernt – so weit wie die Bahnkonzernleitung von Regionalverbindungen und geschaßten Warteräumen –, nutzen nur dem Niedergang. Solchen Fußtritten waren auch die Kinder- und Jugend-Sportschulen ausgesetzt. »Kaderschmieden des Kommunismus« und ähnliche Kennzeichnungen sollten dieser Ausbildungskonstruktion den möglichst endgültigen Knockout verpassen.

Das schien zu gelingen, und kalte Krieger/West als neue Befehlsgeber wähnten sich nicht nur bei dieser Radikalinski-Abwicklung als Sieger. Dabei hätte das Beispiel DDR warnen müssen. Zum totalen Niedergang mit Selbst-K.o. trugen da gleichfalls blinder Haß (in Richtung Westen), Fehleinschätzungen der realen Lage und tausend Torheiten bei. Da ist die Geschichte manchmal ein gerechter Richter.

Inzwischen mehren sich Sport-Zeichen, die auf wachsende Vernunft weisen. Auch hier heißt die Parole nicht mehr ausschließlich: »Alles muß weg«, sondern »Was kann bleiben«. Methode »grüner Pfeil«. Viele Verantwortliche, natürlich noch nicht alle, bejahen jetzt die KJS. Als Grundsystem wird es nun »Sportbetontes Gymnasium« genannt, doch an verquere Wortkonstruktionen sind wir längst gewöhnt. Jedenfalls zeichnet sich ein neuer Aufschwung ab.

Entideologisiert müssen diese Einrichtungen sein. Gar keine Frage. Und Lehrer, Trainer, Eltern und sporttalentierte Schüler müssen in vernunftvoller gemeinsamer Anstrengung ebenso vernünftige Ziele ansteuern. Mir würde dazu noch gefallen, geschähe das in glücklicher Verbindung zum normalen Vereins- und Breitensport.

Denn nur zwei gesunde Beine, das für den Breiten- und das für den Spitzensport, bilden die Voraussetzung gesunder Gesamtentwicklung.

Immerhin war es schon vor Jahren Bundesfußball-Bertie Vogts, der mahnte: Guckt nach unten, geht auf die Straßen und Wiesen, kümmert euch um den Nachwuchs, der muß besser und konzentrierter ausgebildet werden! Guckt, wie das im DDR-Fußball geschah! Schaut auf Sammer, Kirsten, Marschall, Beinlich, Zickler, Jancker, Jeremies …! Laßt uns das übernehmen und fördern!

Wieviel wertvolle Zeit verlorenging, welche Leistungslücken sich dadurch auftun, muß sich zeigen. Nichts geht im Leistungssport ohne Kontinuität. Andererseits gilt auch: Gut Ding wollte schon immer Weile haben. Deshalb darf keiner im deutschen Sport verzweifeln, daß diese Weichen vorerst vorrangig in den neuen Bundesländern auf Grün gestellt sind. Dort hat dieses Nachwuchsfördern sein Comeback. In den alten Ländern keimt zwar einiges, aber bis wir in Bayern ein sportbetontes Gymnasium neuer Art, aber eben »vergangenheitsbelastet«, erleben, kann schon noch manches Oktoberfest über die Wies'n ziehen, und die Maß wird dabei nicht billiger. Uhren ticken eben überall anders. Und Kuckucksuhren gehen am meisten nach.

Papperlapapp

Schade. Schade, daß sich manche Menschen selbst und damit manches mit entwerten. Für zahlreiche Mißgriffe auf dem nimmersatten und skrupellosen TV-Jahrmarkt, der sich schon selbst veräppelt, lieferten auch zwei Weltmeisterinnen unfreiwillige Beispiele. Statt uns reife Äpfel vorzusetzen, sind es nämlich auch immer wieder grüne, die zu Verstimmungen und schnellem Stuhlgang führen.

Erich Kästners Geschichte vom »Doppelten Lottchen« bleibt komisch und dauerhaft gut. Die »Doppelten FS-Franziskas« werden wohl nur als komische Nummer in Erinnerung bleiben.

Beide jungen Damen sind bekanntermaßen dem H_2O verschrieben. Bisher mit Leib und Seele und Erfolg. Franziska I als Schwimmerin, Franziska II als Eiskunstlaufflitzer. Damit brachten sie uns Freude. Dann lockte das Fernsehen, und beide leisteten keinen Widerstand. Franziska I führte TV-Palaver mit Uschi Glaß und Harald Juhnke. Das Resultat gehört in die Archive aller Rhetoriklehranstalten. Dutzenden Fernsehmacherinnen wäre Besseres gelungen. Man wollte sie, Franzi. Franziska II war unter anderem als Reporterin der Beckmannschen »Guinnessbuchrekordversuche« angeheuert. Nicht auf Kufen, sondern »nur« ganz und gar verbal. Sie kommentierte, wieder unter anderem, einen Mehrkampf, der aus Schafescheren, Wollefertigen, Tucheweben, Schneidern bestand. Ihr Resultat lieferte Stimmtherapeuten neue Erkenntnisse. Auch dort galt, zig Reporterinnen hätten es besser getan. Man wollte Franzi II.

Warum? Das bleibt kein Rätsel. Bei diesen öffentlichen Versuchen reichten nach Auffassung der »Arbeitgeber« hübsche Gesichter und Sportmeriten. Das ist die Crux. Tatsächliche und tätigkeitsbezogene Leistungskriterien sind nicht gefragt. Was soll's? Und besonderen Respekt, etwas Hochachtung vor der ungewohnten und nie trainierten Prüfung schienen beide nicht zu kennen. Das ewiggültige »Schuster bleib bei deinen Leisten« hatte ihnen auch keiner erklärt. Selbst die Gedankenübung, wie es denn umgekehrt wäre, haben sie sich erspart. Juhnke beim ernsthaften Schwimmerstart vor einigen Millionen, Beckmann als Kufenclown in Calgary … So nahm das weltmeisterliche Papperlapapp seinen Lauf. Verwässertes statt Wasserliches.

Schade.

Natürlich stimmt auch, daß der Kritiker sich ebenso zum Unikum macht. Immer noch nach Seriosität zu verlangen, spezielle Tätigkeitskriterien anzumahnen und Training, Training, Training macht den Meister zu rufen, gilt als verspäteter Witz. So lange Quotenbeschränkte in den Sendehäusern regieren, und das wird noch lange dauern, gilt, Masse geht vor Klasse. Hauptsache, *daß* – das *Wie* kommt später oder nie.

Umso erfreulicher, wenn Lichtblicke leuchten. Daß es allein drei beim ZDF-Sport sind, mag Zufall sein. Auf jeden Fall hat es aber auch Methode. Wollen heißt für alle drei lernen wollen und lernen müssen. Und das konzentriert, aber richtig, *nach* der Sportlerlaufbahn und auf seriösem, konzentriertem Berufsweg. Gut so, Kristin Otto, einstens Mehrfach-Olympiasiegerin und Weltmeisterin, auch im Schwimmen. Anerkennung, Rudi Cerne, vormals Weltklasse-Eiskunstläufer, und prima, Wolf-Dieter Poschmann, Sportchef heute und gestern Elite-Langstreckenläufer. – Tusch!

Abgezapft

Zapf, Zapfen, Abzapfen, das will ich gleich erklären. Aus Fußballsicht! Und als einen Kickerstreich dieses Jahrhunderts. Weil gerade Hansa Rostock beim vieljährigen Wellengang mit Ebbe und Flut wieder in schweres Wasser geriet, kommt auch die Zapf-Geschichte wieder hoch …

… Es geschah vor 45 Jahren, 1954. Im deutschen Fußball wurden landauf und landab die Berner Weltmeisterschaft und Rahns Wankdorf-Tor gefeiert. Im kleinen Lauter, einem friedlich-freundlichen Ort zwischen Schwarzenberg und Schneeberg, dicht beim Erzgebirge, gingen aber die Lichter aus.

Gerade wurde die fünfte DDR-Meisterschaftssaison bilanziert. Nach Zwickau, Leipzig, Halle und Dresden schwang sich erstmals Erfurt auf den Thron. Unten, in den Abstiegsfeldern, gab es buntes Kommen und Gehen. Und, aus heutiger Sicht unvorstellbar, neben den regulären Absteigern von 1954, Thale, Dessau und Stendal, mußte auch noch Lauter gehen. Per Dekret!

Lauter, das sich als Heimstatt von Strumpf- und Korbherstellern, von Holzschleifern und Emaillierern einen guten Namen gemacht hatte, war 1952 neben Jena in die höchste DDR-Spielklasse aufgestiegen. Mit dem verrückten Durchmarsch von der Kreisklasse bis ganz oben setzte Empor Lauter, 1946 gegründet, ein riesiges Ausrufezeichen. Die Verblüffung war überall groß, und im fortan fußballfiebernden Ort galten die Spieler Bialas, Espig, Leeb, Pöschel, Schaller, Schüller, Singer, Zwahr, die Schmiedels und vor allem Kurt Zapf als begeistert gefeierte Lieblinge der Region. Trainer Walter Fritzsch, der später dann Dynamo Dresden zu fünf DDR-Meisterschaften und europaweiter Anerkennung führte, war bei diesem Kunststück Lehr- und Hexenmeister.

Fritzsch stammte aus der sächsischen Fußballhochburg Zwickau-Planitz, das auch erster Ostzonenmeister wurde. Er spielte dann in den seinerzeit starken Mannschaften von Hartha, Döbeln und Cainsdorf, und er erwies sich ebenso in den folgenden Trainerstationen Dessau, Karl-Marx-Stadt und Riesa als exzellenter Fachmann und Pfiffikus. Mit Empor Lauter gelangen ihm in den zwei Oberligajahren auf Anhieb ein zehnter und ein neunter Platz, mindestens hochachtbare Ergebnisse. Lauter galt in jener Zeit als Westsachens Kaiserslautern. Ob im Lumpricht- oder Auerswaldstadion gespielt wurde, immer wackelten die Wände. Besonders, wenn die Großen oder die Nachbarschaftsrivalen aus Aue (mit den Brüdern Wolf und Tröger und Co.) und Zwickau aufkreuzten. Fußballtrubel mit Zehntausenden ringsherum.

Dann der Befehl. Von oben. »Weil sich in dieser Region mehrere starke Mannschaften drängen und weil es auch dringlich ist, endlich im Norden des Landes Fußball zu etablieren und popularisieren, muß Lauters Team nach Rostock wechseln!« Punkt. Aus. Und keine Diskussionen. So das Verdikt.

Einmalig, solche Geburt per Transplantation fast aller Spieler. Mit dem Abstand von viereinhalb Jahrzehnten geurteilt, erscheint das immer noch wie ein Krimi-Coup. Und es bleibt ein gewaltiges Staunen, daß es klappte. In Lauter freilich und rundherum herrschte Frust. Den dermaßen überrumpelten Fußballfans mußte viel »Baldrian« verabreicht werden.

Rostock hingegen kam zur allgemeinen Überraschung ziemlich schnell auf die Beine. Abwehrchef Kurt Zapf und alle anderen Erzgebirgler fanden neue Sympathisanten. Als die Neu-Nordlichter, Empor Rostock getauft, gleich in der folgenden Landesmeisterschaft 1955 einen sicheren Tabellenplatz erkämpften, Neunter wurden, hatten sie gesiegt. Das Retortenbaby überlebte.

In Lauter beruhigten sich die Gemüter, weil bekanntlich die Zeit alle Wunden heilt, oder fast alle. Rostocks Fußballwege bis heute sind bekannt. Oft schlugen die Ostseewellen sehr hoch. Ebbe und Flut, Ab und Auf wechselten häufig. Doch die einstmals Abgezapften blieben an Deck. Hansa kennt in Deutschland jeder Fußballfreund. Leider ging jedoch Lauter das hochverdiente Dauer-Dankeschön schnell verloren. Deshalb, bevor das Jahrhundert ganz zu Ende ist, nochmals laut und immer lauter: Danke, Lauter.

Ping Pong

Bevor leidenschaftliche und empfindliche Tischtennisspieler verärgert auf die Barrikaden klettern: bitte, hier folgt eine Ehrenerklärung. Der Autor weiß, TT ist längst viel, viel mehr als Ping Pong. Der Rückgriff auf die Urkennzeichnung ist nur aus historischem Respekt und voller Sympathie gewählt!

Nun tippe ich befreiter weiter und kann würdigen. Der Spaß, aus dem Sport wurde, begann exakt vor hundert Jahren, 1899, und hieß damals eben Ping Pong. Vom hölzernen Schläger rührte die eintönige Ballwechselmusik, die von hölzernen Tischplatten verstärkt wurde. Ping Pong, Ping Pong, Ping Pong schallte es stundenlang, manchmal nächtelang aus Berliner Cafés. Ob nun die Geburtsstunde hundertprozentig sicher tatsächlich in einem Berliner Etablissement oder zur zirka gleichen Zeit in London, wo das hölzerne Vergnügen Flim Flam hieß, oder in Prag oder in Wien schlug, sei dahingestellt. Egal oder wurscht. Hauptsache, daß ... Jedenfalls ging diese Melodie um die Welt, und im zurückliegenden Jahrhundert mauserte sich der Café-Spaß zum Sport der Millionen.

Welcher andere Sport kann sich an Tischtennis messen, wenn es um die Menge der Spieler, um die nahezu totale Globalisierung des Spieles geht? In Hunderttausenden Orten wird Fußball gekickt. Anderswo sind Football oder Baseball oder Baskettball die Trümpfe. Okay.

Doch das sind Mannschaftsspiele. Immer sind mehrere Menschen Voraussetzung des Vergnügens. Und man braucht mehr Platz, Spielfelder mit allem Drum und Dran. Tischtennis hingegen ist in jeder Wohnung, in jeder Familie zu spielen. Nur ein Partner ist gefragt, und dann geht's los: Ping Pong, Ping, Pong ... Das bedeutet riesigen Vorteil und macht es so international und populär. Umso merkwürdiger, daß es so lange brauchte, bis auch die IOC-Ignoranten kapierten, dies ist ein wahrhaftig olympisches Spiel. Zwar keines der Millionen und Millionäre, aber eines für wirklich jedermann. Und gibt es eine höhere Weihe?

Ich winde diesem Spiel, auch wieder aus persönlichen Motiven, einen Extra-Siegeskranz. Ohne dafür Journalisten-Spezialist oder nach ihm auch nur alltagsverrückt zu sein, danke ich TT doch Besonderes.

Es war meine allererste Reporter-Weltmeisterschaft, die ich durch Tischtennis erlebte. 1953 in Bukarest. Und, mindestens so wichtig, es war das erste deutsch-deutsche Reportererlebnis. In Rumäniens Hauptstadt startete eine gesamtdeutsche Mannschaft.

Neben dem dutzendfachen DDR-Meister Heinz Schneider aus Mühlhausen spielte der bundesrepublikanische Champion Conny Freundorfer, beispielsweise. Diese Mannschaft – Spieler, Offizielle, und ich als einziger deutscher Radioreporter – reiste gemeinsam per Zug. Allein das erwies sich als Originalität, die ich später, im wuchernden Flugzeugzeitalter, nie mehr so genoß. 40 Stunden Eisenbahnmarathon. Doch das bot Zeit, viel Zeit für Dutzende Gespräche. Nicht eines blieb in Erinnerung, in dem »geholzt« wurde, was später leider passierte. Kein Zoff, kein Stänkern, dafür Freundlichkeit, Fairneß von beiden Seiten, auch seitens der Offiziellen.

Ähnlich angenehm ging es auch noch bei den 56er Spielen zu. Olympia, erst in Cortina, dann in Melbourne. Wer weiß noch, daß dort – neben anderem – Ostler Schur mit den Westlern Tüller und Pommer die Bronzemedaille im 100 km-Mannschaftsfahren der Radsportler gewann? Danach ging's bergab. Immer tiefer. Auf beiden Frontseiten gewannen die jeweiligen Kommandeure Oberhand. 1960, mit dem Ausschluß der DDR-Journalisten in Squaw Valley, schlugen sie die erste Schlacht.

Doch nochmals Aufschlag zum TT-Geschichtlichen. Längst sind die Zelluloid-Marathonzeiten vorbei, die gleichfalls zur Ping-Pong-Historie zählen. So lupften 1936 zur WM in Prag, beispielsweise, Ehrlich (Polen) und Paneth (Rumänien) im ersten Satz (!) den ersten (!) Ball 2 Stunden und 10 Minuten übers grüne Netz. Bis daß die Augen tränten ... Oder: 1937 wurde bei der WM kein Frauentitel vergeben, weil die Finalistinnen stundenlang löffelten, ohne endlich zur Sache zu kommen. Am Finaltisch nervten die Wienerin Trude Pritzi und die US-Amerikanerin Ruth Aarons Kampfrichter und Publikum mit einschläferndem Ballgeschubse. Nach mehr als dreistündigem Gemurmel verlegte man die Partie auf einen Nebentisch. Dort ging das Baldrian-Match weiter. Nach sechs Stunden Gestochere brach es die Jury dann endgültig ab ...

Diese und noch viele Geschichtchen gehören zur TT-Geschichte. Aber, vielleicht auch im Gegensatz zu anderen Sportentwicklungen, Tischtennis und TT-Verantwortliche zeigten immer wieder Reformerstärke. Manche »Renovierung« und Regelüberarbeitung half, Tischtennis dauerjung und populär zu halten. Jetzt, zur Jahrhundertwende, blüht das Spiel »wie einst im Mai«.

Trugen die TT-Herren 1899 noch Abendgarderobe, wenn sie in den Hinterzimmern der Caféhäuser antraten, so galten sie dennoch als sehr modern. Ihr größter Gewinn war die gute, die originelle Idee, die zunehmend Freunde gewann. So folgte Sieg auf Sieg, und der weltweite Siegeszug war nicht zu stoppen. Eine andere prima Idee hatte 1960, noch vorm Mauerbau, der Westberliner Oskar Steinhaus. »Man müßte für ganz Berlin ein Tischtennisturnier für jedermann organisieren«, meinte der Altmeister und fand im jungen Ostberliner TT-Fan Rainer Lotsch einen couragierten Mitstreiter. Das TTT, »Tischtennisturnier der Tausende«, war geboren. 61 Jahre nach der Ping-Pong-Geburt.

1966 gesellte sich, von Rainer Lotsch animiert, die Berliner Zeitung hinzu. Damit bekam das ohnehin schon populäre Unternehmen einen zusätzlichen Öffentlichkeitsschub. Jahr für Jahr erhielt es nun nicht nur Medienresonanz, sondern praktische, helfende Medienförderung. Berliner Zeitung, Berliner Rundfunk, DDR-Fernsehen und andere dazu machten die Sache dauerhaft und rund. TTT war und blieb ein Qualitätsbegriff des Volks- und Breitensports. 1987 registrierte die Berliner Zeitung den Millionsten Teilnehmer! Kinder, Jugendliche, Senioren, kurzum Starter aller Alters- und Gesellschaftsgruppen trafen sich in allen Berliner Stadtbezirken und dann zum großen Finale.

Mit dem Mauerfall und neuen Winden, die wehten, stand das TTT urplötzlich mit auf der Kippe. Sein oder Nichtsein? Für diese Umbruchzeit typische Besserwisser wähnten auch im TTT Östliches mit wahrscheinlich gefährlichem ideologischen Hintergrund. Bis Klügere siegten. Das TTT überlebte, so wie der Neujahrslauf. Jahr für Jahr wirbt nun die (neue) Berliner Zeitung mit altem Engagement. Immer noch ist TTT-Oldie Rainer Lotsch mit anderen Neuen ein Mit-Motor. Michael Jahn, Sportredakteur der Berliner Zeitung und Dauer-TT-

Fan, fand gute Kooperateure. Berliner Tischtennisverband, Betriebssportverband Berlin-Brandenburg und Evangelische Sportarbeit Berlin-Brandenburg kurbeln gemeinsam, und jedem Sponsor, der sich mit vor die Sache spannt, gilt Dank. Vorrunden werden jetzt von Spandau bis Köpenick gespielt. In zehn Altersklassen bieten sich 10- bis 70jährigen Spaß- und Sportchancen, und die des näheren Kennenlernens. Ur-Initiator Oskar Steinhaus hätte seine Freude …

So ist neben dem Ping-Pong-Jubiläum auch das gute Nachwendebeispiel und Vorbild zu feiern. Die Berliner Zeitung macht vor, was manchen Teutschen, die immer noch in alten Gräben kauern, »Weiße Mäuse«-Alpträume bescheren sollte.

Gepinkeltes

Pfeiffersches Drüsenfieber ist eine verdammt unangenehme Sache. Damit sollte man auch keine Scherze treiben. Das Pfeiffersche Pinkelsyndrom indes, das kurz vor Ende dieses Jahrhunderts, das neue und teils sensationelle Erfindungen und Entdeckungen bescherte, ebenfalls öffentlich wurde, ist hingegen so komisch, daß einem zusätzliche Scherze kaum noch einfallen. Doch gerade dieses Forschungsresultat einer bundesrepublikanischen Universität will durch und durch ernstgenommen werden. Übrigens, zur Klarstellung: Pfeiffer I (Drüsenfieber) hat mit Pfeiffer II (Pinkelsyndrom) nichts zu tun. Es handelt sich nur um Namensvetternschaft. Nun also frisch-pfeifferisch zur Sache, und – Achtung, Achtung! – aufgepaßt: solche wahren Geschichten schreibt eben nur das deutsch-deutsche Leben.

Unser Pinkelsyndromentdecker-Professor wurde in

der DDR geboren, wuchs dann in der Bundesrepublik zum Akademiker heran und forscht nun im gemeinsamen Deutschland – neben anderen – zur speziellen Gewaltausbreitung unter ostdeutschen Jugendlichen, was, weiß Gott, ein wichtiges Thema ist. Er kam – auch neben anderen – zum Schluß: Dieses tatsächlich abscheuliche Geschehen, da gibt es keinen Abstrich!, sei auf die zu DDR-Zeiten übliche Kinderkrippen-Erziehung zurückzuführen, weil dabei alle weiblichen und männlichen Winzlinge auf Erzieherinnenkommando kollektiv zur Gruppennotdurft auf Töpfchenreihen gesetzt wurden, was, das ist das Forschungsergebnis, zweifellos zur Wesensverformung führte, was wiederum die Persönlichkeitsentwicklung zum freien Individuum unterdrückte, was zur Folge hatte, daß sich innere Gewaltpotentiale aufstauten, die erst später, eben jetzt, kollektiv zum Ausbruch und zu gewalttätigem Abbau kommen …

Ich hoffe, ich werde verstanden. Ich hoffe auch, ich habe verstanden. Landauf, landab, von Rügen bis ins Vogtland, setzten nun mit der Veröffentlichung von solch Erforschtem familiäre und neukollektive Diskussionen ein, die mit heftigen Auseinandersetzungen, familiärem Zwist, Selbstkritikversuchen und Rechenübungen einhergehen. Es sind hitzige Dialoge folgender Art …

… »Also, wenn unser Fritzchen damals vom ersten bis zum zweiten Lebensjahr, also eben noch naß, zwangskollektiv in der Topfreihe urinieren mußte und trotzdem weiterwuchs, an allen Körperteilen, dann ist er heute dreizehn, richtig, und längst individuell sauber. Er hat auch noch nicht geprügelt …« – »Naja, rechnen wir mal anders: also sagen wir mal, es war 1985 und ein Fritzchen, damals, vier Jahre vorm DDR-Untergang, zwei, dann ist er heute sechzehn, ja, das könnte gehen …« – »Ja, aber er lebt doch von den sechzehn Jahren schon zehn in der Bundesrepublik Deutschland ...«

»... und was ist mit Westfritzchens? Die haben doch also wahrscheinlich immer solo uriniert, von früh an, kein Gruppendrill und so. Deren Persönlichkeitsentfaltung verlief ganz ohne exerzierten Blasen- und Darmdruck, also total freiheitlich-individualistisch, aber die haben trotzdem mitgeprügelt da und dort ...«

»Im Schnitt, das sagt das Forschungsresultat, sind die aber weniger dabei ...«

»Das Fernsehen beeinflußt gar kein Fritzchen? Und unser Ostfernsehen war doch harmloser, oder? Westmenschen sagten doch immer, langweiliger Mattscheibenkram, eben wie Land und Leute ...«

»Ja, aber viele guckten Westfernsehen, heimlich zwar, aber manche unheimlich viel, und manche ließen, ganz gegen alle Staatsdoktrin, ihre Fritzchens mitgucken, klammheimlich. Na, und da wurde schon gewummert, wenn das nicht wirkte und Gewalt und so aufbaute ...«

Oweiowei. Wie schwierig ist das Leben! Fast zum Verzweifeln. Und Verwirrung breitet sich aus.

»... Da gab's doch bei denen an den Kiosken auch alle diese Zeitschriften, Magazine, Landserhefte, wo vieles drinsteht, wie man's macht ...«

»Die gab's aber nicht hier!«

»Aber man konnte sie doch reinschmuggeln, oder etwa nicht ...?«

Zum Haareraufen. Was mir schwerfällt. Aber, aber, aber. Tucholsky lehrte mich: Alles ist richtig, auch das Gegenteil, nur Aber nie ... Und nun das. Dieses Problem! Ich leide unter Schlafstörungen. Depressionen drohen. Werde ich noch Spätbettnässer? Ich saß nämlich als Cottbuser Knirps, weil's noch keine Krippen gab, bei meiner Oma, Luise Bombeck, Nordstraße 6, später ausgebombt, auf einem ganz persönlichen Nachttopf. Meine beiden Elternteile mußten arbeiten, und wir hatten auch nicht viel Platz, Stube und Küche, und so bildete ich in Omas Wohnung, auch nur Stube und Küche, eine Art Außenstelle. Mithin, ich lernte exklusives Pinkeln, auf freiheitlich-individualistische Art. Solopinkler. Ich hatte bis zum 6. Lebensjahr auch keinen Schaden genommen, denn mein Ruf als Prügler war immer schlecht. Eher war ich eine Memme.

Aber dann, wieder Gedankenrumoren, dann kamen ganz andere, die mich zum richtigen, staatstragenden Prügeln und zur offiziellen Gewalt formen wollten, und – ich oute mich – ich hatte mehrere Donnerbalkenzeiten. Pfuideubelnochmal! Jetzt ist auch klar, mit solcher Vergangenheit hätte ich nie in Oxford oder Cambrigde studieren können. Ich hockte in der Frühlingsblüte meines Lebens auf verschiedensten Donnerbalken. Beim Ostwallbauen, beim Arbeitsdienst, meist auf geschälten Kiefernstämmen, links und rechts aufgereiht die anderen Jungadams. Es war zwar nicht gemeinsames Sitzen befohlen, doch es ergab sich so. Nichts Individualistisches jedenfalls, was der Persönlichkeitsentwicklung diente. Und später, als mich Volk und Vaterland zu richtigen Donnerwaffen riefen, war es öfter wieder so. Näheres will ich nicht beschreiben.

Fernab jeder Latrinenparole: Was blieb davon in mir? Was hemmte es, was bremste es? Seit der Pfeifferschen Erkenntnis arbeitet es in mir. Krampfhafte Überlegungen sind die schmerzhafte Folge. Blieb ich vielleicht deshalb Reporter bei Radio und Fernsehen, um mich, wie unter dauerhaftem Latrinendruck, nur endlich, endlich freizusprechen? Also 45 Jahre Öffentlichkeitseloquenz als Selbsttherapie?

Manchmal – ist das ein Zeichen verspäteter Gewaltausbrüche? – balle ich schon die Faust; aber immer in der Hosentasche. Verbal verdonnerte ich auch schon mal dieses und jenes. Doch nur leise. Sollte ich, muß ich lauter werden? Was blieb in mir als Damalsdruck!? Hängt damit auch zusammen, daß ich mich, entgegen aller staatlichen Aufforderungen, beim neuen Krieg, der den Frühling 1999 zerfetzt, als beschädigter Pazifist fühle und nicht als gewünscht-geläuterter Bürger, der Verstehen zeigen muß, wenn's wieder donnert? Spätfolgen: vom deutschen Donnerbalken zum Haunichtmitdrauf?

Ha, und mir fällt's wie Schuppen von den Augen! Die mir einstens solches und solches Donnern befahlen, befehligten wieder Menschen mit neuer Macht, die man ihnen gab, trotzalledem, nach der finstersten deutschen Nacht. Was nahm, was nimmt das noch für Folgen, denn nach Pfeifferschem Forschungsresultat setzt sich nämlich Gewalttätiges im Osten auch deshalb fort, weil dort immer noch die alten Betreuer, Erzieher und Lehrer wirken ... Mein lieber Mann, was drinsteckt, steckt eben drin, und wenn's nur für den Osten gilt ...

Ich schrecke auf. Bin ich versaut? Für immer? Habe ich etwa auch noch vererbt? Sozusagen von Pinkeltopf zu Pinkeltopf? Meine drei Kinder sind Ostprodukte und – mir wird schlecht – donnerbalkengeschädigt. Was wird dann mit vier Enkeln? Wirkt mein Latrinisches noch in ihnen weiter? Was dann?

So plagen mich Alpträume. Ich muß, kann aber nicht. Dann kann ich, muß ich aber nicht. Ich sehe immer Nachttöpfe und Donnerbalken. Um 3 Uhr früh reißt es mich hoch. Weil verstört, vergaß ich, den Flimmerkasten abzustellen. Was sehe ich? Mord und Totschlag, TV-kulturell serviert. Tag und Nacht. Ich sacke wieder weg. Springe auf. Wo ist das Klo, Klo, Klo ...? Gestern schrie ich, traumbetäubt: »Ein Königreich, ein Königreich für einen Topf!«, und ich rang mit Shakespeare um irgendeine Goldmedaille. Heute sang ich um 4 Uhr 14 »Völker, hört ihr die Strahle«, und ich suchte nach rotem Fahnentuch.

Mein individueller Persönlichkeitsfrieden ist dahin. Mich pfeiffert's. Vierundzwanzig Stunden lang. Ich komme wohl nie mehr ins Trockene.

Matthäus

Eine Frage, bitte:

Ist Fußball-Deutschland ein Land mit besonders vielen Klugscheißern, um es lutherisch drastisch auszudrücken, oder unkrautet das überall, wo man auf dem Erdball Lederbälle über Rasenflächen drischt? Mir ist oft unwohl, wenn ich hierzulande die Heerscharen von Besserwissern höre oder mir Gedrucktes vor die Nase halte. Speziell Kugelschreiberbesitzer befördern sich – nicht alle! – zu Extraschlaumeiern. In kaum einem anderen Öffentlichkeitszweig leben so viele verkannte Genies wie unter Fußballingen.

Deren Forscherdrang und Entdeckungsmissionen machen vor nichts und niemandem halt. Siehe – ein Beispiel nur – Lothar Matthäus. Was über ihn schon gesprochen, geschrieben und gefaselt wurde, geht auf keine Kuhhaut. Seit sich der immergrüne Kicker-Franke vom heimischen FC Herzogenaurach über Borussia Mönchengladbach, Inter Mailand und Bayern München als Fußballwelt- und Europameister, als »Weltfußballer des Jahres« ganz nach oben spielte, liefert er Gesprächsstoff am laufenden Band. Natürlich stimmt auch, dieses Mannsbild, ausgestattet mit sehr individueller Eloquenz, betätigt sich dabei bestaunenswert als dauerhafter Nachschubproviantierer. Das versteht er, wie das Fußballspielen. Nach jedem seiner bunten Luftballons hacken alle Krähen. Jawohl, das gehört zum Geschäft, an dem alle verdienen.

Bedauerlich nur, wenn dabei letzte Konturen des Eigentlichen verwischen: der Sport und Leistungen, die man wohl doch, trotz aller Boulevardgrotesken, sachlich kommentieren sollte. Beim Fußballmenschen Matthäus entdecken die Gemeinten nun zunehmend etwas Unnormales, aber gerade das trägt zur eigenen Verwirrung bei –, Lebensalter. Donnerwetter nochmal, dieser Libero Lothar zählt schon 38 Lenze …! Er ist Deutschlands Rekordnationalspieler mit jetzt 140 Länderspielen (Stand Sommer 1999), und er kann sogar den sogenannten »Weltrekord« des einstigen Schwedentorwarts Ravelli brechen, der es auf 143 Auswahlberufungen brachte und in der Kickerwelt wie das personifizierte Fußballerdenkmal steht. Ja, an dessen Fundamenten rüttelt Matthäus. Doch statt sich dessen zu freuen, ihm die Daumen zu drücken, mäkelt man.

Ich wechselte mit Lothar Matthäus noch kein einziges Wort. Ich sah und sehe ihn spielen und konnte zur aktiven Reporterzeit dies auch kommentieren. Für mich bedeutet es Bereicherung meiner Erlebnisse, und ich zähle den nicht unkomplizierten Mittelfeldakteur und Libero voller Hochachtung gern zu den Großen des Weltfußballs, die ich genießen durfte. Durch den jetzt bedingten Abstand wuchs eher noch Vorteil. Mein Blick blieb unbefangen. Was ich beobachte, bestätigt: Matthäus spielt noch immer Weltklasse. Seine Durchhänger sind bedeutend seltener als bei vielen anderen. Wie er Musterpässe schlägt, wie er noch immer rennen und rackern kann, wie er die Abwehr und mehr organisiert, wie er vor allem schwere Verletzungen überwand, sich durchbiß und mehrmals »wiederkam«, als ihn andere längst abschrieben – das alles zusammen ist vorbildlich. Gerade, weil er 38 ist …! Und das bestätigt ihn als einen der wenigen deutschen Profis, die ihr Geld zu Recht verdienen. Die Betonung des vorausgeschriebenen Satzes liegt beim letzten Wort.

Schließlich, da Fußball-Handwerk gerade bei uns immer krasser, häufig schon immer erschreckender vom Spiel zur Schwerstarbeit, zu körpertraktierender Selbstbeleidigung mutiert, sei auch betont: Matthäus zählte nie zu den foulenden Fußballtrampeltieren. Und, auf die leider dauerhaft kränkelnde Nationalmannschaft bezogen, in der millionenüberladene Jungkicker meist blasse Vorstellungen zeigen, die beweisen, daß sie in keiner Weise mit dieser Last umgehen können, wirkt, kämpft, spielt Matthäus (meist) immer noch wie eine Eins. Wäre ich an seiner Seite ständig enttäuschendes, überbewertetes und überbezahltes Talent, versänke ich vor Scham im eigenen Strafraum. Aber, ich Trottel, wie kann ich Fußball, Geld und Schau überhaupt noch in einen vernünftigen Zusammenhang setzen! Um mich weiter zu blamieren, schreibe ich noch das: Stünden in der deutschen Auswahl zehn Matthäusse (plus Torwart), sie sähe besser aus.

Zudem überrascht das Altersnörgeln in allen Variationen auch deshalb, weil doch gerade im Sport – und zusätzlich in einer Leistungsgesellschaft! – ausschließlich Leistungen zählen sollten. Springt ein Vierzigjähriger weiter als ein Zwanzigjähriger, ist er besser. Ende der Diskussionen. Gibt es trotzdem welche, müssen sie sich auf den Zwanzigjährigen konzentrieren. Basta. –

Stets gab es im Fußball »Senioren«, die Publikum und Medien besonders begeisterten. Wer weiß noch vom »King der Kings«? Stanley Matthews, britischer Rechtsaußen konservativster und königlichster Klasse, narrte mit seiner Spezialoberkörperfinte Hunderte von Abwehrspielern. Er trug die Trikots von Stoke City und Blackpool und 54mal das der englischen Nationalelf. Insgesamt bestritt Matthews, der 1957 beim 4 : 1 gegen Dänemark als 42jähriger letztmals in der Auswahl spielte, 886 Matches. Als Fußball-Europa 1956 zum allerersten Mal einen »Europafußballer des Jahres« wählte, gab's für keinen Juror Zweifel: Matthews. Aus heutiger Nörglersicht entschied man sich also für einen 41jährigen Großvater … Bei Stoke flankte, flitzte und fintierte Matthews bis zum 50. Lebensjahr! Er war der älteste Berufsspieler der Welt und allen ein Vorbild an Fitneß und Fairneß. Hut ab, meine Herren von heute. Die Queen schlug ihn zum »Commander of the British Empire«. Als Sir Stan gehört er zur britischen Geschichte.

Überhaupt, wer sich in der Kickerwelt umsieht, beispielsweise nur unter M wie Matthäus und/oder Matthews, findet viele große »Alte«. Maspoli, Uruguay, spielte bis 38 international. Masopust von Dukla Prag bis 36, Mazzola sen. von Inter Mailand dito, und Meazza vom selben Club verabschiedete sich als 37jähriger. Mailand ehrte ihn, indem man das San Siro-Stadion in Meazza-Stadion umbenannte. Andere Länder, andere Sitten.

Deutschland braucht nicht zu klagen. Auch hier glänzten unter allen Generationen immer wieder »Betagte« mit Format, von Richard Hoffmann bis Helmut Schön, von Hans Schöne, den ich beim zweifachen Brandenburgischen Landesmeister Cottbus-Ost in den Nachkriegsjahren kennen- und schätzenlernte, bis zu den 40jährigen Herrmann Fischer und Erich Lehmann bei Grube Marga, dem Vorgänger von Brieske-Senftenberg, die mir unvergeßliche Lausitzer Geschenke machten. Halles Kurt Fritzsche und Fritz Belger zählen genauso dazu wie Leipzigs Walter Rose und Fritz Gödicke, »Schupo« Tietz und »Schrippe« Schröder in Babelsberg, Raddatz bei Union Oberschöneweide, Berndt und Graf bei Charlottenburg, dem TeBe-Vorläufer, Hanne Sobeck bei Hertha, Walter »Schnalle« Schulz bei Pankow, Nordhaus und Jochen Müller in Erfurt, Klemig in Altenburg, Voigtländer und Erwin Helmchen in Chemnitz, die Gebrüder Wolf von Aue, Mühlbächer sen. in Meerane, Seltmann, Dittes, Breitenstein in Planitz – ach, ach, ich komme ins Schwärmen, und es strahlt unter der Patina hervor …

Aus den heißesten Reporterjahren will ich nur noch – auch stellvertretend für andere verehrte Oldtimer und Evergreens – an Jenas Gebrüder Ducke erinnern. Roland, gleichfalls ein Außenstürmer von bestem Schrot und Korn, erzielte noch mit 39 Tore, und Peter, sympathisch als der »Schwarze« tituliert, stürmte mit 36 anderen auf und davon. Karl Schnieke aus Apolda war 1953 Premierentorschütze für den DDR-Auswahlfußball, und in Jena traf er noch als Vierzigjähriger.

Genug!

Dabei schrieb ich noch nichts über die Bundesliga-»Methusalems« Körbel, der – unglaublich – 602 Einsätze absolvierte, Kaltz 581, und Fichtel, Votava, Fischer, Immel, Stein … Da rangieren selbst Beckenbauer mit 424 Spielen und Lothar Matthäus, der es vielleicht und hoffentlich auf 460, 470 bringen kann, nur im Verfolgerfeld der Eisernen. Es ist zu spüren, das Thema wärmt und wurmt mich. Ich plädiere für Gerechtigkeit und faire Kritik. Ich protestiere gegen dumme und oberflächliche Äußerungen. Nur Leistung zählt. Und dafür könnte der Name Matthäus Synonymkraft zeigen.

Senioren

Ob der von mir geschätzte Schriftsteller Robert Musil wirklich recht hat mit seiner freundlichen Behauptung, »keine Grenze verlockt uns mehr zum Schmuggeln als die Altersgrenze«? Für Diven, Mannequins, eitle Golfer mag das zutreffen, aber für uns, Emma und Otto Normalverbraucher, Senioren wie du und ich …? Poche jeder von uns Älteren an seine Brust.

Die meisten können mit dem Alter umgehen. Es ist Lebenstatsache. Vorm Spiegel gibt's kein Schummeln. Heute begegne ich manchen Älteren, das sind nicht wenige, die sogar zufrieden nicken: Gut, daß ich schon so alt bin. Deren direkter oder indirekter Hinweis zielt auf die heutige deutsch-deutsche Situation. In der jetzigen Gesellschaft ist vorrangig nur in Politik und Konzernaufsichten für Senioren Platz. Sonst zählen Fünfzigjährige bereits zu Schwervermittelbaren, bürokratisch formuliert. Im Klartext: zu alt, keine Chance mehr in der Gesellschaft, wo jung und belastbar gewünschte Haupteigenschaften sind. Wer sich in Funkhäusern und Redaktionen von Privaten umsieht, darf vor Endzwanzigern und Anfangdreißigern seinen Bückling machen. Sogenannte Chefredakteure und Geschäftsführer über Vierzig besitzen antiquarischen Seltenheitswert. Dafür wimmelt es von Geklonten, die Musikeinheitssoße umspielt, und die (fast) alle reden, als hätte jeder das Nichtssagen erfunden.

Meine Gedankenschlenker ins private Fernsehen und Radiowesen sind berufs- und erfahrungsbedingt. Jeder macht seine Beobachtungen eben auf seiner Strecke.

Mir jedenfalls ist verständlich, wenn Senioren nicht flunkern, sondern sich bei der Tatsachenbilanz freuen: ein Glück, *so* alt zu sein. Jeder, der sein Ufer erreichte, muß weder mit dem noch gegen den Strom schwimmen, keinem mehr in den Hintern kriechen und vor niemandem katzbuckeln. Neuer Altersvorteil – Lebensvorteil. Aber auch bezeichnend, solche Kurven zu kriegen. Menschenfreundlichkeit und Menschenachtung lauern wahrhaftig nicht hinter jeder Straßenecke.

Aber – wer hat's noch nicht mitbekommen –, wir leben in einem »Internationalen Jahr der Senioren«! 1999, Jahrhundertultimo, ist von der UNO ausgewählt, den Älteren noch eine Abschlußfreude zu machen. Wir sollten wenigstens den guten Vorsatz feiern. Und es regt Überlegungen an.

So gelange ich jedoch auch nach intensivem Nachdenken zur Überzeugung, trotz gemäßigt hohen Alters immer noch doof zu sein. Ich begreife bis auf den Tag nicht, warum man mir und den anderen Senioren, es sind ja nur ein paar Millionen, gerade eine Endzwanzigerin als Ministerin schenkte. Es kann, es muß doch so gewesen sein, weil sie vom Leben viel versteht, weil sie schon viel mitbekam und damit den Alten-Problemen besonders nahe ist. Tja, wieder was dazugelernt.

Doch weise bin ich noch lange, lange nicht. Wie ich das meine? Jonathan Swift, irischer Meistersatiriker und, unter anderem, Autor von Gullivers Reisen, sagte ausgangs des 17. Jahrhunderts: »Kein Weiser hat sich je gewünscht, jünger zu sein.« Hm. Einige Jahre weniger hätte ich schon gern, weil mit der Zeit doch dies und jenes nachläßt, und Weisheit hilft dann gar nicht weiter. Trösten wir uns. Man kann nicht alles haben und nie alles behalten.

Manche Ältere denken das. Als Seniorensportler treffe ich immer wieder, zugegeben: mehr Adams als Evas, welche, die glauben, im 12. Frühling zu sein. Sie rennen immer noch wie Emil Zatopek vor bald fünfzig Jahren.

Manche wackeln auch wie er damals, im Mai des Läuferlebens. Sie keuchen, hecheln, wähnen sich »wie im Rausch«, dem ewigen Jungbrunnen ganz nahe. Andere zerfetzen sich beim Tennismatch. Seniorenelegant wie einst Big Tilden oder der Baron von Cramm. Andere wieseln die Grundlinie entlang, fühlen sich als späte Borgs oder Wilanders, verachten jedes Naturgesetz, alle Erkenntnisse der Medizin, Erfahrungen der Orthopädie, wonach Knorpel niemals nachwachsen, und, und, und ... Wage ich den Hinweis: Wollt ihr meine Röntgenbilder sehen, ernte ich mitleidvolles Lächeln. Deine, ja, meine werden anders sein. Denkste.

Vielleicht ist aber auch das gut. Hier ähneln sich jung und alt. Da blieben die Alten wie die Jungen. Jeder will alle Fehler nochmals selber machen. Die von anderen sind unglaubwürdig. Mensch, was bist du für ein Lebewesen!

Besser schnell zu diskussionsfrei Gutem. Viele Ältere treiben überzeugt Sport. Daß vernünftiges, altersgemäßes Sporttreiben vielleicht Leben verlängern kann, aber bestimmt Lebensqualität erhöht, gilt Hunderttausenden als bewiesen. Dieses Jahr begeistern sich Seniorinnen und Senioren bei speziellen Sportfesten. Brandenburger treffen sich in Frankfurt/Oder, Anklam war Treffpunkt für Mecklenburg-Vorpommern, und so geht es quer durch Deutschland.

Komisch wird es allerdings mit bestimmten Altersgruppen. Jedenfalls manchmal. Schwimmer lassen schon Dreißigjährige als Senioren gelten, und im Fußball wurde der lange Zopf vom »Alte Herren«-Kicken immer noch nicht abgeschnitten. Vierzigjährige, im Berufsleben gerade zum Oberfinanzdirektor oder Landesforstmeister avanciert, knallen als Alte Herren aufeinander. Weiß der Kuckuck, wie sich das erklärt.

Echte Senioren, Siebzigjährige und darüber, besitzen

in der Leichtathletik und anderen Sportzweigen eigene Kategorien, bei Europa- und Weltmeisterschaften, die jährlich rund um den Erdball ausgetragen werden, und Alterssportler stützen überall die Tourismuskassen.

Im großen Sport wurden zu allen Zeiten Senioren bejubelt, die Jüngeren Schnippchen schlugen. So hatte ich noch Belgiens Rik van Steenbergen als dreifachen Radsportstraßenweltmeister kennengelernt, der dann, schon weit über Vierzig, sein 132. Sechstagerennen bestritt. 40 davon sahen ihn als Sieger. Oder – Joseph Neckermann. Der Grandseigneur des Dressursports ritt noch mit 52 und 56 Jahren seine Pferde zum Olympiasieg.

Üble Beispiele wie die Zirkuskämpfe der Boxprofis George Foreman oder Larry Holmes, Großväter an der Grenze zum Fünfzigsten, nehme ich nur als Hinweis auf eine andere Sorte peinlicher Lebensdummheiten, die, zugegeben, auf dem Jahrmarkt der Sensationen und Irritationen mit viel Geld aufgewogen werden.

Jetzt will ich einen versöhnlichen Schlußpunkt finden. Echtes Senioren-Empfinden. Fern von Geschäftsgebaren und Lebensstuß. Ich kehre zurück zu Lebenslyrik.

Eva Strittmatter hilft mir auch hier. »Gegen November« heißt eines ihrer schönsten Gedichte, und die beiden letzten von fünf Strophen lauten so:

> Ich wehre mich, daran zu glauben,
> Daß ich zu alt für Wunder bin,
> Und daß die Bäume sich entlauben,
> Nehm ich als Vorbedingung hin.
>
> Für einen Frühling *ohnemaßen*,
> Den man im Winter *wollen* muß …
> Und weiter über Sommerstraßen …
> Und wenn man will, gibt's keinen *Schluß*.

Schüler

Jeder von uns, verehrte Mitmenschen, Mitmeckerer, Mitdenker, Mitverweigerer, Mitfreuer, Mitärgerer, wird sein Leben bilanzieren. Etappenweise zwischendurch, per Lebenszeitdrittel oder zur Halbzeit, gegen Ende, kurz vor Schluß. Doch, Hauptpferdefuß, keiner kennt das Ende. Gottseidank. So betrachtet, bilanziert eigentlich jeder ins Blaue. Jedenfalls mehr oder minder. Und auch das ist nicht anormal. Schauen wir auf jene, die für uns bilanzieren und planen. Von oben nach unten. Mit Gesetzen und Verordnungen. Steuermaßnahmen und dergleichen. Trostreich, wenn man will: Wir befinden uns als Lebenssolisten in allerbester Gesellschaft. Fehler hier, Fehler dort. Keine Ahnung – häufig – oben und unten.

Und damit sind meine möglichen Fehler, die der folgenden Betrachtung wenigstens Halt, wenn schon nicht richtigen Inhalt liefern sollen, entschuldet. Pardon – entschuldigt natürlich.

Nach zwei Anläufen, die nicht exakt zum Absprungbalken, sondern nur zum Trippeln und Anlaufabbruch führten, zum dritten Versuch. Sprung ins pralle Menschenleben, das für jeden ein Etappenrennen ist. In einem der Startabschnitte noch hatte ich – zwangsweise – viel Zeit. Es war das Jahr der Gefangenschaft vom Mai 1945 bis Sommer 1946. In »Höchste Zeit« erzählte ich schon vom Wie und Was, auch, daß mir der Reclam-»Faust« im Tornister über die schwierige Zeit half. Noch heute trainiere ich mit dem Gelernten, deklamiere Faust-Monologe und andere Passagen. Auch aus Spaß, auch, um der normalen Kalkproduktion im Kopf zu begegnen. Verkalkung – ja, aber widerstandslos – nein!

Damals hoffte ich auch noch, eines Tages und an möglichst vielen Theaterabenden das im Lager Gelernte auf die Bühne zu bringen. Logisch, daß ich vor allem vom Schüler träumte. Dem schenkte Goethe zwar nur eine Szene, aber als Siebzehn-, Achtzehnjähriger war ich felsenfest überzeugt, dies ist mein Part. Meinen Ur-Reclam habe ich längst auf der Strecke eingebüßt. Schade. An ihm hing ich, weil vieles daran hing. Erinnerungen, Hoffnungen, Träume. Durch eine MDR-Fernsehsendung kam ich mit freundlichen Menschen in Kontakt, die gleichfalls Goethe- und »Faust«-Freunde und Reclam-Sammler sind. Denen verdanke ich ein Exemplar, exakt meinem ähnlich. Zirka 80 Jahre alt, mit dem für heutige Verhältnisse verrückten Preis-Aufdruck: 20 Pfennige! Zerschlissen, zerlesen, mit flattrigen Seiten. Kurzum: echt.

Von Seite 57 bis 62, nach Verszeilen geordnet, von 1867 bis 2049, ist es der Dialog Mephistopheles – Schüler, der mich nun schon 55 Jahre verfolgt …

»Ich bin allhier erst kurze Zeit,
Und komme voll Ergebenheit,
Einen Mann zu sprechen und zu kennen,
Den alle mir mit Ehrfurcht nennen …«
Und so weiter, und so fort.

Ich sprach das Hunderte Mal. Auch, besser, vor allem, als ich im Heimkehrsommer 1946 beim Stadttheater Cottbus vorsprach und sich Intendant Ernst Ludwig Zimmermann und Schauspielregisseur Kurt Rabe das anhörten. Ob ich sie damit überzeugte oder mit dem Auftritts-Monolog des lothringischen Ritters Raoul – Schillers »Jungfrau von Orleans«, erster Akt, 9. Auftritt –, keine Ahnung. Ich wurde engagiert. Als Anfänger im Fach »Jugendlicher Held und Liebhaber«, und für 80 Mark Monatsgage.

Wieder mal – so weit, so gut. Glücklich und zufrieden werkelte ich mich durch, immer auf die größere Rolle hoffend und vor allem auf den Schüler im »Faust«. Doch dann kam alles anders. Ganz anders. Den Tag vergesse ich nicht. Unten, im Bühneneingangsflur, gab's einen Intendanzkasten. Dort hingen die Betriebsmitteilungen aus und – für alle Ensemblemitglieder wesentlich – die Besetzungszettel. Wir wußten, zum Jahreswechsel 1946/47 soll der »Faust« in der Regie des Intendanten herauskommen. Nun drängten sich Helden und Charakterspieler, gestandene Mimen und Anfänger um das Holzviereck. Endlich! Wo stehe ich, was spiele ich, ah, hier mein Name ... Gemurmel, Getue, Gespiele. Aufstöhnen, Hurra und Entsetzen. Als ich mich nach vorn durchgekämpft hatte, weil die Lebensschüler natürlich am längsten warten mußten, denn damals hatte am Theater noch alles seine Regeln, seine traditionellen Hierarchien, waren die dramatischsten Auf- und Abtritte schon vorüber. Deklamierend, argumentierend, protestierend zogen die Hausprotagonisten in die Kantine. Jeder hatte einen Grund, erstmal was zu trinken. Nun guckte ich, von oben nach unten suchend, Oertel, Oertel, Oertel ...

Dabei und doch nicht dabei.

Bei denen, die gleich am Anfang des Stückes den Prolog im Himmel zu sprechen hatten, war ich als Erzengel Raphael benannt. Weiter unten kam ich auf dem Besetzungspapier nicht mehr vor. Den Schüler erhielt ein Herr Weigel zugesprochen. Was mich gleich doppelt wurmte. Einmal war der mindestens 15, 20 Jahre älter als ich, also in den Dreißigern und mithin »uralt«, und zweitens spielte und sang er sonst als Operettenbuffo ...

Fortan zweifelte ich an Gott und der Welt. Wie man als Schüler im »Faust« einen Mittdreißiger und nicht mich, den Achtzehnjährigen nehmen konnte, zumal der – also ich – sich bereits über ein Jahr lang darauf vorbereitet hatte, ging nicht in meinen Kopf. Ich empfand es als erste große Niederlage.

Dann, zur Premiere und in allen folgenden Aufführungen, schnurrte ich meinen Erzengeltext herunter:

»Die Sonne tönt, nach alter Weise,
In Brudersphären Wettgesang,
Und ihre vorgeschriebne Reise
Vollendet sie mit Donnergang.

Ihr Anblick gibt den Engeln Stärke,
Wenn keiner sie ergründen mag;
Die unbegreiflich hohen Werke
Sind herrlich wie am ersten Tag.«

Dann folgten Gabriel und Michael mit ihren Versen, und danach wiederholten wir zu dritt als Refrain das, was ich schon vorgab: »Der Anblick gibt den Engeln Stärke …« und so weiter.

Sicherlich macht sich der geneigte »Nachspiel-Zeit«-Leser schon seit ein paar Minuten Gedanken, warum mich das noch immer beschäftigt. Mehr als 55 Jahre später. Warum?

Eine Antwort, nach der ich immer noch suche, fällt zwiespältig oder mehrspaltig aus.

Mich ärgerte, ungerecht behandelt worden zu sein. Aber, aber, aber …! Richtig, wie oft wurden und werden wir alle ungerecht behandelt! Möglicherweise war es sogar richtig, wie der Regisseur verfuhr. Dennoch. Bis heute bin ich überzeugt, der Operettenbuffo spielte nicht besser, als ich es versucht hätte. Und das ist auch ein generelles Lebensproblem. Wie oft stießen und stoßen wir auf den Fakt: Das hätte ich auch gekonnt oder gar besser getan. Daher bleibt nur die Erkenntnis, manchmal auch die Einsicht, so ist das nun mal, na und?

Und, ja, der Schüler gibt im Gespräch mit Mephisto selbst Antworten, Goethesche Lebensweisheiten, und wenn es nur die ist:

»Mir wird von alledem so dumm,
Als ging mir ein Mühlrad im Kopf herum.«

Drum. Vieles wollen, wollten wir begreifen, doch nicht alles gelang, gelingt. Wir bleiben bis zur allerletzten Lektion alle Schüler. Bis zum letzten Text. Und das wird der schwierigste sein.

Angst

Sie begleitet uns durchs ganze Leben. Die Urangst vorm Ende, die ständige Angst vor Krankheit, Unglück und Elend bis dahin. Damit leben alle Menschen seit Menschengedenken. Jeder Mensch lernt im Laufe seines Lebens damit umzugehen. Mehr oder minder wenigstens, und manche lernen es nie.

Psychologen lehren, Angst ist immer ein Zustand, bei dem Gefahr erwartet wird. So gerät Angst zur Schutzfunktion für Körper und Seele. Zum persönlichen Schutz vor Angst gehört deshalb, Angst als Normales zu betrachten.

So weit, so gut.

Mich drückt vor allem die Angst, die mir zielbewußt andere Menschen machen. Ganz besonders die Angst, die als Mittel zur Macht dient. Angstbereiter, Angststrategen zählen zur Menschengruppe der besonderen Bösewichte. Sie gab's und gibt es zu allen Zeiten. Sie agieren und ziehen ihre Machtstrippen in Firmen und Betrieben, in der Politik, sie sind überall. Sie ängstigen andere mit direkter oder indirekter Drohung, die Druck erzeugt. Wenn du nicht so, dann ... Dieses Druckerzeugen erhöht, stabilisiert die Macht und macht Betroffene ohnmächtig. Alles zusammen ist eine Schande fürs Menschenzusammenlebenmüssen.

Ich erlebte das auch. Vorgestern, gestern, heute wieder. Angst verhindert auch, dazu Details zu schreiben und zu veröffentlichen. Jedenfalls nicht, so lange ich lebe.

Und wie könnte eine Replik auf meine Angstgedanken lauten?

Aha, typische Obrigkeitsphobie. Resultiert aus Unverdautem der Vergangenheit. Beschädigtes Selbstbewußtsein. Daher auch verminderte Realitätswahrnehmungsfähigkeit, gepaart mit Kritikstau. Sollte sich schnellstens bei Barzahlung auf die Freud-Couch legen und ansonsten die Schnauze halten.

Länderspiele

Einstmals, bevor der große Kickergeldrausch allen die Köpfe verdrehte, galten Länderspiele noch als die uneingeschränkten Höhepunkte der nationalen Fußballwelten. Auch in Deutschland wurden noch vor der offiziellen DFB-Gründung, 1900, schon Vergleiche ausgetragen, wobei es gegen die Vertreter des Fußballmutterlandes England dicke Niederlagen gab. 2:13, 2:10 … Schön wär's, gut täte es dem Fußball insgesamt, passierte das heutzutage wieder. Natürlich nicht nur zwischen Deutschland und England, um Himmels willen!

1908 trat die deutsche Nationalelf dann zum allerersten ihrer mittlerweile über 660 Länderspiele an, und auch bei jenem Start galt die Menschheitsurerkenntnis, wonach aller Anfang schwer ist. In Basel siegten die Schweizer 5:3. Und wem sagen noch die Namen Baumgart, Hempel, Jordan, Ludwig, Hiller, Wymar, Hensel,

Förderer, Kipp, Becker und Baumgärtner was? Diese elf sind aber Deutschlands allererste Nationalspieler. Ehre, wem Ehre gebührt.

Mir sind noch andere Namen im Ohr: Meine Ersteindrücke von Länderspielen schufen die Reporterstimmen von Rolf Wernicke und Paul Laven. Als 14jähriger drängelte ich mit Vater vor dem quäkenden Volksempfänger. Es war 1942, schon mitten im entsetzlichen Krieg, den Nazi-Deutschland gegen die Welt vom Zaune brach. Später erfuhr ich, deutsche Sportreporter waren dann auch Kriegsberichterstatter in den Propagandakompanien. Und noch später wieder war mancher der damaligen Reichsrundfunkberichterstatter mit Kriegserfahrung besonderer Art ARD-Berichterstatter bis hin zum Abteilungsleiter. Wie das Leben so spielt. Wie im Fußball. Mal von links nach rechts. Mal von rechts nach links. So ging's.

Bevor es in dieser dunkelsten deutschen Zeit aber gänzlich zappendusta wurde, wurde in Fußball-Deutschland noch gesiegt. Gegen Spanien, gegen die Schweiz, und ich hörte von den Reportern die Namen Janes, der als harter Verteidiger Lob einfing, oder Kupfer und Kitzinger, die Außenläufer spielten; Fritz Walter, Conen, Lehner, das waren Stürmer von Format …

1952 übertrug ich dann als Reporter-Neuling mein erstes Fußball-Länderspiel. Für die DDR-Mannschaft war es schon das zweite. Zuerst hatte sie in Warschau gegen Polen verloren, und nun gegen Rumänien in Bukarest 1:3. Aber, es passierte Besonderes, denn immerhin fiel in diesem Match das allererste Länderspieltor für die DDR. Karl, genannt Karli, Schnieke aus Apolda erzielte es, und sein Name behält deshalb, zumindest in Deutschland, einen unvergeßlichen Klang. Jedenfalls für alle echten Fußballfreunde. Zudem gehört sich, auch dazu alle

DDR-Spielernamen in Erinnerung zu rufen. Es trugen Klang, Wohlfart, Eilitz, Scherbaum, Schoen, Rosbigalle, Schröter, Schnieke, Imhoff, Welzel und Speth die Auswahltrikots. Wohlfart, der leider frühzeitig starb, gilt deshalb für mich, den Cottbuser, als allererster brandenburgischer Auswahlspieler. Er kam aus Forst und gehörte dann zu Cottbus-Ost, dem zweifachen Brandenburg-Landesmeister. Als Stadionsprecher jener Jahre hatte ich ihn und die anderen Cottbuser von Lüddecke bis Schöne nicht nur kennen-, sondern schätzengelernt, und ich war einer ihrer glühendsten Verehrer. Lausitzer Landsleute werden vielleicht einwenden: Hallo, du, mit Heinz Wohlfart als allererstem Nationalspieler aus Brandenburg liegst du aber falsch, denn da gab es doch Karl Joppich aus Hoyerswerda, der bereits 1932 in Budapest gegen Ungarn für Deutschland spielte … Richtig! Nur Hoyerswerda war und ist jetzt wieder Sachsenland, auch wenn wir es zur engeren Heimat, zur Lausitz, zählen …

Ich bitte für diesen kurzen Ausflug ins Heimatkundliche um Verständnis. Und ich füge noch hinzu, damals, 1952, galt auch den beiden Dessauern, Torwart Klank und Sturmregisseur Wenzel, meine spezielle Hochachtung, und Schoen und Schröter, die später in Berlin spielten, und dem Erfurter Rosbigalle … Punkt, Punkt, Punkt, sonst komme ich noch weiter ins Schwärmen und, bumms, schon wird man als Nostalgiker verschrien.

DDR-Auswahlmannschaften absolvierten dann bis zum DDR-Ende immerhin 293 Länderspiele. Davon gewannen sie 138, spielten 69mal unentschieden und verloren 86 Partien. Alles bei einem Torverhältnis von 501:345, also durch und durch positiv. 1990, beim definitiven Abschiedsspiel, das gegen Belgien in Brüssel mit 2:0 gewonnen wurde, wirkte Eduard Geyer als letzter DDR-Auswahltrainer. Und in den blauen Trikots spielten Schmidt, Peschke, Wagenhaus, Schößler, Schwanke, Stübner, Sammer, Bonan, Scholz, Wosz, Rößler. Wieder gilt: Ehre, wem Ehre gebührt. Und ich kann mir nicht verkneifen, festzustellen, mit Schwanke war auch beim »End«spiel wieder ein Cottbuser dabei. Wosz und Rößler spielen heute, anno 1999, immer noch ganz oben, und Matthias Sammer ist mit kräftigstem Daumendrücken endlich Gesundheit zu wünschen, auf daß wir den einstigen Dresdner und jetzigen Dortmunder doch noch auf dem Rasen wiedersehen.

Zurück zur Bilanz, hin zum Unvergeßlichen. Von den 293 DDR-Länderspielen übertrug ich für Rundfunk und Fernsehen über hundert. Eine exakte Zahl kriege ich nicht mehr zusammen. Aber zu den wichtigsten zählt bestimmt ein gutes Dutzend, und zu den originellsten gehören die folgenden zwei …

Tirana

Länderspiel Nummer 125.

Diese Begegnung mit Albaniens Auswahl fand am 3. November 1973 statt, und sie war von einiger Wichtigkeit. Albanien, Rumänien, Finnland bildeten mit der DDR-Auswahl die Weltmeisterschafts-Qualifikationsgruppe 4. Dem Sieger gehörte das Ticket zur WM-Endrunde in der Bundesrepublik. Vom Tirana-Spiel hing ab, ob es eine DDR-Mannschaft zum ersten Mal schafft, an einer Endrunde teilzunehmen. Dazu mußte sie in Tirana unbedingt gewinnen. So kurz, so knapp die notwendigen Fakten. Was sich dann tat, ist komplizierter nachzuerzählen …

Irgendwie spürt man schon immer vorher, ob's gutgeht, ob's danebengeht … Meine mulmigen Gefühle bezogen sich aber nicht aufs Spiel, als ich mich, an Hunderten Zuschauern vorbei, im proppenvollen Quemal-Stafa-Stadion über die Tribünentreppen zum Radioreporterplatz drängelte. Sinnigerweise hatte man mich in die allerletzte Reihe ganz oben unters Stadiontribünendach verbannt. Das ließ mich sofort kribblig werden. Durch Zuschauerreihen und über die Treppenstufen schlängelte sich nämlich auch das Übertragungskabel. Um Himmels willen, durchzuckte es mich, das kann nicht gutgehen ...

Noch bevor der Anpfiff ertönte, schrie ich mir schon die Lunge aus dem Hals, die Seele aus dem Leib: »Hallo, Berlin! Hallo, hallo, hallo! Bitte melden! Bitte melden!« Nichts. Schweigen im Äther. Schweigen auf der Leitung. Weiß der Kuckuck, wo zwischen Tirana und Berlin der Wurm bohrte, die Defekthexe zauberte. Meine Stimmung sank gegen Null.

Für einen Nur-Hörer – Pardon für solch schwächliche Kennzeichnung, doch mir fällt keine bessere ein! – ist es wahrscheinlich kaum nachvollziehbar, was sich im Reporterkopf, im Reporterherzen abspielt, wenn dieses Unheil passiert. Angereist, vorbereitet, voller Lust und Laune und Spannung, nun endlich loszulegen, und dann das! Technikdefekte, Leitungspleiten, Funkdilemma. Hilflosigkeit kämpft mit ständig wachsendem Ärger um die Wette. Man möchte und kann nicht.

Endlich, endlich, die Partie hatte schon begonnen, hörte ich aus weiter, weiter Ferne Berliner Kontaktversuche. Herbert Küttners markante Stimme hatte aber offensichtlich gegen die miese Situation auch keine Chance. Küttner fungierte über vierzig Jahre als unser Chefmoderator im Berliner oder Leipziger Funkhaus. Er besaß nicht nur eine ausgezeichnete Stimme, sondern ebenso souveräne Routine, die ihn jede heikle Situation meistern ließ. Im deutschen Radiomaßstab war er einer der Allerbesten. An Tirana scheiterte er, scheiterte ich …

Verzweifelt guckte ich aufs Spielfeld, und verzweifelt schrie ich, brüllte ich wütend ins Mikrofon oder in den Telefonhörer oder beides: »Hallo, hallo, hallo! Hallo, Berlin! Hallo, Herbert Küttner!« Wie vom Mond vernahm ich, daß Küttner das aus Berlin in Richtung Tirana genauso versuchte. Dann, einer alten Radioregel folgend, sprach ich einfach drauflos, so, als ob alles ganz normal ist. Aber, das kann kein Reporter! Keiner, behaupte ich, kann so tun, als ob. Nee. Nie und nimmer. Man ist verärgert, verhemmt, verklemmt, vielleicht noch mit der Zunge, aber nicht mit dem Herzen dabei.

Dann hörte ich, wie Küttner in ABC-Schützen-Art probierte, eine Notbrücke zu bauen:

»Heinz Florian Oertel, wenn Sie mich hören, antworten Sie nur noch mit Jaaaa oder Neiiin! Steht es noch Null zu Null?«

»Jaaaa!«

Später dann: »Ist jetzt ein Tor gefallen? Antworten Sie wieder nur mit Jaaaa oder Neiiin. Tor für Albanien? (Pause, Pause …) Tor für die DDR?«

Wieder mein Part, und ich brüllte wie am Spieß: »Jaaaaaaa!«

In dieser Wahnsinnsweise ging's weiter. Und es fielen fünf Tore. Vier für die DDR-Mannschaft, eines für Albanien. Vom Spiel selbst bekam ich kaum etwas Detailliertes mit. War auch schnurzegal. 4:1, das bedeutete einen prima Erfolg für Trainer Georg Buschner und seine Männer, von denen Streich zwei, Sparwasser und Löwe je einen Treffer markierten. Das Ziel WM-Endrunde war geschafft.

Auch ich war geschafft. Mit Sicherheit lieferte ich meine dürftigste Reporterleistung aller Übertragungsjahrzehnte ab. Doch ohne meine Schuld. Mit Sicherheit nervte mich vorher und danach kein Spiel mehr als dieses von Tirana. Und seither weiß ich hundertprozentig, was mir bis dahin schon manchmal schwante: Mit der Technik Mächten ist kein ewiger Bund zu flechten …

Malta

Länderspiel Nummer 198.

Was für eine Insel! Welche Geschichte!

Phönizische Kolonie, erstürmt, besetzt von den Karthagern, dann von Römern, Vandalen, Goten, Byzantinern, Arabern, Normannen, Franzosen, mit denen Napoleon Bonaparte kam, schließlich die Briten … Wie und wo läßt sich historisches Kommen und Gehen und das Mitwachsen der Kulturen besser nachempfinden?

Danke für das Geschenk des Kennenlernens durch das Fußball-Länderspiel Malta gegen DDR am 4. April 1981. Daß die DDR-Elf damals auf der idyllischen Mittelmeerinsel 2:1 gewann, und zwar nach ziemlich dürftigem Spiel, ist – fast – Nebensache. Hauptsache wurde die Inselvisite an sich und eine »einmalige« Übertragung …

Mit Werner Eberhard, dem angenehmen und versierten Partner vieler Radiosendungen und Reportagereisen, stolperte ich in La Valetta, der Inselhauptstadt, in ein merkwürdiges Abenteuer. Wir spazierten durch malerische Gassen, bestaunten historisches Gemäuer, besuchten den pulsierenden Hafen, kamen da und dort ins Gespräch über Land und Leute und guckten verblüfft, daß es kaum richtiges Grün gab. Der verwitterte Kalksteinboden ließ nur weniges wachsen, und, erfuhren wir, deshalb existiert auch nur ein einziger richtiger Fußballrasenplatz auf ganz Malta. Von den Engländern angelegt, wurde er gehegt und gepflegt wie Wimbledons Tennisteppiche und auch ausschließlich von ihnen, den Engländern, genutzt.

So stießen wir bei unserer Stadterkundung dann auf ein echtes Maltastadion mit betonhartem Spielgrund, und, jawohl, hier sollte das Match stattfinden. Nicht gerade gelenke- und knochenschonend, dachten wir, aber damit mußten sich schon viele abfinden, also wird es ebenso mit Streich und Co. klappen. Dann, noch ganz naiv, erkundigten wir uns nach den Reporterplätzen, von wo aus werden wir sprechen ...? »Reporterplatz, Reporterplatz – Moment mal...«, und Stadionhelfer huschten davon. Nach halbstündigem Warten kehrten sie mit der Hiobsbotschaft zurück: »Für Sie gibt es keinen Reporterplatz.« – »Wieso? Warum? Weshalb? Es ist doch alles, wie üblich, von unserem Sender bestellt und von La Valetta bestätigt?« – »Naja«, drucksten die Boten. »Naja, aber der Herr Baron, der Stadionbesitzer, läßt fremde Reporter nur herein, wenn sie für den gewünschten Platz extra bezahlen ...«

Da war's raus. Uns schwante Schlechtes. Werner Eberhard, immer Frohnatur, lachte noch. Mir, als Berufsskeptiker, rumorte es schon im Bauch. Das kann ja heiter werden ...

Nun fragten wir energischer. »Was bedeutet das?« – »Sie müssen bezahlen«, lautete die lakonische Antwort. »Wieviel?« – »Der Herr Baron will 1000 Dollar!« 1000 Dollar, durchzuckte es mich, soviel Dollar auf einem Haufen oder als tollen Schein haben wir beide noch nie im Leben gesehen, geschweige jetzt und auf Malta in der Hosentasche.

Kurzer Einschub zur Erklärung internationaler Gepflogenheiten. Alle Sender der Welt kooperieren miteinander. Aus heutiger Sicht muß noch hinzugefügt werden, zumindest die staatlichen oder öffentlich-rechtlichen. Man stellt sich, zumal bei offiziellen international angesetzten Begegnungen, gegenseitig notwendige Technik zur Verfügung, also Reporterplatz plus Mikrofon usw. Alle Leitungskosten werden – damals über die Post – bezahlt. Okay. Keine Probleme bisher. Doch nun Malta und der Herr Baron …

Knappe Beratung zwischen uns, und dann Anlauf zum letzten Versuch. »Wir haben alles exakt angemeldet und entsprechende zusagende Antworten bekommen. Also, was soll's …« – »Sie sollen 1000 Dollar bezahlen oder Sie dürfen nicht herein, also nutzen auch die vorbestellten Plätze und Leitungen gar nichts …« Ein harter Konter! Ich muß rein haushälterisch einfügen, daß wir beide jeweils drei Tagegelder bei uns hatten, wie üblich nach dem Tagessatz von 37,- DM (West), und das fürs Essen, Trinken … Dreimal 37 mach 111, mal zwei 222,- DM (West), unsere totale Barschaft.

Noch einmal gingen wir beide etwas abseits in Klausur. Unmöglich, das Geld aufzutreiben. Tja, was nun?

Inzwischen hatte sich unsere Schwierigkeit herumgesprochen. Zeitungsleute, die sich ebenfalls im Stadion umsahen, witterten schon alarmierende Schlagzeilen. Andere grinsten, manche möglicherweise schadenfroh. Doch wie heißt es: Ist die Not am größten …

… kommt manchmal Hilfe. Ein freundlicher Mann trat zur Diskussionsgruppe und stellte sich als Trainer eines der örtlichen Fußballvereine vor. Dann: »Ich habe von Ihren Schwierigkeiten gehört, und ich kenne sie. In Leipzig studierte ich an der DHfK (Deutsche Hochschule für Körperkultur) Sport. Das war eine schöne Zeit. Ich habe sie oft gehört, und ich freue mich schon auf das Länderspiel …« Er parlierte in gutem Deutsch, und ich fühlte Hoffnungswärme. »Sie könnten aus meiner Wohnung alles per Telefon übertragen!« Was für ein Vorschlag! Welch verrückte Idee! »Wo liegt Ihre Wohnung?« – »Dort, gleich hinterm Tor«, und er zeigte auf einen kleinen Häuserblock. Außerhalb des Stadions lief eine Straße, dann etwas Vorplatz, dann die Häuser. Stadionentfernung, zum Anstoßpunkt, vielleicht gute 200 Meter … »Sie können sich alles ansehen. Mein Telefon steht zur Verfügung, also, wenn Sie wollen …«

Wir wollten. Wir telefonierten mit Berlin und informierten die Sportredaktion, was Sache ist. Klar, versucht es, hieß die Parole.

Am Spieltag hockten wir am geöffneten Wohnzimmerfenster in der zweiten Etage. Unser freundlicher Gastgeber, der Trainer und Ex-DHfK-Student, erzählte, daß er oft befreundete Familien einlädt, und dann sind alle Fenster besetzt. Mithin, ihm macht das gar nichts. Er kennt das. Wir aber nahmen »Neuland unter den Pflug«. Die Hauptsorge war, haut das mit der Leitung hin. Aus Berlin war ein Fernrückgespräch angemeldet worden, und das vorsorglich für zwei Stunden. Es klappte. Pünktlich klingelte das Telefon, und wir gaben den Hörer 120 Minuten nicht mehr aus der Hand, korrekter, aus unseren Händen. Alle drei Minuten wechselten wir uns ab, und schon nach einer Viertelstunde übertraf die Ohrmuschelwärme alle Mittelmeerhochsommerwerte.

Wir redeten und redeten. Wir verpaßten auch keines der drei Tore. Die Perspektive erwies sich als mittelprächtig, denn das hintere Tor war über 300 Meter weit weg. Überhaupt blickt keiner gern aufs Stadionlängsformat, schon gar nicht der Reporter. Was soll's. Es ging, und es ging gut. Wenn es dabei überhaupt ein Problem gab, dann das …

Unsere Gastgeberfamilie hatte diesmal nicht nur zehn

Mitgucker, sondern runde zwanzig. Aus purer Neugier, verständlich, gesellten sich noch drei Familien hinzu, und das schaffte Unruhe. Auch das war noch kein Hindernis. Aber die Kinder! Auf meinem Schoß saß der Familienbenjamin, gerade drei Jahre alt. Er zappelte und fuchtelte und freute sich über die Wohnzimmerturbulenzen und das Spiel. Die beiden älteren Kinder, 10 und 11, hatten jedoch noch für zusätzliche Straßenreklame gesorgt. »Zwei Fremde sprechen bei uns übers Telefon, und das zwei Stunden, und dabei schreien sie, ein Riesengaudi, kommt und hört euch das an!« Und sie kamen. Immer neue. Ein Kommen und Gehen. Mal beugten sich zwei, drei über unsere Köpfe, mal drängelten sich zwei zwischen unseren Beinen, beäugten uns wie Zirkusclowns. Einmalig.

Das war's. Einmalig wegen des Reporterplatzes, dann, daß alles trotzdem klappte, keine Störung, geschweige Unterbrechung; toll. Und einmalig, wie wir gemeinsam die 1000-Dollar-Träume des Herrn Baron austricksten. Dafür unseren unvergessenen Gastgebern ein Malteser Orden!

Unterschätzt

Hier hilft nur eins: Asche aufs Haupt! Jede Wette hätte ich damals verloren. Jede. Alle meine Tips lagen weit daneben. Welche? Das sei gleich erklärt, und am besten noch von einer – allerdings durch und durch hypothetischen – Frage begleitet: Wie hätten Sie, die geschätzten Leser, speziell die fußballkundigen, vor 10 Jahren, also 1989, noch zu DDR-Fußballzeiten, folgende Frage beantwortet: Wie viele DDR-Spieler besitzen eine Chance, in der Bundesliga engagiert zu werden? Na?

Mein Tip in Freundeskreisen lautete: vielleicht 20? Oder maximal 30 …? Eine gewaltige tipperische Fehlleistung, offensichtlich auf eine ebenso schlechte Fehleinschätzung zurückzuführen. Aus heutiger Sicht muß ich das mit Bedauern und Freude zugleich zur Kenntnis nehmen. Freude, weil es sich glücklicherweise ganz anders verhielt.

Tatsache ist, weit über Hundert bewiesen inzwischen, daß sie mehr als nur die Chance hatten, ihr Können zu zeigen. Über Hundert zählen auch jetzt, Mitte 1999, zu den Etablierten. Um es exakt zu machen: In der aktuellen Bundesligasaison 1998/99 sind – laut »Kicker«, dem Fußballfachmagazin – total 106 Spieler in der ersten und zweiten Bundesliga dabei. In Liga 1 genau 62, in Liga 2 44. Das bedeutet, auf die höchste deutsche Spielklasse bezogen, jeder fünfte Spieler ist ein Ost-Gewächs, spielte noch in der DDR-Oberliga oder gehörte, weil vor zehn Jahren noch zu jung, zum KJS-Nachwuchs. Das stellt dem Ausbildungssystem ein sehr gutes Zeugnis aus.

Nicht uninteressant ist auch, welche Trikots diese 106 derzeit tragen. Die allermeisten, 14 aus dem Osten, sind anno 1999 bei Hansa Rostock unter Vertrag. Wobei die Kennzeichnung Osten immer dafür steht, was unter allererster Gemeinschaft einzuordnen ist. Sieben Spieler sind derzeit bei Hertha BSC, je fünf in Kaiserslautern und Wolfsburg, je vier bei Bayern München und 1860 München … Überhaupt keinen Ostler verpflichteten Duisburg und Stuttgart.

In Liga 2 gehören elf zu Energie Cottbus, je fünf zu Bielefeld und Fürth, vier zu den Stuttgarter Kickers, und gar keine spielen in St. Pauli, Mainz, Hannover, Oberhausen und Ulm. Namen, einige wenigstens, sollen das auch beweisen. Querbeet-Beispiele: Der heutige Hamburger Doll stammt aus dem mecklenburgischen Malchin, aus Herzfelde bei Berlin kam Herthaner Thom. Seine Mannschaftskameraden Wosz und Karl sind Hallenser, Tretschock Wolfener. Kaiserslauterns Torwart Reinke ist Güstrower. Aus Torgau stammt Torjäger Marschall, aus Oschatz sein Klubkollege Rische. Jeremies, der Neu-Münchner, wuchs in Görlitz auf, Jancker in Wismar. Linkes Heimat ist Sömmerda, Kirstens Riesa. Torwart Rost von Bremen fing in Leipzig an, Piekenhagen und Rehmer begannen in Berlin; bekanntlich in Dresden lernten Sammer, Zickler, Ernst …

Genug. An jedem Namen hängt eine Geschichte. Und jedem Spieler, deren Entdeckern und Förderern, Lehrern, Übungsleitern, Trainern gilt Dank und Anerkennung.

Was dabei noch eine Betrachterrolle spielt, sind fußballhistorische Gegebenheiten. Immer befanden sich die stärksten und dauerhaften Hochburgen im Westen, Süden und Norden Deutschlands. Der Osten galt traditionell als unterentwickelt und insgesamt zweitklassig. Ausnahmen gab's selten. Zu DFB-Anfangszeiten war das Leipzig. Später vor allem Dresden und Berlin. Im DDR-Fußball bestimmten besonders Zwickau, Halle, Erfurt, Aue, Jena, Magdeburg, Rostock … und wieder Berlin und Dresden das Niveau.

Dringlich und spannend drängt sich heute diese Frage auf: Warum schaffen die gerade Genannten nicht das, was immerhin Unterhaching, Fürth oder Ulm auf die Beine stellen? Vorwürfe verbergen sich nicht hinter der Fragestellung, die von Hunderttausenden Ost-Anhängern kommt. Eher schon Betrübnis und handfester Ärger. Zu vieles ging mit der Wende den Bach hinunter. Auch in den großen Fußballstädten. Da und dort saß man zweifelhaften »Helfern« und dubiosen Besserwissern und Glücksrittern auf, die als vermeintliche Heilsbringer aus dem Westen kamen. Aber auch neue Ost-Auf-die-Pauke-Hauer lieferten schlechte Beispiele von Neuanfang oder Fortführung des Bewährten. Schade, schade, schade.

Was erstmal in Trümmer ging oder zumindest erheblichen Bruch erlitt, ist erfahrungsgemäß nicht von heute auf morgen wiederaufzubauen. Nun will gut Ding viel Weile haben. Ausdauer, Beharrlichkeit und endlich Ehrlichkeit. Und Geld. Das allerdings fehlt an allen Ecken und Enden. In Sachen Finanzen und örtlicher Unterstützung befinden sich Unterhaching, Fürth, Ulm, Bielefeld, Hannover ... und, und im großen Vorteil.

Bleibt die Hoffnung. Magdeburg, Halle, Leipzig, Dresden, Zwickau, Jena, Aue ... können es eines Jahres schaffen, aus der Drittklassigkeit aufzusteigen. Dorthin, wo Rostock und Cottbus als Übriggebliebene noch sind, und – Bravo und Tusch! – gerade, im Sommer 1999, Chemnitz sich dazugesellte.

Alleinunterhalter

Allein schon das Wort: Unterhaltung. Sperrig-hölzern, nichtssagend. Schade, hier versagt die deutsche Sprache. Entertainment und Divertimento sagen schon mehr und klingen anders. Was sich hinter Unterhaltung verbirgt, ist allerdings ein Batzen. Alltägliche Unterhaltung betreiben wir alle. Unterhalten bedeutet Urkommunikation, und die ist wahrscheinlich die allerwichtigste Art von Unterhaltung überhaupt. Was sonst? Musikalisches und Gesprochenes, Musical, Kabarett, Ballett, Tingeltangel ... Unterhalter sind Cohrs und Loriot, waren Torriani und Valente, Quermann, Weidling, Lou van Burg, Kulenkampff, Frankenfeld, sind Emmerlich und Nebel,

Guildo Horn und Puhdys, Hahnemann und Hamann, Wildecker Herzbuben, Drei Codonas, Gottschalk, Kessel Buntes, Wetten, daß ... Schöbel, Herricht, Preil ... Genug! Was für ein weites Feld ...

Durch meinen Kopf stürmten hunderte Namen und Gedanken, als ich Gast und Diskutierer bei den Mainzer Tagen der Fernsehkritik war, wo das ZDF 1999 »Sport im Fernsehen« als Generalthema auf die Tagesordnung gesetzt hatte. Mit Heribert Faßbender (ARD), Wolf-Dieter Poschmann (ZDF), Jörg Wontorra (SAT 1), Marcel Reif (RTL) und Rudolph Brückner (DSF) stritten wir über die provokativ gedachte Frage, ob Sport im Fernsehen Unterhaltung sei. Stritten ist aber das gänzlich falsche Verb. Bestenfalls wurde es eine freundliche Unterhaltung mit lockerstem Kratzen an der Oberfläche. Warum das so wurde, weiß ich bis heute nicht. Auf jeden Fall war's schade, und die – seit 32 Jahren – löbliche, auch 1999 zu würdigende ZDF-Absicht, Steine ins Rollen zu bringen, geriet mit uns nicht zum Treffer.

Dennoch, mich und andere, Teilnehmer und Zuhörer, beschäftigte die These, denn eine Frage ist es für mich nie gewesen. Sport ist von Geburt Unterhaltung an sich. Schon das Wort – aus dem Englischen und Französischen disport bzw. desport – sich vergnügen, unterhalten, belustigen abgeleitet, ist Beweis. In unserer Zeit entwickelte sich Sport gerade durch das Fernsehen weiter zur Massenunterhaltung. Ob das einem paßt oder nicht. Es ist so. Mithin bleibt für mich nur die Frage: Was für Unterhaltung ist es, und die – für mich noch dringlichere –: Was für Unterhalter bedingt demnach dieses Vergnügen?

An der Stelle hätte Zündstoff Feuer schaffen können. Da es zur Diskussion nicht kam, lege ich hier meine Ansichten vor.

Jeder Firlefanz, der heute Fernsehsportübertragungen begleitet oder rahmt, muß deshalb noch nicht unterhaltend sein. Neben Kameraaufwand und von bildführenden Regisseuren und begleitenden Redakteuren ersonnene optischen Auflösungen bleibt für mich der Hauptsprecher immer noch, nein, heute ganz besonders, Hauptpräsentator, wichtigster Unterhalter. Richtig, das sahen und sehen andere anders. Denen gilt auch das heute üppig-übliche Schwadronieren von Experten, Kollegen und anderen Gesprächspartnern als Unterhaltung. Brimbamborium ringsherum und ständig überleitende Moderatoren, die an sich nichts zu sagen haben, und eben die vermeintlichen Analytiker und Sprechblasenpuster, plus Reporter/Kommentator, das macht Fernsehsport zur Unterhaltung. Angeblich. Beim Fußball, Motorsport, Skispringen, Boxen, vorrangig also bei den Quotenbringersportarten. Andere wurden längst zum Fernsehnullwert degradiert, was böse Haltung widerspiegelt. Danach kräht aber kein Hahn.

Meine These ist: Neben diesem anderen, das jedoch sparsamer, bedachter, beweglicher eingesetzt werden muß, spielt der Reporter den wesentlichen Part. Der muß freilich aus anderem Holz geschnitzt sein, als einstens Dr. Laven oder später die Michel, Huberty und Co. Nichts gegen deren partielle Klasse. Doch sie glaubten, Fußball als (Pseudo-)Wissenschaft vermitteln zu müssen. Heribert Meisel vom Wiener ORF riskierte in den fünfziger Jahren, dem Altdeutschen eine Melange von relativer Sachlichkeit und k.u.k.-Schmäh entgegenzusetzen. Teils löste es spontanen Beifall aus, anderenteils wehrten sich konservative Reporter und konservative Hörer nicht minder lautstark. Normal.

Heute stehen die Zeichen anders. Fernsehsport (und Radiosport auch) als ein Segment des dicken, fetten

Happens Unterhaltungsindustrie braucht den Unterhalter am Mikrofon. Am besten den Alleinunterhalter. Dieses Wort genießt im Deutschen aber nicht den besten Ruf. Doch auch dabei gilt: Es gibt in jeder Tätigkeit gute und schlechte. Hinzu gesellt sich als Hauptsache der indifferente Zuhörergeschmack. Was der eine lobt, verdammt der andere. Da das immer so war und immer so bleiben wird, was jeder Produzierende akzeptiert, müssen die sogenannten Macher trotzdem oder gerade deswegen nach dem professionellen Kern, den bewiesenen Tätigkeitsmerkmalen suchen. Am günstigsten verfährt dann die Sendeanstalt, die dem Publikum ein Ensemble unterschiedlicher, aber im einzelnen professionell gesuchter, geförderter, entwickelter Solisten präsentieren kann.

Alleinunterhalter können dabei besondere und zeitgemäße Wirkungen erzielen. Da ich schon seit Minuten zappelnde, dringlich schnippsende Zeigefinger fühle, will ich diese Spezies erklären. Alleinunterhalter am Sportmikrofon sind für mich Journalisten, die hundertprozentig in der Lage sind, ein Bildschirm- oder Radiopublikum über zwei Stunden hinweg gut zu unterhalten. Was nicht immer so sein muß! Nur, im Zusammenspiel unterhaltender Möglichkeiten, siehe weiter oben, sind sie tragender Teil.

Gutwillig folgende Leser können an dieser Stelle vielleicht zwischenbilanzieren: Ganz gut gebrüllt, Löwe, aber wo bleibt nun der Biß? Stimmt auch. Ich will zubeißen. Das heißt, das Bild »meines« Alleinunterhalters zeichnen. Ich bitte, dabei die Reihenfolge aller gewünschten Persönlichkeitskriterien zu beachten. Zuvorderst deshalb, dieser Typ muß nicht zuerst Sportfachmann oder Fachfrau sein, Spezialist für Fußball, Formel 1, oder ..., sondern Conférencier heutiger Prägung.

Weil auch dieses Wort, das ich wähle, bei Teilen im Verdacht steht, nur auf Wortradau und Kalauerramsch fixiert zu sein, gebe ich die offizielle Kennzeichnung von Unterhaltungstheoretikern und Praktikern wieder. »... Er stellt die Verbindung von Künstlern und Publikum durch unterhaltende geistvoll-witzige Plaudereien her ... Er soll dem Publikum helfen, die einzelnen Darbietungen zu verstehen und einzuschätzen ... Er soll es (das Publikum) entspannen und in Spannung setzen ... Er muß alle auftretenden Pausen und Zwischenfälle überbrücken können und trägt so wesentlich zum Erfolg bei ... Er tritt bescheiden und ohne äußere Effekte auf, denn er wirkt nur durch das gesprochene Wort.« Ersetzen wir das Wort Künstler durch Sportler, weiß hoffentlich jeder, was ich will.

Solche Sportübertragungs-Alleinunterhalter müssen Meister des Wortes und Meister der Stimme sein. Ist beides nicht vorhanden, sind sie nicht die Richtigen! Voraussetzung wäre, daß endlich in den Funkhäusern Verantwortliche vorrangig diese Vermittlungsfähigkeiten fordern und fördern. Da allerdings klemmt's seit Jahrzehnten. Um drastischere Beschreibungen und Kommentierungen solchen Zustandes zu vermeiden, wähle ich zwei harmlose Beispiele zum Deutlichmachen. Beide aus der Unterhaltungskunst. Ans Trapez gelangt nur der schwindelfreie, athletisch Trainierte. Nie käme jemand auf den Gedanken, ach, eigentlich kann's jeder mal probieren. So aber wird in Funkhäusern und Redaktionen gehandelt! Oder: Jedem Sänger und Schauspieler, ob in Annaberg-Buchholz oder Hamburg, Berlin oder Regensburg, der vor 200 oder, maximal, 2000 Menschen auftritt, wird nach Talentüberprüfung solide und umfassende Stimmausbildung und anderes abverlangt. Im Sport von Fernsehen und Radio agieren Laien! Vor Millionen! Bei den Mainzer Tagen sprach in einer anderen Diskussionsrunde Deutschlands Leichtathletikpräsident Prof. Dr. Digel, Soziologie-Fachmann und ebenso Medienkenner. Er stellte dabei die für ihn bange Frage, ob heutiger Sport noch Kulturbestandteil sei. Ich erweitere und frage: sind Fernsehen und Radio noch Kultur-Einrichtungen, und welche Rolle spielt dabei der gesprochene Sport?

Noch etwas zum Alleinunterhalter. Besitzt er solche, nämlich die besten und über alle Generationen hinweg gültigen Unterhaltereigenschaften, versteht er dazu möglichst viel vom Sport (was sich Hunderttausende aneignen können, spezielle Tätigkeits-, hier Vermittlungsfähigkeiten aber nur bedingt), ist er genau der gewünschte Typ. Reine Parlierer, die aber nicht viel zu sagen haben, nach heutigen Begriffen Modemoderatoren wie Beckmann oder Kerner, Präsentatoren ohne Profil, die überwiegend nur vom Profil der Gäste profitieren, also Trittbrettfahrersprecher, zählen nicht zu den gesuchten Talenten.

Mit Interesse kann beobachtet werden, wie sich die neuen Fußball-Lizenz- und damit Geldbewegungen auf die Sprecherbranche auswirken. Natürlich, korrekter, selbstverständlich geht's dann wieder um Angebot und Nachfrage, und so wie Spielertransfers kommen neue Journalistenkäufe dazu. Es wird sich zeigen, ob dabei nur noch mehr Geld oder endlich auch mehr Qualitätsansprüche als bisher und eben nicht nur geschmäcklerische Vorurteile entscheiden.

Stimmen

In »Der Sportjournalist«, 47. Jahrgang, Nr. 8, August 1998, Herausgeber Verband Deutscher Sportjournalisten e.V., erschien auf Initiative des damaligen Verbandspräsidenten Karl-Heinz Cammann ein Beitrag von mir, der sich mit einem der wesentlichen Wirkungsfaktoren sprechender Sportreporter befaßt. Bestimmt ist das auch für die große Schar von Empfängern, Rezipienten, der Radioreportagen und Fernsehkommentierungen interessant. Dies ist der komplette Artikel.

Ans Mikrofon nur mit Starterlaubnis,
denn – Stimmen müssen stimmen.

Damit keinem etwas in die falsche Kehle rutscht, und weil über Kehliges viel zu sagen ist: Hier geht es ausschließlich um das zu vermittelnde WIE, und dies bei völliger Akzeptanz, daß jedem WAS Vorrang gebührt. Aber: für Sportreporter gilt auch: »der Ton macht die Musik«, zumal sie meist ein riskantes Gemisch von Fakten und Emotionen, von Allgemeinem und Persönlichem anzubieten haben. Und: Aus dem Kanon aller notwendigen Vermittlungsfähigkeiten – Wortschatzvermögen, Situationsreaktionen, Begeisterungs- und Spannungsvermittlungskönnen, Kritikfähigkeit, Wissensvermittlung, Spezialkenntnissen, Humor, Unterhaltsamkeit, persönlichem Stil u.a. ... – ist der Faktor Stimme nur einer, jedoch ein urwesentlicher.

Deshalb läßt es aufhorchen, wenn nach rund 70 Jahren deutscher Sportreportergeschichte gerade dieses ganz besondere und ganz individuell spezielle WIE immer noch verkannt wird und meist eine unterentwickelte Rolle spielt. Viele der gewesenen und jetzigen Reporter wurden nicht über das Testen gerade dieser Fähigkeit ausgewählt. Viele, die dennoch vor Mikrofone gelangten, unterzogen sich niemals, oder nur sehr oberflächlich und kaum über lange Berufslebensstrecken angeleitet, dem professionellen Kontakt mit Sprecherziehern und Stimmbildnern. Viele wurden niemals auf diesem Weg, der sie vor Millionen Rezipienten läßt, von ihren Redaktionsleitern, Chefredakteuren und Intendanten zu einer Kontrolle, zu einer Qualitätsforderung gerufen, die der Verantwortung ihrer Tätigkeit entspricht.

Künstler singen, sprechen vor Hunderten oder Tausenden Menschen. Sie müssen eine dauerhafte Stimmschulung vorweisen und stellen sich tagtäglich dem Mundwerktraining. Ein Sportreporter darf sich oft einem Millionenpublikum vorstellen, ohne daß er sein Handwerk, sein Mundwerk lernte. Jedem ehrenwerten Handwerker werden nicht nur konkrete Ausbildungswege vorgeschrieben, sondern er muß Prüfungen ablegen, die seine spezielle Fähigkeit beweisen. Zahlreiche Sportreporter, auch bei den Öffentlich-Rechtlichen, die immer noch besondere Verantwortung tragen, gelten als ewige Naturtalente, als a-priori-Pavarottis, die eben singen, Pardon, sprechen dürfen wie der Vogel, der in den Zweigen wohnet.

Dabei hätten sie ausreichend Anlaß, diese Zusammenhänge zu begreifen und zu trainieren. Alles: Wie Stimme entsteht, wie sich Töne bilden und wie Modulationsfähigkeit wächst, wie alles Kehlige und alle Resonanzräume zusammenklingen, wie dieses Instrumentarium zu pflegen ist, um allen Situationsanforderungen gerecht zu werden, auch, ein Detail nur, wie ich das fast Schwierigste lerne, was die wenigsten können, bei der gelegntlichen Notwendigkeit, richtig zu schreien. Zu viele Fehlanzeigen sind Resultat vieler Beobachtungen. Peinliches Versagen beim Stimmkampf gegen die Kulisse von Zigtausend trotz Mikrofon- und Reglerhilfe. Oft, ebenfalls zu oft, mindert gleichförmige Sprechmelodie das Zuhörvergnügen. Welcher Sportreporter gebraucht schon die Möglichkeiten einer Oktave?

Und das überrascht besonders: Jeder Sportreporter übt engagiert Kritik am Sportler. Er stellt dessen Technik und Kondition in Frage, bemängelt schlechtes Trainingsverhalten, zweifelt an der Berufshaltung der so Hochbezahlten. Wo bleibt die Selbstkritik? Gerade am Sportler könnte sich der Reporter ein Beispiel nehmen. Der übt regelmäßig, hat einen Trainer zur Seite, überprüft ständig seinen Fitneßzustand, wärmt sich vor jedem Einsatz auf ...

Im Gegensatz zu Schauspielern, Sängern erlebte ich noch nie einen Sportreporter, der sich einsprach, sich gezielt stimmlich präparierte, um heiß ins Rennen zu starten. Das alles kennzeichnet keine professionelle Grundhaltung. Es widerspiegelt auch kaum Respekt vorm willigen Radio- und Fernsehkonsumenten, der schließlich auch Ernährer aller Sportreporter ist.

Wer das zusammenfaßt, muß zusammenzucken. Wieso ist das so?

Statt professioneller wissender und trainierter und bereits unter zahlreichen Bewerbern und Kandidaten ausgewählter Talente agieren Edel-Laien, Reporter zumeist mit konturschwächlichem Persönlichkeitsprofil, aber im Privilegiertenstatus.

Daß viele Zuhörer/Zuschauer das hinnehmen, ist normal. Näheres Erklären dieser Tatsache ist ein anderes Thema. Veränderungen, grundsätzliche, und mit der Absicht von Verbesserungen, bleiben dennoch dringlich. Sie sind, nach allen Erfahrungen, jedoch nur von oben möglich.

Intendanten, Chefredakteure, Redaktionsleiter und dazu öffentliche Fachkritik tragen die Mitverantwortung. Neue Auswahlkriterien zählen dazu. Zulassungsprüfungen, die von Fachleuten, speziell von Stimmbildnern und Sprecherziehern, dominiert werden. Ständige Überprüfungen der Mikrofonfähigkeit mit, was einstens selbstverständlich war, Erteilen einer »Starterlaubnis« per Mikrofonschein gehörte zum Grundsätzlichen ...

Aber hier verdichten sich die Verdächte zum Gegengespenst, das sich nicht erschrecken läßt, denn: Es hat die Mehrheit der Betroffenen hinter sich.

Na denn: Schwamm drüber, Ohropax her und weiter so.

Seizinger

Katja Seizinger, 26jährige Weltklasseflitzerin im Skirennsport, wenn man so will, viele Jahre »Miss Alpin«, bewies im Frühling 1999, daß nicht nur brillantes Siegen oder Boulevardpresse-Posaunieren Aufmerksamkeit schaffen. Nach monatelanger komplizierter Verletzungspause stellte sie sich ihrem Verband und den Medien nicht mit der von allen Seiten erwarteten Nachricht: »So, da bin i wieda und aufi gehts zu Neuem!« Statt dessen servierte sie die knappe Meldung: »Ich mache Schluß!«

Manchem Funktionär und Trainer fiel die Kinnlade herab. Null-Ausbeute also bei Seizinger; keine Chance mehr, im Skiwinter 99/00 mit ihr wieder Furore zu machen und mitzuverdienen an Moneten und Applaus. Doch was die einen als Niederlage quittieren mußten, gilt für sie als besonderer Sieg. Vor allem war es ein Erfolg der Vernunft und souveräner Haltung. Dem gelten Beifall und Hochachtung in einem Atemzug.

»Ich bin sicher, auch im Rennsport weitere Erfolge feiern zu können«, erklärte sie allen Verdutzten. »Nach den

Qualen und Mühen, die Verletzung und Rehabilitation brachten, ist das lädierte Knie wieder in Ordnung. Aber ich habe jetzt, da das halbe Leben, mindestens, noch vor mir liegt, ganz andere und zwar berufliche Pläne. Ich habe mich entschlossen, mein Betriebswirtschaftsstudium zu beenden, und dann will ich im Beruf mein Glück versuchen und ganz unten als Stift anfangen.« Punkt. Und sie fügte noch hinzu: »Dieser Rücktritt ist unumstößlich.« Punktum.

Um das Entschiedene und Gesagte richtig zu begreifen, muß erst noch einmal an die wesentlichen Höhepunkte der Seizingerkarriere erinnert werden. Immerhin erkämpfte sie drei Olympiasicge. Zwei 1998 in Nagano und den ersten zuvor 1994 in Lillehammer. Die Weltmeisterin gewann total 37 Weltcuprennen, fünfmal den Super G-Weltcup, viermal den der Abfahrt und 1998 auch den Gesamtweltcup. Das glückte vor ihr nur noch Olympiasiegerin Rosi Mittermaier. Gut – wem das aber zu viele Zahlen und überflüssige Resultatsanmerkungen mit zu vielem nachträglichem Beifall sind, der soll getrost und arrogant mit den Fingern schnipsen. Bitte sehr. Für mich bedeuten diese Erinnerungen viel.

Sie unterstreichen vor allem die Extraklasse der Katja S., die übrigens auch »Flachlandtirolerin« ist. Das »auch« bezieht sich auf mich, einen Lausitzer Preußen, der bis zum 27. Lebensjahr Berge, echte Felsengebirge, schnee- und eisbedeckt, nur aus Büchern und Filmen kannte. Erst 1954, am schwedischen Areskutan, 700 Kilometer nördlich von Stockholm, sah ich Bergriesen direkt und erlebte erstmals Alpine Skirennen. Als Radioreporter feierte ich bei den Weltmeisterschaften Dreifachgewinner Eriksen aus Norwegen, und im übrigen staunte ich Bauklötzer. Über alles. Jämtlands Berge erschienen mir gewaltig, und den 1400 Meter hohen Areskutan, Mittelpunkt der WM und Aushängeschild von Are, dem WM-Ort, empfand ich als gigantische Landschaftsglatze, alles überragend. Dabei betonten vielgereiste Skireporter wie meine österreichischen Freunde Hans Klettner aus Salzburg, Max Pflieger, der Grazer, und Bertl Neumann, Tiroler aus Innsbruck, die allesamt ihre Are-Weltmeisterinnen Schöpfer und Klecker mit Wortwasserfällen überschütteten: »Beruhige dich! Das hier sind Liliputaner. Wenn du unsere Austriaberge siehst, dann weißt du, was richtige Berge sind.« Das geschah dann bei den Olympischen Winterspielen 1964 und 1976, bei denen Bertl Neumann zweimal in seiner Heimatstadt als Olympiapressechef fungierte. Ich konnte nur bestätigen: »Oja-ja …«

Am Areskutan erlebte ich aber noch anderes Unvergessenes. So starteten für die DDR im WM-Feld Sigrun Eiselt aus Zittau und Gretel Grune, die aus Köthen kam. Beide, ich bitte um Nachsicht, wenn ich 45 Jahre danach wieder alte Wunden bluten lasse, bildeten die Schlußlichter aller Konkurrenz. Vorletzter und Letzter waren das Resultat, was wieder schmerzlich zeigte: Aller Anfang ist schwer. Als Grune-Verehrer und Kavalier will ich nämlich auch in Erinnerung rufen, daß sie zehnmal DDR-Meisterin wurde, was wiederum nur ihre Nachfolgerin Hannelore Schmieder-Riedel zwischen 1956 und 1962 mit 19 (!) Titeln übertraf. Alter Trost: Im Leben ist eben alles relativ.

Stimmt, das hat nichts mit Katja Seizinger zu tun. Zumindest nicht unmittelbar. Ich bin jedoch ziemlich sicher, wüßte sie von der deutsch-deutschen Sportgeschichte und solchen Fakten, sie fände nicht nur Verständnis, sondern auch Achtung, Achtung, die jeder Leistung gebührt. Vielleicht nähme sie auch noch andere Erinnerungsdetails mit Interesse auf. Damals, 1954, wohnten Starterinnen aus West (Mirl Buchner, Ossi Reichert) und Ost (eben Eiselt und Grune) in freundlicher Harmonie und fairer Partnerschaft unter einem Hoteldach und ließen sich durch nichts verdrießen. Der Kalte Krieg war noch nicht entfacht.

Doch mit Vertikaltorschwung zurück. Katja, die auch Deutschlands »Sportlerin des Jahres« wurde, focht mit den Journalisten manchen Strauß. Totale, zumindest fast totale Vereinnahmung durch Öffentlichkeit, initiiert und gesteuert von Medien-Mächtigen, vorlaute, freche Interviewer, das alles war ihr nicht geheuer, und immer, wenn es nur ging, ließ sie die Meute ins Leere laufen. Ob sie nun, wie auch Journalisten behaupten, tatsächlich Deutschlands erfolgreichste Rennläuferin aller Zeiten ist, sei dahingestellt. Hinweisen will ich auf Christel Cranz, die zwischen 1934 und 1939 immerhin zwölf Weltmeistertitel erstritt und 1936 in Garmisch Olypiasiegerin wurde. Dabei besaß sie nur diese eine Chance, denn 1936 vergab man bei Männern und Frauen jeweils nur einmal Gold, und das für den Gesamtsieg in der Kombination, also Slalom und Abfahrt zusammen. Der faschistische Wahnsinnskrieg raubte ihr alle weiteren Möglichkeiten.

Am Ende dieses turbulenten Skijahrhunderts, das sich im letzten Jahrzehnt immer hektischer zum merkantilen Zirkus entwickelte, verdient der Seizinger-Entschluß als Resultat der Seizingerhaltung noch eine Extragoldmedaille. Solches Handeln blamiert die Norm. Vermeintlich normal ist nämlich heute, daß Teenager frühzeitig und ohne Abschluß die Schule verlassen. Zwanzigjährige Millionäre, beruflich unausgebildet und auch ungebildet, gelten als Idole und Markenzeichen der Zeit. Was nicht etwa ausdrücklich oder gar ausschließlich für Skirennläufer gilt. Tennis- und Fußballspieler,

Boxer und Rennfahrer und andere gingen längst ähnliche Wege und bestätigen den Niedergang. Katja Seizinger machte das Abitur mit Note 1,6, was – um Himmels willen! – auch nicht alles bedeutet, und mancher Zeitgeistvernarrte darf getrost wieder lächeln … Aber: Katja lernte offensichtlich auch fürs Leben, das ihr jetzt andere gute Noten schenkt. Unter Sportlern ist diese Haltung rar.

Lausitz-Ring

Oft, wenn er nicht weiter weiß, Erstaunliches, Verblüffendes zu beschreiben, greift der Mensch zu den volkstümlichsten Kennzeichnungen. Auch mir verschlägt's die Sprache, und ich rette mich ins Simple: Es gibt Sachen, die gibt's einfach nicht … Jawohl!

Niemals, selbst in kühnsten Lausitzer Jugendträumen nicht, hätte ich gewagt zu träumen, was jetzt Wirklichkeit wird. Im Senftenberger Braunkohlenrevier, auf alten Halden wächst derzeit ein Motodrom, eine PS-Wettkampfstrecke mit Versuchs- und Trainingsgelände von Weltformat – der Lausitz-Ring! Schon im Sommer/Herbst 2000 soll der Kurs eröffnet werden.

Unfaßbar, jedenfalls für mich.

… 1948, 1949, 1950 kutschte ich durch dieses Gelände. Als Cottbus-Potsdamer Radiolehrling lernte ich jedes Dorf im Pott kennen. Alles, was traditionell dort der Sport zu bieten hatte, war mir geläufig, und nichts ist vergessen. Briesker Fußball, Radballer aus Freienhufen und Großkoschen, Boxer aus Senftenberg und Leichtathleten dazu, Radrennfahrer, speziell Crosskönner, aus Annahütte, dem Karnevalsort, und Schipkau, Klettwitz, Hörlitz, was nun Zentrum des Autodroms ist.

Hunderte Geschichten drängen sich auf, damals als Brandenburger Radioreporter mit wackligem Uralt-Ü-Wagen erlebt, und zig Namen fallen mir wieder ein, die allesamt Landschaft und Menschen kennzeichnen. Knappe Proben: Wie schon erwähnt, Brieskes gelbschwarz gekleidete Fußballknappen, einmal DDR-Vizemeister mit Henschel, Ratsch, Auras, Weist, Schwandt ..., Ulrike Bruns-Klapezynski, die aus Drebkau kam und bei den Olympischen Spielen 1976 in Montreal dann Bronze über 1500 m gewann. Gunhild Hoffmeister aus dem Kohleort Welzow, wo noch mein Großvater Max Bombeck um die Jahrhundertwende unter Tage arbeitete, die in München und Montreal, 1972 und 1976, wie Ulrike über 1500 m und auch über 800 m Medaillen erstritt, zweimal Silber und Bronze. Lutz Heßlich aus dem kleinen Schraden bei Lauchhammer, Mehrfach-Sprintradweltmeister und zweimal Olympiasieger. Hans-Joachim Hartnick aus Wormlage, Friedensfahrtgewinner und heute Frauen-Bundestrainer. Das muß genügen ... Es beweist, faustdick, in diesem Brandenburgteil lebte immer Sport, großer und kleiner, und er lockte Zehntausende wie ein Magnet.

Doch jetzt ...!

Vieles, leider, leider wohl auch zu vieles und manches gänzlich unnötig, ging dort zu Bruche. Das raubte vielen Tausend auch den Arbeitsplatz. Es drückte ebenso dem Sport seinen Stempel auf. Nur Unentwegte hielten die Vereinsfahnen hoch und Zuversichtliche hofften und ersannen Neues. Der Lausitz-Ring bietet neue Arbeit, und er lockt viele Gäste und Geld an.

Anfängliches Hickhack stellte das Vorhaben mehrmals in Frage. Man mußte schon mutig und visionär sein, um durchzuhalten. Natürlich drehte sich auch hier vorrangig alles ums Geld. Und Klagen von Gegnern mußten respektiert und ausgehandelt werden. Inzwischen dröhnt eine riesige Baustelle. Auf 370 Hektar eines alten stillgelegten Tagebaues rackern die Bagger. 500000 Kubikmeter wurden schon bewegt. 240000 Quadratmeter mußten speziell verdichtet werden. Links von der Autobahn A 13, wenn man von Berlin in Richtung Dresden fährt, sind die Konturen der künftigen Renn- und Teststrecke deutlich zu erkennen. 200 Arbeiter sind derzeit dabei. Erschließungs- und Zufahrtsstraßen bestimmen das Bild. Seit Mai 1999 gießen Fachleute alle Fundamente für die Hochbauten. Boxengassen, Fahrerlager, Pressezentrum und die Haupttribüne für 120000 Zuschauer (!) – alles wächst.

Was kostet das? Die Frage der Fragen.

Experten prognostizierten 310 Millionen Deutsche Mark. Vom Land Brandenburg fließen allein 241 in den Fond. Zu diesen Fördermitteln kommt das Kapital des Hauptinvestors Bankgesellschaft Berlin. Hoffentlich reicht das Geld, und nochmals hoffentlich, hoffentlich strömt es eines Jahres zurück und Gewinne dazu.

Berliner besonders und selbstverständlich vor allem Südbrandenburger sind an der Rennstrecke, die durch Trainings- und Versuchsstrecken wahrscheinlich günstig ergänzt werden, stark interessiert und mit dem ADAC engagiert.

Bisher existierte im deutschen Osten nur die AVUS als populärer und bewährter PS-Kurs, und vor wenigen Jahren gesellte sich, dank gleichfalls couragierter Anhaltiner in Oschersleben, ein ähnliches Unternehmen hinzu, wie es nun um Hörlitz reift. Deutschland besitzt dann vier Kurse von Format, wobei bis jetzt Nürburgring und Hockenheim international erfolgreiche Vorreiter, vor allem durch die Formel-1-Grand-Prix bleiben. Harte innerdeutsche Konkurrenz zeichnet sich ab. Gut wäre es, bewahrheitete sich der flotte Spruch, wonach Konkurrenz das Geschäft belebt.

Nochmals zur AVUS. Diese nicht ungefährliche Geschwindigkeitspiste quer durch den Berliner Grunewald bis zum Wannsee und zurück zum Funkturm entstand, gleichfalls unter erheblichen Schwierigkeiten, nach dem Ersten Weltkrieg und besaß ihre Blütezeit in den 30er Jahren. Manfred von Brauchitsch raste als 1932-Sieger damals Weltrekord für ein Autorennen mit dem formidablen Renndurchschnitt von 194,4 km/h. Er, Caracciola, Lang, Stuck, später von den Deutschen auch der frühzeitig tödlich verunglückte Rosemeyer, die Italiener Farina, Varzi, Fagioli und Nuvolari wurden berühmt wie die Filmstars von Marika Rökk und Zarah Leander bis Hans Albers und Viktor de Kowa. Hunderttausende erlebten AVUS-Rennen. Nun schloß nach 78 mehr oder minder erfolgreichen Jahren der Traditionskurs, weil er nicht mehr heutigen Sicherheitskriterien entspricht.

Schade, jedoch verständlich. Berlins Experten investieren ihr Knowhow in den Lausitz-Ring. Dort sollen sich alle guten AVUS-Bewährungen wieder vor Hunderttausenden fortsetzen. Für die jetzige motorisierte Gesellschaft bedeutet es ohnehin nur einen Katzensprung, die gut 100 Kilometer von Berlin nach Hörlitz unter eigene Reifen zu nehmen.

Manfred von Brauchitsch, übrigens, übersiedelte Anfang der 50er Jahre von der Bundesrepublik in die DDR. Er fungierte Jahrzehnte als Präsident der Olympischen Gesellschaft, die allerdings zu DDR-Zeiten einen komplizierten Namen trug. Brauchitsch gab seine Erfahrungen an damalige DDR-Rennfahrer weiter, die von Paul Greifzu über Arthur Rosenhammer bis Heinz Melkus und Söhne immer respektable Leistungen unter größten Schwierigkeiten zeigten. Der einstige Weltklasse-Auto-Union-Pilot von Brauchitsch lebt seit über 40 Jahren im Thüringischen und ist 94 Jahre alt ... Hut ab!

Zurück zum Lausitz-Ring. Schon im Oktober 2000 sollen dort Rennreifen quietschen, wenn der US-amerikanische Partner mit dem Spektakel seiner in die Lausitz importierten Champ-Car-Serie kommt. Sie bedeutet in Amerika das publikumsträchtige Gegenstück zur Formel 1.

Natürlich träumen im Braunkohlerevier längst alle von wehenden Ferrari-Fahnen und Mercedes Benz. Schumacher, Häkkinen, Irvine und Co. – das wär's! Noch ist im Osten aber der Sachsenring, neuerstanden aus alten Traditionen, einziger WM-Kurs, denn dort tummeln sich immerhin einmal jährlich die Asse der Motorradweltelite. Auch von dort ist zu lernen, denn Gemeinsamkeit macht stark.

Discobolos

Wischen wir Staub von der Geschichte. Bei den 18. Olympischen Spielen vor unserer Zeit, also über 2000 Jahre zurück, flatterten zum ersten Mal Wettkampfdisken und ließen das Publikum jubeln. Sie wußten mit dem Sportgerät, das wir heute klassisch nennen, umzugehen. Bereits Homer »reportierte« in »Ilias« und »Odyssee« solches Geschehen. Doch leider, leider liegen keine näheren Fakten vor. Wie weit warf man damals und wieviele starteten, und, und ... Möglich, daß wir aber auch zu neugierig sind.

Griechische Tatsachen sind: Myron schuf von vielen das berühmteste Diskuswerferbild. Seine Plastik stammt aus dem 5. Jahrhundert v. u. Z. Und bei Ausgrabungen im 19. Jahrhundert verhalfen uns Archäologen zu genauerer Diskuskenntnis. Verschiedenste wurden gefunden. Aus Holz, Eisen, Stein, Kupfer, Bronze, zwischen 1,25 kg und 5,7 kg schwer, mit unterschiedlichsten Durchmessern von 16,5 cm bis 34 cm ... Zum Vergleich: der heutige Diskus wiegt 2 kg und mißt 22 cm im Durchschnitt. Der Männerdiskus, wohlgemerkt. An Frauenwerfen war im Altertum nicht zu denken. Es regierte stur und streng das Patriarchat. Jene, die vor mehr als 2500 Jahren begeisterten, schleuderten den Diskos und der Werfer hieß Diskobolos.

Meine Eloge mit antiker Umrankung gilt dem heutigen Diskobolos Jürgen Schult. Er trägt Stimmung und Klasse gleichermaßen in das Werferjahr 2000 unserer Zeit. Mit dem Jahrhundertwechsel wird der Mecklenburger 40 Jahre alt. Olympiasieger, Weltmeister, Europameister Schult beweist einmal mehr, Alter hindert nicht, Klasse zu sein. Ein Vierzigjähriger kommt als Tenor oder Forscher, Dichter oder Lehrer, Politiker oder Playboy erst ins allerstärkste Alter. Im Elitesport zählt vox populi solche Männer aber zu den – freundlich ausgedrückt – Evergreens oder Oldtimern und – karger formuliert – zu den Senioren.

Jetzt-Senior Schult besitzt immer noch den aktuellen Diskus-Weltrekord. 1986 pfefferte der Schweriner die Zwei-Kilo-Scheibe in Neubrandenburg auf 74.08 m. »Bei dem Wurf stimmte alles. Maximale Technik und Athletik, äußere Bedingungen. Wenn man so will, der glückliche Ausrutscher, und das Ding flog und flog ...« Jürgen Schult überdachte das, was vor 13 Jahren passierte, schon Hunderte Mal. Hinter dem knappen »äußere Bedingungen« verbirgt sich beim Diskuswerfen immer höchst Wertvolles, nämlich der richtige Wind, was wiederum heißt, in der richtigen Stärke und aus der richtigen Richtung. Das zaubert zwischen 2 und 3 Meter zum sonst Möglichen hinzu. In den USA und auch in Schweden suchten die Spitzenwerfer zu allen Zeiten bekannte »Segelwiesen« auf, windgünstige Flächen, vielleicht noch mit minimalem Bergab.

Um daran zu erinnern, muß ich wieder in die Geschichte greifen. 1896 siegte bei den 1. Spielen der Neuzeit ein US-Amerikaner. Jener Mr. Garrett hatte bis zum 6. April 1896 einen Diskus überhaupt noch nicht gesehen. Er wollte im Kugelstoßen starten, was er auch einen Tag später siegreich tat. Da sich nun jedoch eine überraschende Zusatzchance bot, meinte er, okay, versuch ich es mal. Gegen zehn andere Mitbewerber aus 7 Ländern gewann er mit 29,15 m, und Garrett besaß gerade 20 Zentimeter Vorsprung zum Zweiten, einem Griechen, der heutige Reporter wegen seines leicht komplizierten Namens in Verlegenheit getrieben hätte: Panagiotis Paraskevopoulos ... Aber, das ist nicht alles, was Garretts Erstdiskusolympiasieg unvergeßlich macht. Da am 1. Tag der Spiele die zweite Konkurrenz, Dreisprung, kurz vorm Diskuswerfen endete, gewann im internen Wettkampf »Wer wird erster Olympiasieger der Moderne?« Dreispringer Conolly (USA) knapp vor Diskuswerfer Garrett ... Schon ein Jahr danach, 1897, und deshalb wühle ich weiter in gelbblättrigen Folianten, schleuderte ein Schwede, Söderström, die Scheibe auf »sensationelle« 38,70 m! Weltbestleistung. Der Schwede ersann dazu eine neue Technik. Er warf mit einer Umdrehung – und bei blasendem Wind ...

Das brachte, wie oft im Sport, auch andere auf überraschende Varianten. Plötzlich meldeten Schrauben- und Wellenwerfertechniken, später besonders Sprungwerfer Neues. Letztere besaßen in Jay Silvester (USA) und Faina Melnik (Sowjetunion) herausragende Weltrekordler, die – als Beispiel – 1968 bzw. 1971 ihre Weltrekorde auf 68,40 m und 64,88 m »sprangen«.

Daß Jürgen Schult so viele Gedanken beflügelt, unterstreicht seinen und den historischen Wert des Diskuswerfens. Geburtsort des Weltrekordlers ist Neuhaus/Elbe. Dieser Ort liegt an der B 195, ebenso wie elbaufwärts das kleine Lanz, Geburtsort von Turnvater Friedrich Ludwig Jahn. Der wandte sich allerdings vor 200 Jahren vehement gegen Diskuswerfen, das Gutsmuths und seine Jünger ausgangs des 18. Jahrhundert gerade wieder popularisierten. Nach Jahn paßte es nicht zum deutschen Turnen, und diese Haltung stoppte weitere Verbreitung. So ist es keine Überraschung, daß wir erst um 1900 von deutschen Diskobolos hörten. Curt Frank, ein Berliner, warf 31,25 m weit, und ehe ein Emil Welz, gleichfalls Spreeathener, die zwei Kilogramm über 40 m wuchtete, dauerte es bis 1906. Mit seinen 41,62 m war er eigentlich Weltbester, doch in Deutschland benutzte man noch gußeiserne Geräte, während international nur hölzerne mit Stahlkern Gültigkeit besaßen. Damit hatte ein Mr. Martin Sheridan, USA, zwischen 1902 und 1909 sage und schreibe 17 Weltbestleistungen geschafft, von 38,18 m bis 43,54 m …

Geschichten, Geschichten, Geschichten. Gerade die Geschichte des Diskuswerfens ist prallgefüllt. Deshalb schreibe ich stur Wichtiges weiter. Jedenfalls für mich Wichtiges. Ernst Schmidt begann vor 50 Jahren DDR-Diskusgeschichte zu schreiben. Von 39,20 m bis 46,24 m verbesserte der spätere Verbandstrainer achtmal den Rekord. Und, noch ein interessantes Detail, Ernst Schmidts Sohn Wolfgang wurde Rekordhalter in beiden deutschen Staaten. 30 Jahre nach seinem Vater setzt Schmidt jun. die Ost-Bestmarke auf ausgezeichnete 71,16 m, und 40 Jahre nach Vaters Erstrekord-Ost verbesserte er den

Deutschland-West-Rekord auf 70,92 m. Kurioses, Delikates, Einmaliges, was nur deutsche Sportgeschichte möglich macht(e).

Wer seit 25 Jahren wirft, vom Spartakiademedaillengewinner zum olympischen Dauerbrenner, seit 1982, damals WM-Fünfter in Helsinki, wer nicht mehr aus der Weltspitze wegzudenken ist, 16 Jahre lang, ist selbst Sportgeschichte, Diskuswerfergeschichte mindestens. Herrmann Brandt als Trainer half jahrelang, Schult auf diesem Weg zu begleiten. Viele Freunde in Schwerin dazu. Und Jürgen Schults Familie. Alle zusammen verdienen dieses lange Bravo für den bewundernswert langen Weg eines echten Champions, mit Leistung und Haltung.

Mein Jubel, zu dem ich mich so laut und deutlich gern bekenne, gilt aber auch Lars Riedel, dem Chemnitzer, der heute an der Weltspitze wirft, und mit Schultscher Ausdauer und Beharrlichkeit könnte es der amtierende Olympiasieger und Weltmeister zu einer ähnlichen Marathonkarriere bringen. Ich fühlte mich nicht wohl, bezöge ich in den Diskobolosbeifall nicht auch alle Klasse-Diskobolosdamen ein, von Lore Klitsch und Ruth Wiederhold, Marianne Werner und Anne-Chatrine Lafrenz bis zu Liesel Westermann und Ingra Manecke, von Doris Müller bis Gabriele Reinsch, Martina Hellmann, Ilke Wyludda und Franka Dietzsch. Deutschlands Leichtathletik, auch gut 100 Jahre alt, ist reich an Werfern und Werferinnen. Wäre man dummer Nimmersatt, ließe sich folgern, sähe es in anderen deutschen LA-Disziplinen ähnlich aus, dann ... Dann wäre es aber gar nicht auszuhalten.

Helden

Sportreporter verzapfen sprachlich manchen Unsinn. Andere Menschen freilich auch. Ob in einer Negativrangliste Sportreporter vor oder hinter Politikern liegen, müßte erst noch genauer untersucht werden.

Ein Beispiel sportjournalistischer Dummheit und Medienverbreitung liefert der Helden-Begriff. Als 1996 Stürmer Bierhoff in der fünften Minute der Verlängerung ein abgefälschtes Trudeltor glückte, war nicht nur das Endspiel um die Fußballeuropameisterschaft erstmals per »sudden death« oder »golden goal« entschieden, sondern dem deutschen Team stand nun die Medien-Heiligsprechung als »Helden von Wembley« zu.

Eigentlich bedeutete es eine Art Wiedergeburt. Schon 1954 nahm solche Götzenhuldigung ihren Lauf. Im Berner Wankdorf-Stadion bezwangen deutsche Kicker die ungarischen mit 3:2. Damit ging der Weltmeistertitel erstmals an Deutschland. Torwart Turek wurde fortan als »Fußball-Gott« gehuldigt, und alle Spieler vom Siegesschützen Rahn bis Kapitän Fritz Walter empfingen die »Helden«-Weihe. Nun, 45 Jahre danach, wurde das wieder diskutiert. Ein so sachlicher und sympathischer Mann wie Horst Eckel, damals Außenläufer, jetzt einer der fünf noch lebenden Berner Weltmeister-Spieler, nimmt's gelassen: »Wir fühlten uns nicht als Helden, sondern waren und sind stolz, Weltmeister zu sein. Was die Medien daraus machen, ist nicht unser Problem.« Recht hat der Mann, und es gilt für gestern und heute.

Vielleicht sollten deshalb alle Sprachbenutzer unserer Tätigkeit einmal über Victor Klemperers Helden-Sicht nachdenken. In seinem vielbeachteten und hochgeschätzten Buch »LTI«, Lingua Tertii Imperii, »Sprache des Dritten Reiches«, gibt der Philologe und Hochschullehrer Erfahrungen aus der Nazi- und Kriegszeit, aus seinem Leben wieder. Und Klemperer schreibt dabei auch über Heroismus, Heldentum, mit hochinteressanten Parallelen und Gedanken zum Sport.

»Gewiß ist es möglich, und sicherlich hat es auch in Nazi-Deutschland unter den Sportlern und Soldaten gelegentlich wirkliche Helden gegeben. Nur im ganzen stehe ich dem Heldentum gerade dieser beiden Berufsgruppen skeptisch gegenüber. Es ist beides zu lautes, zu gewinnbringendes, die Eitelkeit zu sehr befriedigendes Heldentum, als daß es häufig echt sein könnte.« Klemperer bezieht sich, soweit er über das Beispiel Sport spricht, auf Rennfahrer, und setzt fort: »Und was bei den Rennfahrern die Kränze und Preise, das sind bei den Soldaten die Orden und Beförderungen. Nein, ich glaube in den seltensten Fällen an Heroismus, wo er sich in aller Öffentlichkeit laut betätigt und wo er sich im Fall des Erfolges gar zu gut bezahlt macht. Heroismus ist um so reiner und bedeutender, je stiller er ist, je weniger Publikum er hat, je weniger rentabel er für den Helden selber, je weniger dekorativ er ist.«

Harbig

Der fatale Hang zum sinnlosen Übertreiben beherrscht den heutigen Sportjournalismus bis ins Peinliche. Star genügt schon lange nicht mehr als vermeintlich treffende Kennzeichnung. Also mußte Superstar folgen, und dann die Blödsinnigkeiten von Mega- und Hyperstar. Doof, doofer, am doofsten.

Solchen Quatsch lasse ich gleich beiseite, wenn ich nach der unvergeßlichen Glanzleistung des scheidenden Leichtathletik-Jahrhunderts suche. Klar, es geschah viel

Außergewöhnliches. Zahlreiche große Namen stehen dafür. Nurmi, Owens, Zatopek, Beamon, Lewis, Bubka und andere. Bei den Frauen ließe sich selbstverständlich auch eine ähnliche Kette bilden. Deshalb ist jede inoffizielle »Titelvergabe« ganz und gar persönlich geprägt. Ich entscheide mich für Rudolf Harbig. An den Dresdner 400 m-, 800 m- und 1000 m-Weltrekordler knüpfen sich solche speziellen persönlichen Erlebnisse.

Harbig rannte 1939 seine allerbesten Resultate. Ich war damals elf Jahre alt. In Cottbus hatte ich meinen eigenen, gezielten Leichtathletikweg begonnen, und das just auf der Anlage, wo ein Harbigvorgänger, der Berliner Erich Linhoff, 1938 Deutschen Rekord über 400 m in 47,0 Sekunden lief. Ein Jahr später, Harbig wischte diese Marke mit dem Weltrekord von 46,0 Sekunden weg, versuchte mir das mein Vater so zu erklären: »Junge, du mußt dir vorstellen, der DSC, der Dresdner Sportclub, mit Kreß, Richard Hofmann und all den Großen fegt Schalke 04 trotz Szepan, Kuzorra und Tibulski mit 5:0 vom Platz …« Er traf damit gleich doppelt ins Schwarze, weil wir erstens beide Mannschaften mochten, aber Dresden noch verehrten. Jedenfalls kapierte ich, hallo, hier muß Besonderes passiert sein.

1940, die Faschisten hatten noch im Jahr des Harbig-Weltrekord-Doubles 1939 den Krieg entfesselt, machte mir Vater ein spezielles Geschenk, das sicherlich auch meine Leichtathletikversuche zusätzlich anspornen sollte. Wir zuckelten im Personenzug und Dritter Klasse, das war das Billigste, nach Berlin. Dort fanden die Deutschen Meisterschaften statt, und ich lernte das Olympiastadion und Harbig kennen. Das blieben unvergessene Eindrücke.

Europameister Harbig schnappte sich 1941 schließlich noch den 1000 m-Weltrekord. Er lief ihn im Dresdner

Ilgen-Stadion, das zum Großen Garten gehörte, und dort war ich mit Onkel und Tante, die in Dresden wohnten, schon spazierengegangen. Solcherlei Erinnerungsbrücken halten lange, meistens lebenslang.

Als ich zum ersten Mal aus Mailand Fußball übertrug, in den fünfziger Jahren, bat ich RAI-Kollegen, mir die Civic-Arena zu zeigen. Da hatte Harbig im dramatischen Zweikampf mit Italiens Mario Lanzi am 15. Juli 1939 die phantastischen 1:46:6 min über 800 m geschafft. Ähnlich machte ich die Bekanntschaft mit dem Riederwaldstadion in Frankfurt/Main. Ich kommentierte 1974 die Eröffnung der Fußballweltmeisterschaften, Frank Schöbel sang dabei sein »Freunde gibt es überall«, und ich dachte außer an Fußball auch an Harbigs 400 m-Weltrekord vom 12. August 1939: Hier sprintete er die tollen 46,0 …

Rudolf Harbigs 800 m-Weltrekord überlebte nicht nur den furchtbaren Nazikrieg, in dem Harbig, 1944, 31 Jahre alt, sein Leben verlor, sondern auch noch einige Nachkriegsjahre. Erst 1955 überbot der belgische Kriminalkommissar Roger Moens im Osloer Bislet-Stadion die alte Marke mit neuen 1:45:7 min. Moens befragte ich dazu in einer Deutschlandsender-Reihe, die ich Ende der Fünfziger fertigte und dabei unter anderen Schmeling, Gebauer, Stuck und andere Asse vorstellte. »Allein, daß es 16 Jahre dauerte, bis es einer endlich schaffte, Harbigs Rekord zu unterbieten, sagt alles über dessen einmalige Qualität. Traurig, daß er im Krieg blieb. Ich widme ihm meinen Rekord …« Völlig zu Recht und vorausahnend attestierte schon 1939 der italienische LA-Historiker Dr. Roberto Quercetani Rudolf Harbig »mystisches Können«.

Zurück in die Gegenwart. 1998 versuchten engagierte Dresdner Leichtathletikfreunde um Veranstalter Dieter Albertus, das Harbig-Gedenksportfest wiederzubeleben. Es glückte und setzte endlich die Tradition der fünfziger Jahre fort, als mit Frau Harbigs Unterstützung ein Sportfest und der 800 m-Harbig-Gedenklauf jährlich Zehntausende lockte. Kleingeister, denen der historische Fakt mißfiel, daß Harbig in Rußland sein Leben lassen mußte und nun in seiner Heimatstadt ein Stadion seinen Namen trug, verbannten das internationale Meeting aus dem Kalender. Es paßte nicht mehr in die politische Landschaft. So endete zu DDR-Zeiten auf unrühmliche Weise das Gedenken für meinen Jahrhundertweltrekordler.

Ob es nun, nach heutigen Realitäten, die vor allem von den Marktgesetzen des kommerzialisierten Sportes bestimmt werden, gelingt, dem Harbig-Sportfest einen dauerhaft festen Platz zu sichern, muß sich allerdings erst zeigen. Doch soviel Kraft müßte eine Sportstadt wie Dresden eigentlich aufbringen …

Meetings

Wer weiß, welche Mühen und Sorgen es bereitet, anno 1999 oder 2000 ein Leichtathletik-Meeting auf die Beine zu stellen, zieht den Hut ganz tief. Für Organisatoren und Veranstalter wird es meist ein »Tanz am Rande des Vulkans«. Pleite oder Nicht-Pleite, das ist und bleibt die Dauer-Frage.

In Europa gibt es derzeit 44 Freiluft-Meetings pro Saison. Allerdings kann sich diese Zahl schon wieder verändert haben. Zu Plus oder Minus. 9 dieser Treffs werden in Deutschland veranstaltet. Dazu kommen 24 Hallensportfeste, 14 deutsche. Das Cottbuser Freiluft-Meeting kostet zirka 450000 DM. Darin enthalten sind alle

Athletengagen, Reisekosten und das Fernsehübertragungsgeld als wichtigste Posten. Um das mit dem Fernsehgeld gleich aufzuklären: tatsächlich, hier zahlt heute der Ausrichter ans Fernsehen, nicht umgekehrt. Das war mal so. Einst im Mai, als die Geldwelt noch nicht so auf dem Kopf stand. Heute muß jeder Veranstalter zu allererst Sponsoren suchen und finden. Die lassen sich viel besser locken, wenn das Fernsehen Kameras aufbaut. Dann ist garantiert, ja, meine Bandenwerbung ist auch landesweit zu sehen. Ein entscheidender Faktor. Er gilt für große und kleine Meetings. Zürich, Oslo, ISTAF Berlin, Brüssel, Rom, Stuttgart, Köln, Nürnberg und, gegen Ende der Geldtabelle, Chemnitz, Jena, Cottbus ... So zahlt dann Cottbus, als Beispiel, an Eurosport, und, gemessen am Gesamtetat, ein kräftiges Stück.

Doch das ist nur ein Detail. Hauptprobleme sind für jeden Gastgeber die Gästegagen. Es existieren Honorartabellen, die feste Werte ausweisen. Dennoch bleibt es dem Verhandlungsgeschick überlassen, ob Mr. oder Mrs. Sowieso mal weniger oder mehr fordert. C'est la vie. Dies und alles andere bedacht, bleibt es erstaunlich und anerkennenswert, was immer wieder, immer noch zustandekommt. Besonders in Rehlingen oder Karlsruhe, Eberstadt, Chemnitz, Jena und Cottbus. Zum Kreis der Kleinen zählen aber im Osten auch noch Arnstadt mit dem traditionsreichen Hochspringer-Meeting, Bad Langensalza, wo sich Mutige mit einem Weitspringertreff im Kalender zu behaupten suchen, und Saßnitz, wo Nimmermüde das Kugelstoßer-Meeting zum Höhepunkt gestalten. Diese Genannten haben es wohl am allerschwersten.

Überall sind es Leichtathletikbesessene, die das Fähnlein hochhalten. In Jena sorgt vorrangig Rolf Beilschmidt für Feuer unterm Herd. Als Olympiastützpunktleiter und genauer Kenner des Jena/Erfurter Umfeldes und als ehemaliger Weltklassehochspringer bringt er umfassende und vielseitige Erfahrungen ein. Ich erinnere mich an seine 2,30 m-Sätze, die uns schon vor mehr als 20 Jahren jubeln ließen.

Auch Chemnitz macht es mit Tradition, Hilfe der Stadt, treuen Helfern und unerschütterlicher Leichtathletikbegeisterung. Oberbürgermeister Dr. Peter Seifert ist für das Unternehmen ein Faustpfand. Als einstiger Leichtathlet fühlt er sich dem Anliegen eng verbunden, und um ihn herum sind es ebenfalls Spitzenkönner von gestern, die dem Heute dienen. Ich nenne für alle nur die 400 m-Elitesprinter Thomas Schönlebe, der seit 1987 immer noch den Europarekord, 44,33 Sekunden, besitzt, Jens Carlowitz, und deren Weltmeistertrainer Peter Dost ...

Meine Cottbuser Landsleute setzen, wie alle, auf Teamgeist. Allein ist jeder verloren. An der Spree begann es 1990 aus dem Nichts. Gut, – daß Cottbus in den siebziger Jahren zu einer in der ganzen Sportwelt geschätzten Hochburg, auch in der Leichtathletik, wuchs, ist bekannt. Rosemarie Ackermann, Ulrike Bruns, Gunhild Hoffmeister, Gloria Siebert, Werner Pfeil, Uwe Grabe, Christian Rudolph und andere trugen den Namen Cottbus in die Welt. Fritz Janke, Erhard Miek, Lothar Rädisch und wiederum andere wirkten als Meistertrainer. Schließlich und vor allem gehört Ulrich Hobeck dazu. Als 3000 m-Hindernisläufer rannte er bereits 1970 ausgezeichnete 8,36 min. Er gilt als Meeting-Initiator. Zur Wende verblüffte er mit spontaner Idee: Wir machen das! Rudi Thiel, renommierter und versierter Berliner Meetingchef, stand den Lausitzer Neulingen mit großem Erfahrungsschatz zur Seite. Jetzt, als im Mai 1999 die Cottbuser ihr »10.« feierten, freute er sich mit den couragierten Greenhorns, daß es über ein Jahrzehnt hinweg so gut klappte.

Doch auch in Cottbus gilt: Ohne Stadt-Treue und Hilfe läuft nichts. Zum Lausitzer Glück hat auch Waldemar Kleinschmidt, Oberbürgermeister von Cottbus, ein Herz für den Sport und fürs Meeting. Die Stadt, Sponsoren, der TSV Cottbus als Ausrichter, unentwegte Helfer, Tausende Leichtathletikanhänger bilden eine Großfamilie, die es bisher immer wieder schaffte. Cottbus verzeichnet 1999 immerhin als einziger von den Ost-Veranstaltern Zuschauerzuwachs.

Entscheidend sind natürlich alle Athleten. Es ist kein Schmus, wenn viele unterstreichen, nach Cottbus reisen wir gern. Jürgen Schult, der Schweriner Diskusweltrekordler und Olympiasieger, der jetzt amtierende Weltbeste Lars Riedel, Astrid Kumbernuß, seit Jahren an der Spitze der weltbesten Kugelstoßerinnen, solche internationalen Asse wie Sprinter Frankie Fredericks, Stabhochspringer Radion Gataulin, Speerwerferinnen-Evergreen Trine Hattestad ... Die Norwegerin spricht für alle: »In Cottbus ist es wie in einer Familie. Hier herrscht noch Harmonie und Freundlichkeit. So kommen wir wieder.«

Das sagt seit Jahren auch ein Mann, der wahrhaftig vieles am Stiefel hat, aber dennoch den Termin Cottbus in seinen Kalender drückte. Wolf-Dieter Poschmann, ZDF-Sportchef, zählte in den Siebzigern ebenfalls zu Deutschlands stärksten Langstreckenläufern. Von 3000 bis 10000 Meter rannte er prima Zeiten, und mit Ulrich Hobeck verbindet ihn speziell der 3000 m-Hindernislauf. Poschmanns Bestzeit ist 8:32:2 Minuten, was sich bis heute sehen lassen kann. Kurzum, er verstärkt seit 7 Jahren das Cottbuser Meeting-Sprecherteam. So wird es auch 2000 sein. Trotz Fußball-EM-Terminen, Olympia in Sydney und, und ... »Cottbus ist für mich zur festen Größe geworden. Warum? Ganz einfach, weil mir alles gefällt.«

Lepus timidus

Mesterolon, Methyltestosteron, Nadrolon, Formoterol, Hexoprenalin, Bendroflumethiazid, Hydrochlorothiazid, Methazolamid, Amfetaminil, Nikethamid, Phenylpropanolamin, Tranylcypromin, Dextropropoxyphen, Pentazocin …

Mir wird schwindlig. Ich blättre in der seitenlangen Liste von Doping-Wirkstoffen laut Definition der Medizinischen Kommission des IOC. Da sind zig Androgene Anabole Steroide aufgeführt; zig andere Anabole Substanzen, sogenannte B2-Antagonisten; zig Diuretika; Hunderte Stimulantien, Narkotika … Mir wird schwarz vor Augen. Im Magen rumort's. Und dabei habe ich die lange, lange Liste der Wirkstoffgruppen, die nur mit gewissen Einschränkungen zugelassen sind, also Alkohol, Marihuana, Kortikosteroide, Beta-Blocker und …, noch gar nicht in Angriff genommen. Die Experten machten mir sowieso angst, denn diese Listen werden fast wöchentlich immer länger … Wer soll sich da durchwursteln? Zumal, wenn er – wie ich – etwas ganz Bestimmtes sucht: Lepus timidus.

Lepus timidus, das stellte ich inzwischen fest, steht aber nicht im IOC-Verbotskatalog des Dopings. Dabei gehört es – nach meiner Meinung jedenfalls – längst dort hin. Lepus timidus zählt zur Familie der Leporidae, der doppelzähnigen Nagetiere, einer Gattung der Säugetiere. Jawohl. Deutsch heißt dieses Dopingmittel »gemeiner Hase«.

Und wahrhaftig, es ist schon gemein, daß man diesen flinken, hakenschlagenden Vierbeiner, unser Symbol fürs Osterfest, nicht ernstnimmt. Lepus timidus ist ein feiner Kerl, dem ich aus alter Verehrung überhaupt nicht nahetreten, geschweige denn ihn beleidigen will. Er kann nicht dafür, in diese schlimme Sache gezogen worden zu sein, die den dopingverseuchten Sport so stinken läßt.

Für Uneingeweihte zur Erklärung: Immer, wenn die stärksten Läufer der Welt, Mittelstreckler und Langstreckenläufer, Männlein und Weiblein bei speziellen Sportfestinszenierungen zur Sache, also zum Gelde kommen (wollen), muß Lepus timidus mit ins Geschäft. Unser Doppelzähniger wird bei den Meetings der doppelten Moral als Doping zwangsverpflichtet. Nach Absprache mit Läufern und Veranstaltern muß Lepus ein bestimmtes, vorher genau festgelegtes Tempo machen. Er ist Hase. Dafür bekommt er etwas vom fetten Braten ab. Die, für die er das macht, empfangen, wenn alles klappt, den dicken Batzen. So entstehen seit Jahren Rekorde. Europarekorde, Weltrekorde.

Der Sport und seine Mächtigen betrachten das längst als ganz normal. Dabei ist es faul, faul wie Doping in jeder Form. Es privilegiert diejenigen, denen man Hasen zubilligt. Es setzt alle anderen im Feld von vornherein ins zweite Glied. Doch wie gesagt, der Internationale Leichtathletikverband akzeptiert solch Foul. Wäre er so ehrlich, wie er vorgibt, müßte er neben dem (angeblichen) Bestreben, alle dopingverdächtigen Rekorde der Vergangenheit zu streichen, um bei Werfern und Springern ein neues Rekordzeitalter einzuführen, auch zwischen Hasen- und Nicht-Hasen-Rekorden unterscheiden.

Doch da hört der Spaß auf. Geld regiert die Welt. Auch hier. Wo käme man hin, wenn alle Meetings auf Rekordattraktionen verzichten müßten? Nichts da. Doch da bekanntlich oder angeblich Ehrlichkeit am längsten währt, wäre es doch richtig, jedem Rekord wenigstens den Protokollzusatz anzufügen, mit oder ohne Hasen entstanden zu sein … Oder?

Dann wäre auch der jahrtausendealte und gute Leumund von Lepus timidus wiederhergestellt.

Gebrselassie

Daraus machte ich nie ein Hehl: Langstreckenläufern gehört meine besondere Hochachtung und Sympathie. Und das nicht nur wegen Waldemar Cierpinski, der nun schon, am 3. August 2000, fünfzig wird, sondern bereits seit Emil Zatopek und seinen Helsinki-Taten von 1952. Genährt und angefeuert wurde meine Reporter-Lust und Laune, lange Läufe speziell zu genießen und per Wort mitzuzeichnen, durch Hans Grodotzki, Fritz Janke, durch die Schildhauer, Kuschmann, Leiteritz, Melzer, Peter, Kunze, Baumann und natürlich Frauen wie die eiserne Katrin Dörre, Uta Pippig und, und .... Ich danke allen!

Jetzt, zur Jahrhundertwende, imponiert mir von vielen, die wieder verdienten großen Beifall finden, Haile Gebrselassie. Was der zierliche Äthiopier in den letzten Jahren leistete, hebt ihn über alle anderen. Olympiasieger, Mehrfach-Weltmeister, Viel-Weltrekordler, und erst 26 Jahre alt! Von 1500 bis 10000 Meter rennt er absolute Klassezeiten, und das, mit solcher Spannweite, gelang nur noch Paovo Nurmi vor rund 70 Jahren. Und wenn »Herrscher Haile« in den nächsten Jahren auch im Marathon startet, räumt er auch dort, über die 42,195 Kilometer, mit alten Bestleistungen auf. Bestimmt.

Gebrselassie und Marathon – die Langstrecklerdelikatesse ab 2000. Natürlich weckt das meine Erinnerungen an Bikila Abebe. Auch er kam aus der Hauptstadt Addis Abeba. Und er kam, wie jetzt sein Landsmann, »König Haile«, als Sturm, der alle anderen bezwang. Dennoch gibt's gravierende Unterschiede. Der Leibwächter des damaligen Kaisers Haile Selassi konnte auf den Gebirgswegen seiner Heimat trainieren, wie er wollte, und Abebe konzentrierte sich frühzeitig ausschließlich auf Marathon. Mit 27 Jahren siegte er in Rom auf der Via Appia Antica. Als 31jähriger wiederholte er, 1964, den Triumph in Tokio. Nie konnten Statistiker von ihm andere Klassezeiten notieren, keine von 1500 bis 10000 Meter wie bei Gebrselassie. Eines allerdings hat der (vor Cierpinski) damals einzige Marathon-Doppelolympiasieger voraus: sein Golderfolg von 1960 war der allererste für Schwarz-Afrika überhaupt.

Inzwischen summierten sie sich zur totalen afrikanischen Langstrecken-Dominanz gegen jede andere Konkurrenz. Dafür sorgten vorrangig Kenias Asse, aber auch Tunesier, Algerier und Marokkaner. Daraus ergibt sich der zweite und gewaltige Unterschied. 1960 stand Abebe allein auf weiter Flur. Heute muß sich Gebrselassie gegen viele Starke durchsetzen, wobei weiße Langstreckler kaum noch mitmischen. Dieter Baumann, zu Recht als »weißer Kenianer« apostrophiert, ist eine der ganz wenigen Ausnahmen.

Was Gebrselassies Überlegenheit auch optisch glänzen läßt, ist seine Haltung. Und das im Doppelsinn. Seine 50 bis 52 Kilogramm, bei 1,60 m Körpergröße, führt er elegant und scheinbar federleicht über alle harten Rundenkämpfe. Ich gäbe ihm 6.0 – 6.0 – 6.0 .... Sofort hinterm Ziel lacht der Champion wieder, und gegen alle Konkurrenz wirkt er immer freundlich, fair und unverkrampft. Ist er gerannt und andere müssen noch auf die Bahn, feuert er sie an, mindestens so begeistert wie Hänschen Meier in irgendeiner Kurvenreihe. Weil die geballte Klasse des äthiopischen Tracktänzers alles dermaßen überragt, muß ich ihn auch noch bei aller Hasenschelte heraushalten. Haile könnte auch Weltrekorde solo schaffen. Doch da es gang und gäbe ist, Hasen zuzulassen, nutzt er den Vorteil wie alle anderen auch. Dabei zeigt er sich noch als fairer Geschäftsmann. Für einen Weltrekord erhält er, das jedenfalls verbreiten sogenannte Eingeweihte, 50000 Dollar, also nicht mal 100000 DM. »Nicht mal« schreibe ich, weil mir sofort die alle anderen Sportler beleidigenden Gagen von Fußball- und Tennisspielern einfallen. 100000 DM sind für die Überverdiener jener Zunft oft ein Pro-Spiel-Einkommen. 90 Minuten offizielle Arbeitszeit mit vielen ruhigen Minuten. Muß ich den Unterschied von solcher und solcher Leistung deutlicher beschreiben? Gebrselassie läßt jeden Helfer mitverdienen, zahlt außer dem Lohn vom Veranstalter-Inszenator aus eigener Schatulle dazu.

Sicherlich bedingt das zuerst sein Charakter. Aus einfachsten Verhältnissen stammend, erst in Arssi und später in Addis Abeba aufgewachsen, heute glücklich mit Alem verheiratet, und beide haben eine Tochter, Aden, verlor der Dutzendweltrekordläufer nie die Bodenhaftung. Hinzu kam, kommt eine geradezu vorbildliche Managerbetreuung. Auch in diesem für Athleten heutzutage sehr wichtigen Metier existieren solche und solche. Jos Hermens, der Niederländer, gilt in der Branche als Gentleman, und für Gebrselassie ist er ein zweiter Vater.

Bei einem Lausitz-Meeting in Cottbus konnte ich Hermens persönlich kennenlernen. Ich wußte von ihm als fünffachem Langstreckenweltrekordläufer der siebziger Jahre. Den populärsten seiner Rekorde schaffte er

1976 im Stunden-Lauf. 20944 Meter war die Rekordmarke. Dann blieb er mir noch bei einem anderen Weltrekordlauf in Erinnerung. Als 1978 Kenias überragender Henry Rono die 10000 Meter in 27:22:4 Minuten lief, spurte Hermens als Hase vorweg. Kurzum, dieser Mann weiß Bescheid, beherrscht Laufarbeit und Lauflohn aus eigenen Erfahrungen. Mit ihm besitzt Gebrselassie seine stärkste Stütze.

Das gilt für den Weg nach Sydney zu den 2000-Spielen und darüber hinaus. Über seinen Schützling und Meisterschüler sagt Josephus Hermens: »Von Talent, Persönlichkeit und Intelligenz ist Haile der größte Athlet aller Zeiten. Wer geht schon heute trotz aller Konzentration lächelnd und so locker an den Start? Seine Welt ist nicht aus den Angeln zu heben.«

Lanz

Gerade erzählte ich von der mecklenburgisch-brandenburgischen Landstraße, die Neuhaus an der Elbe, Jürgen Schults Geburtsort, mit Lanz in der Elbtalaue verbindet. Dieses Lanz, Geburtsort von Friedrich Ludwig Jahn, steuere ich heute an.

Ich komme aus Brandenburg und fahre, wie die Elbe fließt, in Nordwestrichtung. Kyritz liegt hinter mir. Bad Wilsnack, früher häufig Austragungsort von DDR-Crossmeisterschaften, hat sich gemausert. Im Mittelpunkt ragt, wie seit Hunderten von Jahren, die gewaltige Kirche empor. Um den beeindruckenden Backsteinbau reiht sich Altes und Neues, das meiste freundlich einladend und in Frühlingsfarben. Am besten paßt das Wort idyllisch. Als ob ich im Bilderbuch der Prignitz blättere, genieße ich Hunderte Eindrücke, die sofort zum Wiederkommen locken. Ein Kurort – im allerbesten Sinne. Neue Klinik, alte Wiesen, weite Wälder. Ein Klein-Paradies, nur reichlich hundert Kilometer von Berlin entfernt.

Die Prignitz galt für mich bis heute, zum Jahrhundertendspurt als terra incognita. Ja, die Storchdörfer, ja, Wittenberge mit seinem einstigen Sport. Leider blieb davon nicht mehr viel übrig, – ein bedenkliches Resultat des vergangenen Jahrzehnts. Und, was galt in meinem Gedächtnis noch als Echtes aus der Prignitz? Kurt Böwe. Immer wieder betonte er, Prignitzer zu sein, erzählte Tatsachen und Schnurren seiner Heimat. Ich hörte es, und nahm es trotzdem nicht für gänzlich bare Münze. Erst jetzt, da der Schauspielriese siebzig wurde, weckte das aktuelles Medienecho. Zum Glück, meine ich. Nicht nur Böwe, die Prignitz hat es längst verdient.

Während ich weiterrolle, übe ich sanfte Selbstkritik. Wie konnte es mir, einem durch und durch überzeugten Brandenburger passieren, diesen Teil von Heimatland auszulassen, bis anno 1999 zu ignorieren? Oder?

In Rühstätt, dem storchenreichsten aller Orte, an satten Elbwiesen gelegen, froschreich, mache ich Pause und zähle die Nester. Schon vierzig Adebarpaare sind zurückgekehrt. Wieder stehe ich vor Hochachtung stramm. Wie machen das die schnittigen, stolzen Vögel? Segeln über Tausende Kilometer, Berge, Seen und Meere, finden ohne Navigationstechnik ihren Weg, hin und zurück ... Die größten Wunder bietet immer noch die Natur.

Perleberg ist eine Perle. Amtszentrum der Prignitz. Die Hauptstadt räkelt sich. Auch hier glänzt neben Altem, Traditionsreichem, wohlrestauriert, Neues. Allein das Rathaus gilt zu Recht als Schmuck- und Schaustück. Mittelalterlich hergerichtet und blitzeblank. Am Roland blinzle ich in die Sonne. Heute ist der Marktplatz ruhig. Sonntags lockt noch mehr das Land.

Lauffreunde erzählen von ihrem Tun. Dr. Henneberg, ein Perleberger Volksarzt, begründete vor Jahrzehnten eine Laufgruppe, die immer noch seinen Namen trägt. Beim jährlichen Perleberger Rolandlauf treffen sich Hunderte, und nach dem Laufen oder Wandern durch den Perleberger Forst und Heimattierpark gesellt sich alles zum Familienfest auf dem Jahnsportplatz. Da sich die Stadt Perleberg und sportfreundliche Sponsoren einig sind, weitet es sich zur jungen Tradition, wenn man so will, vor Jahns Haustür, und das zeitnotwendige Motto »Sportler setzen Zeichen – Kraft gegen Gewalt« verleiht allem Bemühen wertvolle Gemeinsamkeit. 2000 feiern die Perleberger mit ihrem 10. Roland-Lauf erstmals ein Jubiläum.

Hinter Perleberg, immer näher zu Lanz, begeistert Prignitzer Landschaft mit neuen Bildern. Hinter jeder Kurve, die ich gemächlich nehme, freue ich mich übers große Grün, saubere, anheimelnde Dörfer und Weiden mit Koppeln und vielen Pferden. Prima Prignitz.

Mir fällt ein, daß wir in Cottbus eine Jahnstraße haben. Zur Schulzeit marschierten wir, klassenweise, dorthin, zur Jahnturnhalle. Meine allerersten Eindrücke von Sport, auf Zeugnispapier als Turnen ausgewiesen, sammelte ich dort. Barren, Reck, Sprossenwand, Stangen und Taue hinterließen schlimme Erinnerungen. Doch das liegt an mir. Meine ungeschickte Staksigkeit staute Dauerfrust gegen Jahns Geräteerfindungen. Draußen, auf dem Schlackeplatz vor der Halle, taute ich auf. Beim Völkerballspiel, Schlagballwerfen, Rundenrennen, Weit- und Hochsprung, wo in den Landegruben Sand Mangelware war, entdeckte ich meine Stärken ...

Heute stehe ich vor Jahns Geburtshaus.

Lanz ist auch ein Ort Prignitzer Prägung. Gefühle dörflicher Enge kommen nicht auf, weil zwischen allen Häusern und dicken Kastanienbäumen, von denen der mächtigste zum Jahn-Gedächtnisbaum erklärt ist, jeder Blick weit auf grüne Wiesen und Felder, wieder Pferdekoppeln und alles rahmende Wälder schweift. Auf dem höchsten Telegrafenmast, ein paar Schritte nur neben der Kirche, wo Jahns Vater Prediger war, klappert auch hier ein Storchenpaar. Außer mir und meinem Auto kamen heute noch zwei Suchende, deren Limousine Hamburgs Kennzeichen trägt.

Gleich neben der einstigen Schule, wo Jahn Lesen und Schreiben lernte, jetzt offizielle, aber an diesem Sonntag geschlossene Gedenkstätte, turnen einige Lanzer Kinder. Den kleinen Platz zieren Pferd und Barren, nachgebaut den Urgeräten, die Jahn 1811 in der Berliner Hasenheide aufstellte. Was wissen heutige Lanzer von Jahn, der hier 1778 geboren wurde? Meine Gespräche verlaufen einsilbig. Was ich rauskriege, ist, was ich schon weiß. Dort das Geburtshaus, hier die Schule, da die Kastanie …

Habe ich törichterweise von Jetzigen mehr erwartet?

Mir schwirrt mehr durch den Kopf. Alles, was mir der deutsche Turnvater brachte und bedeutet. Und flimmerndes Sonnenlicht über Lanz und seine 20, 30 … Häuser, ich habe sie nicht gezählt, macht mein Nachdenken nicht leichter. Über Jahns Lebensweg von Lanz nach Halle, Göttingen und Greifswald, wo er Theologie und Philosophie studierte, seine speziellen, eigenwilligen Sprachforschungen, und seinen Berliner Turnplatz, sein Wirken am Grauen Kloster sind noch ziemlich leicht zu resümieren.

Während ich zu den Störchen aufblicke, über die blühenden Kastanien hinwegträume und einem Reitertrupp junger Mädchen nachschaue, geht mir Schwierigeres durch den Sinn. Was war mit seiner Vorliebe fürs Deutsche Volkstümeln, seiner Teilnahme an der Gründung der Jenaer Burschenschaft? Wie beschreiben Historiker jene nationale Begeisterung, die sich gegen napoleonische Fremdherrschaft richtete? Frisch, fromm, fröhlich und frei, lehrte Jahn, soll sich die Jugend dem Sport widmen, und patriotisch begründete er, dies diene nicht bloßer Gesundheit, sondern nationalpolitischer Erziehung. Sein Deutscher Bund setzte sich die Befreiung Deutschlands von französischer Herrschaft und nationale Einheit zum Ziel. Mit dem Lützowschen Korps und manchen seiner Jünger zog er in die Schlacht. Dem gilt Respekt, und nicht nur aus historischer Sicht.

Was wurde daraus, frage ich im Lanzer Frühling 1999?

Zur selben Zeit, in der Jahn so patriotisch wirkte, stiftete Preußens König Friedrich Wilhelm III. das Eiserne Kreuz. Im Aufruf »An mein Volk« heißt es: »... Brandenburger, Preußen ... Große Opfer werden von allen Ständen gefordert, denn unser Beginnen ist groß, und nicht gering die Zahl und die Mittel unserer Feinde. Ihr werdet jene lieber bringen für das Vaterland, für euren angeborenen König ... Aber welche Opfer auch von einzelnen gefordert werden mögen, sie wiegen die heiligen Güter nicht auf, für die wir sie hingeben, für die wir streiten und siegen müssen, wenn wir nicht aufhören wollen, Preußen und Deutsche zu sein ... Es ist der letzte entscheidende Kampf ... Keinen anderen Ausweg gibt es, als einen ehrenvollen Frieden oder einen ruhmvollen Untergang. Auch diesem würdet ihr getrost entgegen gehen, um der Ehre willen, weil ehrlos der Preuße und der Deutsche nicht zu leben vermag ...«

Der Tag in Lanz ist so herrlich und hell. Dennoch verdüstern sich meine Gedanken. Wie oft hörte ich Ähnliches in und zu deutscher Geschichte?

Aus Lanz fliegen meine Gedanken, meine Erinnerungen zurück nach Cottbus, was in wechselvoller Geschichte auch meist Preußen oder Brandenburg war, und nach Berlin. Was hämmerten mir in anderer dunkler deutscher Zeit unter ähnlichen patriotischen Beschwörungen andere Erzieher ein? Seid flink wie die Windhunde, zäh wie Leder und hart wie Kruppstahl! Sport stählt euch für den ruhmvollen Kampf! Die Vaterlandspflicht im Stahlgewitter ist höchste, würdevolle männliche Erfüllung!

Ich denke zurück an Hunderte kleine und große Beleidigungen und Beschädigungen, an Verletzungen der Würde, Unmenschliches im Kleinen und Großen, Aufruf zu Haß und Gewalt. Über die Bauernhöfe, rapsgelbe Felder, blühende Prignitzwiesen wandern meine Gedanken und Träume noch einmal alle Hoffnungswege, die ich nach dem Krieg ging, und wieder verlor sich so vieles. Manchmal will ich alles vergessen und Schlußstriche ziehen. Und dann wieder nicht, weil ich mich ärgere. Auch heute hier an diesem friedlichen Ort. Ich ärgere mich über Schlußstriche, die andere zogen und ziehen, weil es in ihre Absichten neuer Machtausübung paßt.

»Wer wollte schließlich daran vorbeigehen, daß in den Leistungen der Fallschirmtruppen ein Stück sportlich-turnerischen Wagemutes steckt, und wir wissen, daß es kein Zufall war, wenn unter den mit höchster Auszeichnung Bedachten sich der Olympiasieger Schwarzmann befand. Das ist wie ein Symbol für das junge Geschlecht: Olympiasieger und Held im ernsten Kampf zugleich ... So kam es im Sturmlauf durch Polen, Norwegen, Holland, Belgien und Frankreich zum Siegeslauf für ein besseres Europa ...« Das schrieb Carl Diem im Nazi-Reichssportblatt vom 25. 6. 1940. Bereits im Olympiajahr 1936 sah Diem im Opfertod des Soldaten die Erfüllung menschlichen Daseins und Orientierung sportlichen Lebens. Von ihm stammt der Vorschlag zur Aufstellung sogenannter Sportregimenter als Eliteinfanterie, und noch in der Endphase des längst verlorenen Nazikrieges forderte er Greise und »sportliche Jungen« auf, sich mit Nebelhandgranaten, T-Minen und Panzerfäusten sowjetischen Panzern entgegenzuwerfen.

Mir graust, denn ich weiß, Carl Diem, der – neben anderem – schon von 1932 bis 1937 Generalsekretär des Organisationskomitees der Olympischen Spiele 1936 in Garmisch-Partenkirchen und Berlin war, bis 1945 regelmäßig für die Nazi-Zeitung NS-Sport schrieb, der 1950, 5 Jahre nach dem barbarischen Hitler-Krieg als erster bundesrepublikanischer Sportreferent ins Bonner Innenministerium einzog und der auch von 1947 bis 1962 Leiter der Sporthochschule Köln war, lebt auch heute noch. Mindestens in den Köpfen derjenigen, die einen Wissenschaftlerpreis nach ihm benennen und vergeben, und als Namensträger bundesdeutscher Schulen und Straßen.

Aus Lanz, Jahns Heimat, blicke ich auf deutsche Geschichte. Lanz wurde in den Jahren deutscher Teilung auch zum bösen Beispiel diktatorischer Herrschaft und Menschenverachtung. Das idyllische Dorf am Prignitzrand, in unmittelbarer Elbnähe, war zum Grenzgebiet erklärt worden, und das mit allen schikanösen Folgen.

Heute genieße ich den Tag des Kennenlernens, und Lanz ist ein friedvoller, freundlicher, freier Ort mitten in Deutschland. Er zählt zur Bundesrepublik, deren Grundgesetz ich schätze. Doch auch hier spüre ich, wie uns gemeinsame Vergangenheitsbewältigung schwerfällt. Rund 200 Jahre nach Jahn. 60 Jahre nach dem Verbrechenskrieg. Nach 50 Jahren in getrennten Staaten. In 10 Jahren deutscher Vereinigung.

Verflixt, warum bloß mahlen Mühlen in einem so schönen Land so schwer und so langsam?

Millionaris

Nichts hat die Welt so verändert wie das Geld. Der Sport schloß sich dem nur an. Nach idealistischen Jahrhunderten, nach geldkeuschen Jahrzehnten in den vergangenen hundert Jahren brach die Krankheit aus, rasend um sich greifend. Wie sich gerade jene selbsterkorenen Hüter vermeintlicher Ideale darin verstrickten, wie sie dem mißlichen Tun selbst Vorbild wurden, ist bekannt. So helfen in geldklingelnder Gegenwart auch kaum noch Hinweise aufs Antike als Tages-Baldrian.

Dennoch, zum Erklärungsversucht gehört's. Bei den alten Griechen führten wenigstens die Philosophen noch das Wort. Sokrates lehrte, daß wir nicht leben, um zu essen, sondern essen, um zu leben. Ohne besondere Kühnheit läßt sich das auch so interpretieren: Wir leben nicht, um Geld zu verdienen, sondern verdienen Geld, um zu leben. Hurra! Wie freuen sich über solch blöde Lebenswertbestimmung diejenigen, auch unsere verdienstvollen Sportmillionäre, die längst ihr junges Leben leben, um möglichst viel Geld zu machen? Bravo! Wie lachen selbige über solchen Hinweis auf Pindar, der nicht nur Olympia lobte und besang, sondern in einer Olympia-Ode direkt olympischen Geist beschwor: Das Beste ist das Wasser – womit er bescheidenen Besitzdrang meinte.

Heute gilt das Spätere, das Römische der Spiele, die sich gnadenlos zugrunde richteten. Wenn Cicero noch mahnte: O tempora, o mores. O Zeiten, o Sitten, und Horaz nach der Goldenen Mitte, der Goldenen Lebensmitte suchte, aber schon verschreckt schrieb »Crescentem sequitur cura pecuniam«, dem wachsenden Geld folgt die Sorge, Publius Syrus und Vespasian brachten es auf den Punkt. Pecunia una regimen est rerum omnium

– Geld regiert die ganze Welt, und Pecunia non olet – Geld stinkt nicht.

Exakt. Würde Geld, heutiges Geld, stinken, wendete sich die Jubelmenge schnell von den Götzen unserer Zeit ab. So muß es parfümiert sein. Verführerischer, vernebelnder Duft geht von den Stinkreichen und Stinkefingern aus. Lehmann, Müller, Krause nehmen das Dukatenscheißerleleben der Idole wie hinterm Traumvorhang wahr: Auch wir könnten Schumacher, Becker, Möller sein ... Vielleicht, das nächste Mal ...

Und das stimmt schon, Geldsport ist nicht Geldsport. Riesige Unterschiede, wie im Leben, kennzeichnen radikal Vermögensunterschiede. Formel 1, Tennis, Boxen und speziell Fußball führen die Millionengruppe an. Und, wenige Beispiele nur, Bogenschützen und Rennrodler, Fechter und Wasserspringer, alles Olympiavertreter, stolpern aussichtslos hinterher. Im bestimmenden, alles regierenden, nicht nur regulierenden Kreis Fernsehen-Werbung-Sport sind sie und zig andere Sportarten ohne Chance.

Das führte zu grotesken Verwerfungen. Ist, beispielsweise, beim Formel 1-Einsatz noch zu respektieren und akzeptieren, daß diese Gladiatoren der Jetztzeit in jeder Runde, bei jedem Grand Prix ihre Haut zu Markte tragen, ihr Leben riskieren, läßt sich das auf Tennis und Fußball beim besten Wohlwollen nicht beziehen. Da herrscht nur blanke Unvernunft. Korrekter ausgedrückt: Dummheit. Tag für Tag führen uns die Medien Beweise solcher Tumbheit vor. Beim Fußball geht es zu wie auf einem mittelalterlichen Pferdemarkt. Verkaufe den für das, biete älteren Gaul für zwei jüngere, tausche Schimmel gegen Rappen, und allen geht es nur ums Berappen.

Von Hunderten Marktmeldungen jährlich, nur einige 98er-Kostproben. Als Europas teuerstes Dutzend wurden angepriesen:

Denilson, Brasilien, geht von Sao Paulo zu Betis Sevilla, Ablösesumme .... 55 Millionen;

Salas, Chile, von River Plate zu Lazio Rom, für 35,5 Millionen;

Veron, Argentinien, von Sampdoria Genua zu AC Parma ... 35 Millionen;

Stam, Holland, von Eindhoven zu Manchester United ... 32 Millionen;

De la Penna, Spanien, von Barcelona zu Lazio Rom ... 30,5 Millionen;

Okocha, Nigeria, von Fenerbacc zu Paris Saint Germain ... 30 Millionen;

Ventola, Italien, von Bari zu Inter Mailand ... 26,4 Millionen;

Bierhoff, Deutschland, von Udinese zu AC Mailand ... 26,4 Millionen;

Stankovic, Jugoslawien, von Belgrad zu Lazio Rom ... 25,2 Millionen;

Heinrich, Deutschland, von Dortmund zu Fiorentina Florenz ... 25 Millionen;

Davies, England, von Southampton zu Blackburn ... 21,5 Millionen;

Jugovic, Jugoslawien, von Lazio Rom zu Atletico Madrid ... 18,5 Millionen;

Und noch eine von zahlreichen anderen Meldungen des Fohlenmarktes: Fabio Junior, neuer »Wunderstürmer«, 21 Jahre alt, wird für 15,5 Millionen Dollar von Belo Horizonte, Brasilien, an AS Rom verkauft. Stolz wird noch hinzugefügt: als 19jähriger hatte Fabio nur 270 000 Dollar gekostet, und Belo Horizonte hatte mit dem damaligen Verein des Wunderknaben, Democrata Valadares, nachgerade ein Schnäppchen gemacht.

Bleiben wir bei uns. Auch hier schlägt Torheit Salti, aber wir können besser mitreden, weil wir jene Stars, die Vielfachmillionäre sind, häufig direkt beobachten. Auch nur ein Beispiel: Heinrich. Ich freute mich, als Jörg Heinrich, jetzt 29, vor Jahren in der Bundesliga Fuß faßte. Er kam aus Rathenow, wo er bei Motor das Kicker-ABC lernte, um dann beim ASK Vorwärts in Frankfurt/Oder mehr als das Einmaleins zu begreifen. Nach der Wende ging es für Heinrich über Chemie Velten zu Kickers Emden, den FC Freiburg und Borussia Dortmund.

Reinhold Beckmann, vormals SAT 1-Sportchef, rühmte Heinrichs Weg mit seinem Wissen: »Über Rathenau, das bei Frankfurt/Oder liegt ...«, naja, und so weiter ...

Nach dem 25-Millionen-Verkauf an Florenz schrieb Peter Stützer, ein kenntnisreicher Journalist, in der »FAZ«: »Wir werden uns abfinden müssen, daß gewisse Dinge einfach nicht zu erklären sind im Sport ... 25 Millionen Mark Ablöse, ... das ist eine unfaßbare Menge Geld für einen jungen Mann, der bei der leider so unglücklich verlaufenen Weltmeisterschaft nicht viel mehr zustande gebracht hat als genau 20 Flanken in 418 Minuten ... Das Fachblatt ›Kicker‹ nominierte Heinrich hämisch für die Flop-Elf der WM ... Heinrich bekundete offiziell seine Zufriedenheit mit seiner WM-Vorstellung, und jetzt seien wir mal nicht so naiv: der Mann hat doch recht. Wer aus sportlichem Mittelmaß ein Höchstmaß an wirtschaftlichem Ertrag zieht, wer ohne jeden Input einen derartigen Output schafft, der hat alles richtig gemacht. Spieler des Schlages Heinrich werden kaum in die deutsche Fußballgeschichte eingehen, aber Profis seines Kalibers haben schneller ausgesorgt als andere ....«

Peter Stützer, der, es sei gepriesen, nicht zur Scheuklappen-Gilde »reiner« Fußballfachleute zählt, kommentiert auch, wie es generell geht: »Einer vom Stamme Nimm weiß: Kontrakt mit dem alten Club verbessern, Kontakt zum neuen Club aufnehmen, alten Club unter Druck setzen, neuen Club mit Beraterhilfe zu attraktiver Offerte animieren, alten Club mit dem neuen Ablöseangebot zur Auflösung des Vertrages überreden ....« Stützer bilanziert: »Flankenschwäche, Charakterschwäche: Am Ende ist für Profis alles nur eine Frage des Preises.«

Insofern ist Heinrich, das Beispiel, fast in Schutz zu nehmen. Denn: wie heißt es in dem Land, wo er jetzt sein Millionärskonto beständig erweitert? Cosi fan tutte, so machen's alle. Vor allem, es gehören immer mindestens zwei zum Coup. Der, der was fordert, und der, der es gibt. Doch längst sind die Sitten verloddert, erhielt Vernunft die Rote Karte. Da auch die Medien vom Zirkus leben, machen sie das irrsinnige Spiel mit. Achselzucken ist höchste Protesthaltung, die ich erlebe. Es ist eben so. Basta. Wir sitzen auf demselben Karussell und halten uns an den Ketten fest. Und wir drehen uns mit. Immer, immer rundherum. So lang das Geld im Kasten klingt, auch unsere Seele in den Himmel springt. Amen.

Trotzdem. Es gibt die Stützners und andere, und es gibt neben den Fans, die – noch – alles schlucken, viele, die schon fragen: Wann nimmt das Idiotische ein Ende? Wie lange noch kann ein Fußballspieler in Minuten das bekommen, wofür andere einen Monat arbeiten? Wieso kassieren Kicker unendlich viel mehr als Ärzte, Operateure, Lebensretter, Minister und Kanzler und Bundespräsidenten, weltgeschätzte Künstler, Erfinder ...? Dies kann doch nicht Sinn des Lebens sein! Das stürzt doch alle Erkenntnisse von Wahrheit und Vernunft!

Das ist Unsinn in Reinkultur, und das schadet gesellschaftlichem Frieden.

Und, ja – ich stehe zum Regen von Fragen, der sich zur Sturmflut verdichten müßte –, was hat dies noch mit Vereinssport zu tun? Wieso gehören diese Millionäre zu den 25 Millionen Unbezahlten und Beiträge Zahlenden im Deutschen Sportbund? Was haben Kreisklassen-, Bezirksliga-, Landesligaspieler noch mit den Marktbeherrschern gemein?

Das höchstmögliche Identifikationsgefühl, das Nationalmannschaft heißt, wird zunehmend beschädigt. Längst rangieren alle geldträchtigen Clubspiele vor nationaler Repräsentanz. Längst wäre deshalb Trennung das einzig Logische und Ehrliche. Zusammenhänge, die noch bestehen, sind Zwangszusammenhänge und Wunschgedanken, Träumereien am DFB-Kamin. Und Heucheleien.

Da lob ich mir, in diesem Haltungspunkt!, die Radikalen. Fußballherren und Oberhäupter wie Franz Beckenbauer und Uli Hoeneß plädieren für den ehrlichen Schritt. Weg vom »allgemeinen« Fußball, wo Kleingeld Sache ist, hin zum Total-Kommerziellen. Scheidung statt Scheinehe.

Als voriges Jahr, 1998, die Superprofiplaner ihr Europaligawunschbild aus der Zauberkiste ließen, tobte bei den einen riesiges Lärmen. Nie und nimmer, nur über unsere Leichen, hießen die Refrains. Die anderen blieben cool, wie es heute heißt. Ganz cool. Warum nicht? Moderne Züge sind nicht aufzuhalten. Gebt grünes Licht! Haben wir deren Bekenntnisse schon vergessen?

Franz Beckenbauer, Bayern München-Präsident, aber auch Vize-Präsident des Deutschen Fußballbundes, Heimstatt von mehr als 6 Millionen kickenden Menschen: »Die Europaliga wird kommen, die Spitzenclubs werden an Kraft gewinnen. Die Nationalmannschaft wird es eines Tages nicht mehr geben.« Uli Hoeneß, Bayern Münchens Manager: »Ich glaube nicht, daß das Konzept der privaten Investoren schon abgeschrieben ist. Jetzt kommt das auch nach Deutschland, spätestens in den nächsten drei Jahren ...« Als Hoeneß gefragt wurde, ob er damit nicht die Spaltung des Fußball propagiere, folgte diese Antwort: »Sie wird kommen, wenn die EU-Kommission die Vermarktung den Vereinen überläßt. Dann wird die Trennung vollzogen.« Und an anderer Stelle: »In spätestens drei Jahren haben sich die Profi-Vereine wie schon in Holland und England auch in Deutschland vom nationalen Verband getrennt.« Angesprochen, ob es nicht langweilig werden könnte, wenn immer nur dieselben starken und reichen Clubs untereinander gegeneinander spielen, ob nicht gerade Unwägbarkeiten, wer aufsteigt, absteigt usw. zum Wesen des Sports gehören: »Das Wesen des Sports wird vom Geldgeber bestimmt. Und der sagt, wen er dabeihaben will.«

Deutlicher geht's nicht. Beckenbauer und Hoeneß und Berlusconi und wie die Fußballherrscher von heute heißen, werden siegen. Der Sport, der alte Sport wird verlieren. Mindestens im Fußball. Beckenbauer ist Kaiser, König ist Geld.

Zur Klarheit der Vorgänge gehörte dann auch, daß nicht mehr Vereine oder Clubs auftreten. Auch diese Mogelpackung muß in den Müll. Firma gegen Firma. Bank gegen Bank. GmbH gegen GmbH. So kommt's in die Tabelle. Und an die Börse. Damit es zudem richtige Namen trägt, siehe Eishockey- oder Basketballteams in den USA, muß natürlich auf alte deutsche Vereinstraditionsnamen verzichtet werden. Das wäre doch sonst Betrug. Oder? Also: München Moneymakers gegen Dortmund Dollar Dealers, Leverkusen Pharma Pills gegen Manchester Banking Bomber ... Und, endlich, als moderne Spielerberufskennzeichnung kämen in Frage: Millionaris, Monetatisgaukler, Kickeronis, Geldgladiatoris, vielleicht sogar als Spezielles: Samaranchis ...

Alle Zukunftsbilder sind also hell, herrlich und vielversprechend oder düster, drohend, denkbar dumm. Je nachdem, auf welcher Seite man steht. Man kann auch wieder Kurt Tucholsky zustimmen: Laßt uns das Leben genießen, so lange wir es nicht begreifen!

Bleibt mein rückversicherndes Schlußwort zum Kapitel. Ich will diese Entwicklung nicht! Mein naiver Wunsch bleibt Hoffnung. Hoffnung, daß Sport aus sich gesunden könnte. Ich träume, Vernunft besiegt Unvernunft. Über Moral darf nicht nur gesprochen werden, sie wird gelebt. Eines Jahres wieder, irgendwann, in ein, zwei, drei Jahrzehnten, wenn sich dieser Kreisel selbst zu Tode gepeitscht haben wird. Wenn Leistungen wieder in echten, lebenswahren Relationen bezahlt werden.

Ich weiß, fromme Wünsche, die heutigen Raffkes nur mildes Lächeln in die Gesichter zeichnen. Bis dahin bleibt's dabei: am Mikrofon Hans Guckindieluft; rechtsaußen dribbelt Gustav Gierig, in der Mitte tummelt sich Dieter Dummdreist, links erwischt Karl Kontokönig das Leder, und wir brüllen alle Tor, Tor, Tor!

Was sind wir doch für Toren!

Langhoff

Thomas Langhoff, 61 (Jahrgang 1938), Intendant des Deutschen Theater Berlin, Regisseur, u. a. »Drei Schwestern«, »Gespenster«, »Übergangsgesellschaft«, »Ithaka« ....

Herr Langhoff, Ihnen eilt der Ruf voraus oder hinterher, ein besonders begeisterter Sportanhänger zu sein ...

... was ganz und gar stimmt. Bei mir ging das schon

früh los. Ich spielte immer Fußball, war aber auch Leichtathlet, Mittel- und Langstreckenläufer. Klar, daß ich damit beim Fußball auch Läufer war. So hieß das damals noch. Heute würde man sagen, der spielte im Mittelfeld. Oder sagen wir, der rannte im Mittelfeld. Technisch gesehen, war ich kein Ronaldo-Verschnitt. Aber, ich hatte immer Spaß. Und das ist die Hauptsache.

Und wurden Sie auch frühzeitig Fan?

Ja, erst in Weißensee, wo wir wohnten und wo ich spielte, dann bei Union an der Alten Försterei. Das blieb ich, und bin ich auch noch. Allerdings mit Einschränkungen. Mir gefällt da manches nicht. Wenn sich das ändert, vor allem diese krawalligen Auswüchse, immer noch, da und dort jedenfalls, ginge ich vielleicht wieder näher drauf zu.

Ihr Bruder »sportelte« auch?

Matthias? Überhaupt nicht. Um Himmels willen! Der galt in der Familie immer als der künstlerisch Intellektuelle, ich war eben der Sportler. Sie verstehen, was das bedeutete ...

Und jetzt, Ihre Kinder?

Tobias ist Sportler durch und durch. Zu DDR-Zeiten gehörte er zum allerstärksten Judo-Nachwuchs. War absolute Spitze. Dann ging er wie ich zur Leichtathletik, wurde auch Ausdauerläufer. Er rennt Marathon, läuft jeden Tag. Oft, wenn es mit der Arbeit klappt, rennen wir zusammen.

Demnach verehren Sie auch die große Leichtathletik?

Aber, aber! Ganz klar! Ich gehe zum Istaf, verfolge das im Fernsehen. Und mein Mann ist Haile Gebrselassie, der Äthiopier. Was dieser Mann läuft, welche Weltrekorde! Einfach fabelhaft. Und sein Stil, seine ganze Lebenshaltung ...

Doch zurück zum Fußball, Ihrem Sport Nr. 1. Raubt

Ihnen nicht das Drumherum von heute, das verrückte Geld, das gezahlt wird, den ehrlichen Spaß?

Das alles ist ungesund, gar keine Frage. Das bringt die Gesellschaft mit sich. Es regiert das uralte Brot-und-Spiele-Prinzip. Es ist ein Krankheitsbild, das wir sehen und erleben. Endzeiterscheinungen. Daran kann – und wird? – der Sport zugrunde gehen.

Aber nochmals persönlich bezogen: Sie verantworten einen Theaterbetrieb in der deutschen Hauptstadt, tragen auch Verantwortung für zirka 400 Mitarbeiter. Und sie bekommen dafür im Monat das, was einer der sogenannten Spitzenspieler in einer Fußballhalbzeit, in 45 Minuten kassiert ... Sie merken, ich vermeide das Wort »verdient« ...

Das ist so. Gesellschaftsimmanente Extreme. Aber das sehe ich auch auf der Bühne, wenn ich Oper inszeniere und Sänger vor mir stehen. Ich kann damit leben.

Gefällt Ihnen der deutsche Fußball?

Nein, nicht so. Ich sage aber noch einmal: Ich mag Fußball grundsätzlich, aber mit Unterschieden. Deutscher Fußball ist mir zu einfach. Die dabei offenbarten Tugenden, naja, das alles ist nicht so spannend. Viel lieber sehe ich – per Fernsehen – den englischen Liga-Fußball. Da ist mehr los. Überhaupt, ich bin ein internationaler Anhänger. Solche Spiele wie Manchester gegen Bayern – oder Brasilien – Italien, das ist okay, das macht Vergnügen! Dagegen die Deutschen zur letzten Weltmeisterschaft, 1998 in Frankreich, nee ...

Nennen Sie doch mal Namen Ihrer Lieblingsspieler ...

(Wie aus der Pistole geschossen:) Eusebio, Netzer, Cruijff ...

Mit dem Ostfußball sieht es nicht gut aus. Von den 36 Bundesligaclubs sind drei Ostvertreter: Rostock, Cottbus und Chemnitz ...

Ein Glück, daß die das wenigstens schafften! Aber: im Fußball sieht es nicht besser aus als in anderen gesellschaftlichen Zusammenhängen. Zuerst sind das Wirtschaftsprobleme. Wo kein oder zu wenig Geld ist, kann nichts oder nicht viel werden. Leider.

Stimmt das, Sie legen oft Proben so, daß sie für Ihre Fußball-Leidenschaft und Fernsehübertragungen verträglich sind?

Ja, muß ich zugeben. Manchmal schon. Wenn es um wichtige Spiele geht und eine Probenverschiebung möglich ist. Sonst, ich bitte Sie, geht Arbeit vor ...

Eigentlich schade, daß es noch nie ein respektables Sportstück gab, das bühnenwert wäre ...

Da bin ich auch enttäuscht. Ja. Wenn es nur einem jungen Dramatiker gelänge, ich wäre sofort bei der Sache. Gut ist, prima gar, das Buch von Nick Hornby, »Fever-Pitch«. Empfehle ich als Ferienlektüre. Sonst, als Bühnenarbeit bleibt nur »Sportstück« von Frau Jelinek. Das ist aber bitterböse. Der geht es um »Massenvieh« und solche Beschimpfungen. Alles ist gegen uns gerichtet ...

Kerr

Vorbei an aufgestellten Büsten, die Otto Brahm, Max Reinhardt, Heinz Hilpert und Wolfgang Langhoff, die einstigen großen Intendanten des Deutschen Theaters, zeigen, schlendre ich über den steinernen Theatervorplatz in Berlins Schumannstraße. Vor allem abends, wenn die Laternen leuchten und warmes Licht auf die traditionsreiche Stätte streuen, wenn Zuschauer ins Große Haus und in die Kammerspiele eilen, wandern meine Gedanken weit zurück. Im Vergleich mit dem Deutschen Theater tauchen kleine Bühnen aus Hunderten Jugenderinnerungen auf. Das Stadttheater Cottbus, die Theater in Frankfurt/Oder, Guben, Senftenberg. Überall lebte dort Theater, spielten sich Schauspieler die Seele aus dem Leib. Goethe und Schiller und Lessing und Wedekind, Gogol und Klabund und Shakespeare in der sogenannten Provinz ...

Heute spielen in Berlin und Brandenburg Kulturlenker, Theaterverantwortliche ihre eigenen Stücke, die da heißen Theatersterben und Kulturkiller. Lebensstücke, die Katastrophen sind. Frankfurt/Oder, Senftenberg, Guben längst, Potsdam, Brandenburg/Havel, in meinem Heimatland geht der Theatertötungsbazillus um. Ganze Häuser, einzelne Sparten, Orchester und Ensembles werden wegrationalisiert. Brandenburg spielt eine traurige Spitzenreiterrolle in dieser Tabelle des Grauens.

Berlin schloß kurzerhand das Schillertheater. Futsch, weg, Feierabend. Schamlos geschleift wie ein Abfallager. Aus. Das Metropoltheater. Weg damit. Überall Entlassungen. Etatkürzungen. Natürlich, oder leider, nicht nur in Berlin und Brandenburg. Doch hier ist meine Heimat. Hier lebte und lebe ich seit Jahrzehnten mit Theatern. Hier wuchs meine Liebe und Verehrung für alle Theaterleute, besonders für Schauspieler, große und kleine. Meine besondere Nähe zu denen erklärt die gemeinsame Sprach- und Sprecharbeit. In fast jedem Schauspieler erkenne ich Vorbildliches. So oder so. Und deshalb rege ich mich auf. Eine Gesellschaft, die Theater schließt, ist eine traurige. Den dafür Verantwortlichen sollte ein neuer, ein deutscher Hosenbandorden, und für besonders »Würdige« der am Todeshalsband, also mit Strangulierungsschlinge gestiftet werden. Wie sang Heinrich Heine? Denk ich an Deutschland in der Nacht ... Nein! So darf es nicht weitergehen! Pfui dem Theater ums Theater!

Ich lehne am Laternenpfahl. Und ich träume von Kainz und Moissi, von der Duse, Sorma, Durieux und Höflich, von Matkowsky, Bassermann, Wegener und Kayßler, die hier zur Schauspielerarbeit gingen, mit der sie Unvergessenes schufen. Und Alfred Kerr, vor allem er, hat deren Spiel beschrieben, kritisiert. Was Kerr schrieb, wie er schrieb, das zählt auch zu dem, was ich besonders schätze und verehre. Da er für mich neben Dramatik, Lyrik und Epik mit der Theaterkritik ein weiteres Kulturfeld, eine vierte Literaturgattung etablierte, las, lese ich alles, was er in reichen und komplizierten Jahrzehnten schuf. Was weiter für ihn spricht, und darin sah und sehe ich ebenfalls Hinweisendes für meine Tätigkeit: Seine Kritik entstand aus grundsätzlicher Wertschätzung fürs Theater, für Theaterspieler. Noch in härtester Polemik bekennt er sich zu denen, mit denen, von denen er lebt. Das ist Credo. Dazu die eigenwillige Sprachgewalt. Kerr pointierte. Lustvoll und originell. Unverwechselbar. Kontra-Kerrs kritisieren dessen Manierismus. Wahrscheinlich zurecht. Doch mir ist Meisterlich-Manieriertes immer noch lieber als Mittelmäßiges und Langweiliges, als ungekonnt Gewolltes.

In heutigen Theaterkritiken, Schauspielkritiken, die ich gern lese, kommen mir die Hauptakteure, die Schauspieler, viel zu kurz. Dafür werden Stückskizzen, übertriebene Deutungen, persönliche Lesarten spaltenlang referiert. Und manche jetzige Rezensenten bestätigen nur Karl Kraus, dem das Feuilleton immer als Versuch, auf einer Glatze Locken zu drehen, vorkam ... L'art pour l'art.

Ich komme nicht umhin, Kerr, der vor mehr als hundert Jahren seine Berliner Theaterkritikerkarriere begann und, u. a., fürs Berliner Tageblatt, den Tag, Welt am Abend, Hamburger Fremdenblatt und ... schrieb, selbst zu Wort zu bitten.

So dichtete er über Josef Kainz:

Wer warst Du, Seele, wundersame?
Wer warst Du, die ins Finstre schied?
Ein Zaubervogel? Eine Flamme?
Warst Du ein Wein? Warst Du ein Lied?

Wer ging durch unsre Frühlingsfelder,
Und fern aus Träumen, unsichtbar,
Hesperische Zitronenwälder
Umschatteten sein Lippenpaar?

Warum die Rast des noch nicht Müden?
Wer warst Du? Keiner kam Dir gleich.
Du Glück und Glut aus deutschem Süden,
Dionysos aus Österreich.

Du hextest funkelnd aus den Saiten
Tief tausendfältiges Getön
Und Blitze, Peitschen, Seligkeiten
In goldner Wildnis – menschenschön.

Sacht bettet man den Frühverscheuchten
Im Dämmerglast des Kerzenscheins.
Wir grüßen dich. Du warst ein Leuchten.
Es kommt nicht wieder – Josef Kainz.

Oder, wie Kerr in einer »Fiesco«-Kritik am Deutschen Theater, 1908, über Moissi schreibt:

»Dies Drama zu spielen, ist schwer – und nicht notwendig. Entschuldigend bleibt der Versuch mit Moissi ... Nachher zu behaupten, daß ich ihm den Fiesco niemals gegeben hätte, klingt billig – nach diesem Mißerfolg ... Er hätte verblüffen können ..., aber das Ergebnis war: die Feststellung dessen, was er nicht kann. Er bleibt darum, wer er war: – eine Musik. Hier liegt für mich die Sache so: Moissi schien mir angestrengt, behindert, mühselig, manchmal wie ein Gernegroß. Er besaß nicht Feuer, sondern den Entschluß, welches zu haben. In seinem Fiesco war etwas Altmenschenhaftes. Keine Spur von strahlendem Überschwang. Wundervoll Feines im Sprechen. Ein Ton, – himmlisch für das, was er in anderen Rollen sein könnte ...«

So klingt es fort in Hunderten von Rezensionen. Für mich bedeutete jede Genuß und Blättern im Buch großer deutscher Theatergeschichte.

Doch, ich wiederhole mich, Kerr ist mehr als Theaterkritiker. Er hinterließ 33 Bücher, die bei den Nazis auf dem Scheiterhaufen landeten. Kerrs Kennzeichnung jenes Deutschlands: Land der unbegrenzten Schäbigkeiten. Seine Landschaftsbeschreibungen lesen sich ebenfalls originell und sprachlich meisterhaft. Über Summt, einen Ausflugsort nördlich von Berlin, fabuliert er:

»Wälder gibt es hier, bei denen man Kleists gedenkt, weil sie so verschlossen, so märkisch, so knorrig-poesiehaft wie er sind. Daneben freundliche, mit Laub durchsetzt. Der Wald zwischen Dammsmühle und Schönfließ und der Brise und Schönerlinde und Summt steigt auf.

Summt, dein grünes Seegelände,
Deine Triften und dein Park
Widerlegen die Legende
Von der Sprödigkeit der Mark.«

Kerr ist nie genug zu lesen. Mehr, immer mehr. Und von ihm stammt eine der schönsten aller Liebeserklärungen, die ich kenne:

Wann endet das? Für uns Verbannte
Hat »rasten«, »wurzeln« wenig Sinn:
Wir müssen fort ins Unbekannte,
Kein weiser Seher sagt, wohin.
Die alte Welt geht wild zugrund.
Was heut mein Herz besänftigen mag,
Ist holder Schwatz aus deinem Mund ...
Sprich weiter bis zum Abschiedstag.
Ich werde von dir weggerissen
Ich grüße dich aus Finsternissen,
Ein Wanderer ohne Wiederkehr.
Daß du geliebt warst, wirst du wissen -
Doch nie: wie sehr.

Ich möchte Seite auf Seite füllen. Kerr, Kerr ... Doch dies würde ein ganz neues Buch. So dränge ich, einen Schluß zu finden. Vorher muß ich jedoch noch Alfred Kerr, den Reporter, würdigen, der, wie Egon Erwin Kisch, auch ein Bewunderer des Sechstagerennenrummels war:

Edle Herren. Edle Damen.
an den Wänden Sportreklamen:
Gleitschutzmittel, Velotrabe
Und die beste Freilaufnabe.

Hundertvierundvierzig Stunden
Machen sie egalweg Runden.
Wem zu stark die Rübe döst,
Wird vom Partner abgelöst.

In des Velodromes Mitte
Schläft man kurz in niedrer Hütte.
Sie erwachen rasch mit bleichen
Zügen wie zerstorbne Leichen.

Ist das Ende dieses Trabs
Irrenhaus? Herzkollaps?
Tiefe Nacht. Zweitausend Gäste.
Lampenflimmern. Willy, feste!

Dieses »Willy, feste!« bezog sich auf den 6-Tage-Renner Willy Funda aus Zossen bei Berlin, Vater Benno Fundas, der dann in Berlin, 1955, vor 60000 Zuschauern Friedensfahrt-Etappensieger wurde ...

Kerr war ein vielseitiger Mehrkämpfer unter den Schreibern. Und er setzte auf seine unverwechselbare Weise fort, was schon Fontane leistete, Berlin-Brandenburger Wanderer und Schreiber und Theaterkritiker zu sein. Um von der Musik abgeleitet, Sprachmusik zu vergleichen, schenken beide Hinweise. Fontane spielt, für mich, in langen Bögen eher Klarinette und Geige, Instrumente, die erzählen können. Kerr nimmt rigoros Schlagzeug und Pauke dazu und den dicken Kontrabaß. Ja, vielleicht war er sogar, per Wortwerk, der allererste Keyboardspieler.

Alfred Kempner, der sich Kerr nannte, sprach in britischer Emigration über BBC-Mikrofone. Im Berliner Theaterkritiker Friedrich Luft fand Kerr nach seinem Tod, 1948, kurz nach der Heimkehr ins Nachkriegs-Deutschland, einen gleichfalls glänzenden Fortsetzer und Verehrer. Luft entwickelte die gesprochene Theaterkritik zum Meisterstück. Jeden Sonntag, mittags um dreiviertel zwölf, meldete er sich über RIAS Berlin, immer live, mit fünfzehnminütiger, eigenwilliger, auffälliger, origineller Besprechung Berliner Theateraufführungen. Hunderttausende in West und Ost hörten ihm zu. Nach Luft gab's nur noch leere Luft auf allen Wellenlängen. Heutzutage, so extraordinär und live gesprochenes, aufreizend formuliertes Kritikerwort? Fehlanzeige. Und das bei mehr als 25 hauptstädtischen Sendern! Auch das sagt etwas über Berliner Kultur und Radioniveau.

»Gleiche Welle, gleiche Stelle«, Lufts allsonntägliche Verabschiedungsformel blieb in Erinnerung. Ebenso vieles, was er zu Kerr sagte und schrieb. So, daß Kerr hinter der Welt im Drama die eigentliche, seine Welt, die »Welt im Licht« suchte. Luft nannte Kerr einen, der »Impressionen schlemmte«, einen, der »Landschaften schmarotzte«, den es »nach Menschen hungerte und dürstete«. »Kerr war immer auf der Jagd nach dem Erlebnis. Er gab Quittungen für Erlebtes.« Schließlich zitierte Luft Kerr aus dessen Kapitel Polemik mit dem Kernsatz: »Eines Menschen wahre Größe zeigt sich bei Zusammenstößen.«

Kerr hatte in seinen reichsten Lebens- und Arbeitsjahren fabelhafte, beißende Texte für Berlins führende Kabaretts geschrieben. Für »Schall und Rauch«, fürs »Kabarett der Komiker«. Claire Waldoff, Karl Valentin, Ernst Busch, alle Großen jener Jahre, besonders in den »Goldenen Zwanzigern«, rezitierten, sangen, spielten es. Damals entstand auch sein »Künstler«-Spruch:

Vor des Bürgers widrem Wirken
Klimmst Du, Künstler, auf die Birken.
Bis Du balde, wie behext,
Deine Sohlen erdwärts streckst ...
Weil das Brot halt unten wächst.

Das Kerrsche Leben war turbulent. Er heimste Siege und kassierte Niederlagen und schenkte vielen Freude mit Nachdenklichkeit. Der große Meister ging zufrieden von hinnen, für ihn mit dem persönlichen Fazit, daß sich »trotz alledem, alles lohnte«, – und für uns mit Bedenkenswertem im

Memento mori

Tu Dich nicht mit großen Worten dick,
Denn zum Sterben bleibst Du doch verdammt,
Sondern trachte, Kerl, nach etwas Glück -
Übermorgen bist Du abgeschrammt.
(Jedes Menschen Heiterkeit verfliegt,
Falls er tödlich in der Erde liegt.)

Rotterdam

8. Mai 1974.
Endspiel im Europacup der Pokalsieger.

25 Jahre ist das her. in Magdeburg konnten jetzt die Anhänger zu Recht das viertelhundertjährige Jubiläum feiern. Was im Stadion »Kuip«, was Korb bedeutet, seinerzeit geschah, ist in den Herzen Tausender Fußballfreunde lebendig geblieben. Auch in meinem, denn als Fernsehreporter durfte ich ein glückliches Ereignis vermitteln, das zu meinen angenehmsten Fußballstunden zählt.

Wer setzte damals schon einen Pfifferling auf Magdeburg? Ich unterhielt mich vor der Begegnung mit dem niederländischen Kollegen und fragte, was man immer vor so einem Spiel fragt: »Na, wie geht es aus?« Wie von der Harpune geschossen kam die Antwort: »Milan gewinnt 3:1!« Eindeutiger geht's nicht. Andere verwiesen auf den vermeintlich leichteren Weg, der die Magdeburger ins Finale führte. Breda (Niederlande), Ostrava, Stara Zagora (Bulgarien) und Sporting Lissabon wurden ausgeschaltet. Die Mailänder mußten Zagreb, Rapid Wien, PAOK Saloniki und Borussia Mönchengladbach überwinden ... Zu den Vorschußlorberen für Mailand gehörte auch das Image. AC Milan, wie stolz das klingt! Richtig.

Als fünfältester italienischer Fußballverein 1899 gegründet – in diesem Jahr wurde das Hundertjährige mit Klingklanggloria beprostet –, gehören die Milanesen nicht nur zur italienischen Fußball-High-society. Ob AC oder Inter, Juventus, Lazio …, Italien Calcio ist ein Stück Fußballweltgeschichte. Neben chinesischen und vor allem britischen Ururahnen zählen auch die italienischen Vorvorfahren dazu.

Von 1480 stammt nicht nur ein Bericht des Giovanni II. Bertivoglio, der sich auf schon Fußballähnliches bezieht, auf Calcio in Bologna. Bertivoglio überlieferte damit – Achtung, Achtung! – einen authentischen Hinweis, wonach einem Torschützen erstmals (?) Prämiengeld gezahlt wurde. Ururanfänge des Fußballkommerz?

Aus dem Jahre 1580 existiert die Beschreibung des originellen Calcio von Florenz. Dabei standen sich auf dem Marktplatz jeweils 27 Akteure in vier taktischen Reihen gegenüber, um sich dann mit Caracho ins Kampfgetümmel zu stürzen. Alles nach dem Motto »Wo ist der Ball?« Mit freien Oberkörpern, tretenden und schubsenden Beinen gab's und gibt's immer noch ein Riesengaudi, das bis heute zu besonderen Festen und vor Tausenden Besuchern nachgestellt wird.

In Florenz trainiert jetzt Giovane Trapattoni die traditionsträchtige Florentina. Verständlich, daß Fußballfreunde sofort an Signore Trapattonis Trainergastspiel bei Bayern München denken. Si, si. Ich sehe ihn aber auch noch als Spieler des AC Mailand vor mir, und in der Ahnengalerie des Hundertjährigen hängt sein Bild neben denen von Schiafino, Maldini, Baresi oder Liedholm, Green, Nordahl, denn jahrelang zählten calciostarke Schweden zu den beliebtesten AC-Importen …

Alles Geschichte, alles geschmolzener Schnee. Im Rotterdam-Finale besaßen die Rivera und Schnellinger kaum echte Siegeschancen. Schulze, Zapf, Enge, Abraham, Seguin (er erzielte den entscheidenden Treffer), Pommerenke, Gaube, Tyll, Raugust, Sparwasser und Hoffmann beherrschten die Szene, und weil diese Spielernamen seither im deutschen Fußball einen besonderen Klag besitzen, sind sie hier wieder genannt.

Dazu gehört der von Trainer Heinz Krügel. Er war einer der erfolgreichsten und originellsten im DDR-Fußball. Über Zwickau-Planitz, eine der besten und fußballhistorischen Adressen im Osten, und Trainerarbeiten in Leipzig, Rostock und Halle kam Krügel nach Magdeburg, wo er in zehnjähriger Tätigkeit eine Klassemannschaft formte. Rotterdam bedeutete das Meisterstück des heute 78jährigen.

Krügel sehe ich an dieser Stelle als Synonym für viele DDR-Fußballtrainer und Lehrer. Dutzende lernte ich persönlich kennen und die meisten schätzen. Von Vorkauf, Fritzsche, Belger, Alfred Kunze über die ungarischen Gasttrainer Gyarmati und Soos (der mit zu den allerbesten zählte), hin zu den Buschner (er betreute die DDR-Auswahl in 101 Länderspielen, führte sie zur WM 1974 und zum Olympiagold 1976 in Montreal), Stange und Geyer.

Gerade weil heute einerseits um Fußballtrainer, natürlich zuoberst in der Bundesliga, ein gewaltig aufgebauschtes Hallihallo betrieben wird, in dem auch Scharlatane und Sprücheklopfer die gewollte Medienchance besitzen, sie aber andererseits das schwächste Glied im Geschäftsrummel sind und bleiben, gefeiert und gefeuert, sei an gediegene, seriöse, »normale« Trainerarbeit und Leistung erinnert. Sicherlich kräht kein Hahn nach solchen (überholten) Feststellungen. Dafür müssen die zu

Hennen mutierten Trainermännchen heute Tag für Tag ihre Eier legen. Gackgackgack.

Über 250 Trainer wurden bis jetzt aus den Bundesligavereinen vorfristig auf die Straße gesetzt. Da läßt es sich allerdings für die meisten gut leben, denn die Verträge sichern zumeist weiter dickes Geld zu. Für manche dauert es auch nicht lange, da oder dort wieder, wo ein Kollege den Job verlor, in die Bresche zu springen. Das Karussell, das dreht sich auch hier immer rundherum. Die Holzpferdchen, Schwänchen, Feuerwehrautos, alles, was zum Rummelplatzfirlefanz gehört, dreht sich mit …

Sparwasser

Jürgen Sparwasser, 51, geboren in Halberstadt, spielte 14 Jahre in Magdeburg als Mittelstürmer und schoß in 271 Oberligaspielen 111 Tore. 53 Länderspiele mit 15 Toren und der Bronzemedaillengewinn bei den Olympischen Sommerspielen 1972 in München runden seine erfolgreiche Laufbahn ab. Höhepunkte waren 1974 der Gewinn des Europapokals der Pokalsieger gegen AC Mailand und sein Siegtor am 22. Juni 1974 im Weltmeisterschaftsgruppenspiel DDR gegen Bundesrepublik Deutschland (1:0).

25 Jahre danach, im Sommer 1999, befragte ich Sparwasser.

Wie kommentierst du dieses Tor aus heutiger Sicht?

Der Rummel war riesengroß. Das entsprach eigentlich nicht der Bedeutung. Klar, es machte auf eine gewisse Art Fußballgeschichte, aber mein Tor gegen Sporting Lissabon war wichtiger, denn es brachte uns ins Finale von Rotterdam gegen AC Mailand, wo wir bekanntlich 2:0 siegten.

War damals das Resultat von Hamburg, 1:0 für die DDR-Elf, in Ordnung?

Auf jeden Fall. Wir spielten stark in der konsequenten Taktik und kontrollierten lange das Spiel, setzten auf Konterstärke – was auch gelang.

Welche Stärke besaß damals der DDR-Fußball?

Jena, Dresden, Magdeburg bestimmten das Niveau. Alle hatten schon viel erreicht. Kreische, Croy, Lauck ... waren gleichfalls stark. Also das war schon eine gute Mannschaft. Schade, daß Trainer Buschner danach gegen Brasilien und Argentinien umstellte. Wir hätten auch da eine Chance gehabt. Nur die niederländische Elf war eine Klasse für sich.

Zu welchen Spielern hattest du denn besonderen Kontakt?

Zu Croy und Kreische. wir spielten 1965 zusammen in der Juniorenmannschaft, die gegen England mit 3:2 Europameister wurde. Ein sehr gutes Verhältnis verband mich auch mit »Mäcki« Lauck ... Schon traurig, daß er mit 51 Jahren starb ...

Wie verstandest du dich mit den Trainern Buschner und Krügel?

Beide waren sehr erfolgreiche Trainer. Sie besaßen auch gleiche Auffassungen, wollten unseren Fußball professioneller machen. Mein Magdeburger Heimtrainer scheiterte daran, fand »oben« keine Unterstützung. Zu beiden gibt es angenehme Kontakte. Heinz Krügel traf ich in diesem Mai beim Traditionsspiel, und ich freue mich, daß es ihm, er ist 78, gut geht.

Wie verhielten sich Ost und West in Hamburg nach dem Spiel?

Ich ging als letzter vom Platz, und mit Harald Irmscher trafen wir dann im Gang Overath und Breitner zum Trikottausch, der uns auf dem Feld untersagt war.

Später wurden aus den Kabinen aber Trikotkisten ausgetauscht. Also, keine Aufregung ...

Gab es Prämien?

Ich bekam 2500 Mark – West. Was andere erhielten, las ich auch nur in Zeitungen. Dafür kann ich mich nicht verbürgen. Auf jeden Fall war es ziemlich unterschiedlich, und ich hatte nicht das meiste.

Wie beurteilte man dein Tor in der Bundesrepublik?

Ziemlich gelassen. Meist war das Echo positiv, jedenfalls später. Der Tenor: Das hat unsere Mannschaft wachgerüttelt; gut so, denn sie wurde Weltmeister.

Warum bist du dann aus der DDR weggegangen?

1986 sollte ich Trainer des 1. FC Magdeburg werden. Dreimal mußte ich dazu bei SED-Oberen zur Aussprache. Ich wollte aber nicht, weil ich meine Zukunft an der Hochschule sah. Dort war ich Sportlehrer, Spezialist für Spiele, besonders Fußball. Ich hoffte auch, promovieren zu können. Als ich das mit dem Trainer ablehnte, war ich auch an der Hochschule kaltgestellt, ohne Aufstiegschancen. Dann bin ich gegangen ...

Wo und wie lebst du jetzt?

Meine Frau und ich wohnen in Bad Vilbel, einem Kurort 6 km von Frankfurt/Main entfernt. Meine Frau arbeitet in der Versicherungsbranche. Unsere Tochter wohnt mit Partner und Sohn auch nur 6 km entfernt.

Und was ist deine Tätigkeit?

Ich bin Präsident und Geschäftsführer der VdV, Vereinigung der Vertragsfußballer. Etwa 800 Spieler sind so organisiert, aber nicht alle, die mit Fußball Geld verdienen, gehören zur Interessen- und Solidargemeinschaft. Beispielsweise von Bayern München sind es nur 12. In England ist das anders. Dort sind alle Profis Mitglieder. Ich muß mich dann in diesem Amt 2001 wieder zur Wahl stellen.

Wie ist der Kommentar des VdV-Präsidenten zur heutigen Bezahlung der Spieler?

Wer Leistung zeigt, soll auch entsprechendes Geld verdienen. Das gilt überall. Auch bei Künstlern und in anderen Sportarten, siehe Graf, Becker, Schumacher ... Im übrigen gehören zum Vertrag immer zwei Seiten. Nicht gut finde ich die Überbezahlungen im mittleren Leistungsbereich.

Ist es in Ordnung, daß Schiedsrichter Geld bekommen?

Auf jeden Fall. Sie nehmen eine ganz wichtige und schwierige Stellung ein.

Wie ist die Meinung zum Magdeburger Bernd Heynemann?

Er zählt zweifellos zu den allerbesten deutschen Schieris. Er ist locker, sucht den Spielerkontakt und wird deshalb auch von den meisten akzeptiert. Gut wäre es, wenn solche Unparteiischen bis zum 50. Lebensjahr pfiffen, vorausgesetzt, sie bleiben körperlich fit. Doch es ist schade, wenn sie mit solchen Erfahrungen zu früh abtreten sollen.

Hat der Magdeburger Fußball eine Zukunft?

Für alle Regionalligateams wird es entscheidend, ob sie den Sprung in die zweigeteilte Drittklassigkeit schaffen. Wer daran scheitert, wird auf Jahre zurückgeworfen, weil er wieder seine Besten verliert. Ich traue es aber Magdeburg zu, unter die ersten sechs zu kommen. Dann winken auch wieder bessere Zeiten.

Wo steht der deutsche Fußball?

Am Scheideweg. Und in einer Umbruchphase, die noch zwei, drei Jahre dauert. Ich gab schon Berti Vogts recht, daß wir im technisch-taktischen Bereich nur noch Mittelmaß sind. Daran muß gearbeitet werden. Doch der Nachwuchs erhält zu wenig Chancen. Bis zum 18. Lebensjahr geht es noch, aber dann ... Keine Spielpraxis, denn 80 % sind in den Vereinen, die oben stehen, Ausländer. Ein schwieriges Problem. Zum Schutz der Nationalmannschaft muß ebenfalls etwas getan werden. Unsere FIFA-Vorstöße sind aber vorerst abgeblockt: erst wolltet ihr das Bosman-Urteil, nun gibt's den nächsten Kummer. Man hat uns ausgelacht ...

Und der Weltfußball?

Bleiben wir in Europa. Was sich jetzt mit dieser erweiterten Champions League tut, bringt auch Probleme. Es ist die verkappte Europa-Liga. Verbitterung kommt auch auf, weil man einfach den Europapokal der Pokalsieger strich. Logischerweise müßten dann auch die nationalen Pokalwettbewerbe wegfallen. Es sind aber nur Ausreden, um den obersten Wettbewerb zu forcieren. Das wird aber Übersättigungen bringen.

Und alle Medieneinflüsse dabei?

Die Medien können viel machen. So und so. Siehe mein Tor damals ... SAT 1 wertete mit seinen Sendungen erst den Fußball auf, machte ihn aber mit den Zusammenschnitten besser als er ist. Das verdreht die Realität.

Treibst du noch Sport?

Etwas schon. Klar. Tennis, Radfahren, manchmal auch Traditionsspiele, speziell mit den »Old Stars Ost«. Ich muß aber sehr vorsichtig sein, weil ich noch eine Kreuzbandverletzung hatte, die ich nicht operieren ließ ... Also: Sport ja, aber in Maßen.

Schieris

Oft fragte ich mich bei Fußballübertragungen, vor allem, wenn dabei der Schiedsrichter mit seinen Pfiffen und Entscheidungen immer wieder in den Mittelpunkt rückte, wie lief das eigentlich damals? Mit damals meine ich die Anfangszeit des englischen Kickertreibens, rund 140 Jahre zurück. Immerhin ging's auch da schon heftig zu. Auf der Fußballmutterlandinsel wurde bereits 1863 Englands Football Association gegründet, und es existierten erste Regeln, in 17 Paragraphen fixiert. Also, was taten die Schiedsrichter? Erst 15 Jahre später nämlich, 1878 in Nottingham, benutzte ein Referee erstmals eine Trillerpfeife …

Es kann demnach nur das passiert sein, was heute zu den unangenehmsten Begleitumständen zählt, es wurde viel gequatscht. Zudem mußten, was mir sehr imponiert, die Schieris über Stimmbänder aus bestem Kehlkopfmaterial verfügen. »Attention! Stop! That was foul! Here is the point. Free kick, please. Go on. Attention! Stop! Handling, why You don't hear?! Handling. I say. Free kick! Stop! Out! Throw in! Attention. Stop!« And so on … Hochachtung, meine Herren.

Das war. Längst schlagen sich die Unparteiischen mit anderen Problemen. Doch auch mit dem, das den Redefluß der Spieler und Trainer von heute bestimmt. Beides einzudämmen oder zu überhören, stellt zusätzliche Höchstanforderungen. Deshalb mein Generalvorschlag: hohe Geldbußen für die Quatschköppe und Beleidiger im bezahlten Fußball! Kein Spaß, sondern notwendiger Ernst: In der 1. Bundesliga fünfstellige Sühnesummen für Spieler, sechsstellige für verbalausrastende Trainer, die bekanntlich Vorbild sein sollen. In Liga 2 dementsprechend weniger. Alles ohne Pardon. Wetten, daß …?

Neben der Flapsigkeit und Dummheit, die solches Millionärsmeckern bedeutet, ist es eine verdammt peinliche Ungehörigkeit und blamable Mißachtung des Menschen Schiedsrichter. (Was für jede andere Sportart ebenso gilt.) Ohne alle diese Neutralen ginge nichts. Ganz und gar nichts. Alle Fußballer (und alle Aktiven anderswo) sähen sehr dumm aus, reagierten alle Schiedsrichter gemeinsam und solidarisch getreu dem Götz von Berlichingen-Wort und mit nachfolgendem Dauerstreik. Manchmal wünschte ich, das noch zu erleben, das konsequenteste Kontra für Rüpel und Schnösel, gegen Unerzogene und Undisziplinierte.

Meine Schieds- und Kampfrichterhaltung wuchs aus Hochachtung und Dankbarkeit, und sie gilt dauerhaft für alle Leistungsklassen. Von ganz unten bis ganz oben und umgekehrt.

Für mich ist es deshalb auch überhaupt kein Problem, den Schieris im (viel zu hoch) bezahlten Fußball endlich mehr Geld zu bieten. Sie haben es schon lange verdient. Jetzt, da für Einsätze in der 1. Liga 4000 DM gezahlt werden, in der 2. dementsprechend 2000 DM, regt sich quängelnd schon wieder dieser und jener auf. Sehr merkwürdig. Rechneten solche Kritiker schon einmal durch, was die einzelnen der dort dribbelnden 22 Trikotträger bekommen? Manche empfangen für 4 Minuten das, was dem Schieri für alle 90 zusteht. Andere Minderbemittelte benötigen dafür 5, 6, 7, 8 Minuten Dasein auf dem Feld. Ohne dieses Bauchschmerzengrundthema weiter zu strapazieren, fest steht, alle, selbst der allerschwächste Spieler, erhalten viel, viel mehr als Schiedsrichter, die grundsätzlich die größte Verantwortung tragen. Wer jammert und diskutiert lange über die unverschämt hohe Fehlerquote eines hochdotierten Stürmers, dem Zielwasser fehlt? Wen erbost die provokative Unzulänglichkeit eines faulen Mittelfeldakteurs so, wie sein Wettern gegen Schieri-Pfiffe? Jeder Tölpel darf sie öffentlich bepinkeln.

Ein unmöglicher Zustand, der radikal nach Korrektur schreit.

Heynemann

Der Magdeburger zählt zu den allerbesten Fußballschiedsrichtern, die ich in über 40 Fußballreporterjahren und bei acht Weltmeisterschaften kennenlernte. Auch das gehört zu meinen glücklichen Gewinnen. Bernd Heynemann, elf Jahre bei Turbine Magdeburg aktiver Kicker, legte noch im DDR-Oberliga-Fußball die Fundamente seiner internationalen Laufbahn. Wie er sich dann in der Bundesliga gegen und neben den Arrivierten durchsetzte, verdient großen Respekt, und den trotzte er dort mit gleichbleibend starken Leistungen auch seinen renommierten Kollegen Hellmut Krug, Dr. Merk, Alfons Berg, Hartmut Strampe, und, und, und … ab.

Als Deutschlands Nr. 1 wurde Heynemann 1998 für die Fußball-WM in Frankreich nominiert. In Montpellier und Marseille, wo er pfiff, gewann er auch unter Spielern und Zuschauern neue Anhänger, Heynemann ist ein As. Deshalb, nach zehn FIFA-Schieri-Jahren und über 115 Bundesligaspielen, was alles seine glanzvolle Laufbahn rundet: Danke, Bernd Heynemann!

Warum, fragen Spitzenfußballfremde, warum wird dieser Mann von so vielen und besonders von den meisten Spielern akzeptiert? Seine individuelle Art prägt ihn als Klassemann. Er sucht den Kontakt bewußt, er will den Akteuren zeigen und beweisen, ich bin einer von euch. Dieses Bandeln ist kein Anbandeln. Er ist nicht kumpelhaft, nicht Onkel oder Oberlehrer, aber auch nicht Feldwebel oder spreiziger Galan und Hahn. Seine Stärke ist das Normale. Das Irdische. Das Fußballerfreundliche. So siegt er. National und international.

Was ich mit anderen noch zusätzlich schätze, rührt aus seinem Werdegang, der im DDR-Fußball- und Schiedsrichtersystem wurzelt. Schon lange bevor der DDR-Fußball erste wesentliche Meriten gewann, in den siebziger Jahren, hatten DDR-Schiedsrichter solche schon gewonnen. Gerhard Schulz, der Dresdner, dessen Start noch in der Kriegszeit lag, markierte erste Qualitäten. Walter Reinhardt, der Berliner aus Quedlinburg, gehört zu dieser Generation, die noch in Pecco Bauwens ihr Vorbild sah. Gern denke ich an Werner Bergmann (Hildburghausen), Erwin Vetter (Schönebeck), Wolfgang Riedel (Falkensee/Berlin), Fritz Köpke, den »pfeifenden Bürgermeister« aus Wusterhausen, Dr. Klaus Scheurell, seinen Schwiegersohn, Lothar Green, Walter Schaub, Fritz Jähnichen, Hans Kulicke – ach, schade, nicht alle nennen zu können!

Siegfried Kirschen, der auch EM- und WM-Schieri war und heute Präsident des Brandenburgischen Fußball-Landesverbandes ist, gehört in diese Ahnengalerie, und Adolf Prokop, einer der erfolgreichsten, zweimal bei WM und auch bei EM und Olympia eingesetzt, gerade 60 geworden, und Günther Habermann und Wieland Ziller, die sich auch noch in der Bundesliga bewährten, Frank Fleske aus dem Uckermark-Dorf Schönow – man müßte ein ganzes Schieri-Buch schreiben …

Und traurig machte mich und viele, viele Fußballfreunde, daß in diesem Jahr 1999 mit Rudi Glöckner aus Markranstädt einer der größten verstarb. Er, hochgeschätzter FIFA-Referee wie die meisten der von mir Genannten, leitete als bisher einziger deutscher Schiedsrichter ein Weltmeisterschaftsfinale. Das von 1970 in Mexico-Stadt, Brasilien gegen Italien. Meine WM-Reporterkollegen damals und ich – als schwächlicher Skateur aber nur als Schreiber eingesetzt –, dazu Georg Buschner, DDR-Auswahltrainer, bereiteten Rudi Glöckner in abendlichen Dauerskatrunden psychologisch vor. Glöckner, der ebenfalls zweimal bei Weltmeisterschaften und zweimal bei Olympischen Spielen pfiff, 24 Länderspiele und 47 Europacuppartien leitete, total 1165 Spiele!, bestand auch das Mexiko-Examen mit Bravour. Unvergessen.

Tackling

Ohne Umschweife! Das ist ein Pamphlet gegen das böseste und hinterhältigste Fußballfoul.

Diejenigen, die es praktizieren, und die Mittäter, die es dulden oder gar wollen, fußball»technisch« (Bravo!) lehren, berufen sich auf jahrzehntelange international hingenommene Praxis. Als besondere Argumentationsstütze führen sie noch an, das Hineingrätschen in die Beine des ballführenden Kontrahenten zähle zur Fußballkampfeswürze, denn das ist ein Männersport und kein Rasen-Halma (Hurra! Hurra!).

Gegner dieser saugroben Attacke verweisen auf die Verletzungsgefahr. Speziell dadurch gibt es zunehmend erschreckende orthopädische Resultate. Überhaupt, wer in der Schlußphase des scheidenden Fußballjahrhunderts Berichte und Nachrichten nur nach Verletzungsmeldungen durchforstet, glaubt, in ein Waldsterben geraten zu sein.

Zu keiner Zeit wurden wie heute, da der bezahlte Fußball zum Spielball diverser kommerzieller Interessen auswuchs, dermaßen viele Verletzungen gezählt. Sprunggelenk, Knie, Schien- und Wadenbein sind am häufigsten betroffen. Sehr oft durch das sogenannte Tackling.

Naiv, anzunehmen, Spieler als Hauptgeschädigte, Trainer und Vereinsverantwortliche sähen das genauso. Das Gegenteil stimmt. Und schlimm genug, Trainer, also Fußballehrer, rühmen da und dort ihre eiserne Kampfeskraft mit dem speziellen Hinweis auf ihr einstiges Grätschenkönnen. Tja, so peinlich-beinlich kann das sein.

Dabei, Tackling, von radikalen Gegnern auch »Knochenschleuder« genannt, zerstört die Aktionen. Es unterbricht das Spielen, verhindert die Chance. Es ist total spielbrechendes Element. Aber gerade das ist von Befürwortern und Ausführenden gewollt. Auch deren sanfte Umschreibung, Toreverhindern geht vor Toreerzielen, dementsprechend müssen alle Handlungen sein, mindert nicht, sondern unterstreicht die Bankrotterklärung.

Eigentlich müßten sich alle Fuball*spieler* gegen solche Haltung und Handlungen wehren. Sind sie doch auch noch heimtückisch und feige, da sie meist von hinten erfolgen. Das Unfairste, was es gibt. Erläuternde Aufweichversuche wie, der Ball sei doch die Zielscheibe, ändern nichts. Die Brutalität bleibt. Viel zu selten wird tatsächlich der Ball, viel zu oft das Bein erwischt. Risiko und Chance stehen in einem miserablen Verhältnis.

FIFA-Obere forderten deshalb von den Schiedsrichtern zur Weltmeisterschaft 1998 in Frankreich: »Schluß damit!« Rote Karte, also Spielausschluß für den Kombattierer. Gut so. In den meisten Spielen wurde so verfahren. Nun, im Alltag, sieht es von der Kreisklasse bis zu den Eliteligen schon wieder anders aus. Zu viele Kompromisse durch zu viele inkonsequente Spielleiter. Schade.

Natürlich gäbe es, rein theoretisch wenigstens, noch einen anderen Weg, und der wäre der allerbeste. Trainer und Vereinsführungen wirken energisch und mit drohenden internen Folgen auf die Spieler ein. Sie fordern übereinstimmend das Verbannen der beschriebenen Scheußlichkeit. Das aber bleibt nur frommer Wunsch.

So werden wir auch weiter lange Verletzungslisten lesen und dumme Ausreden hören. Punktgewinne sind das Ziel, damit auch wenn das primäre und primitive Zerstören. Es ist unter Niveau. Sportlich und moralisch.

Apropos

Übrigens, oder was ich noch sagen wollte: Ich füge dem »Hohen Lied« auf die Fußball-Schiedsrichter nicht minder engagiert hinzu, alle Schieds- und alle Kampfrichter sind gemeint. Sie verdienen allesamt unsere Aufmerksamkeit und Anerkennung. Verdienen? Ja, und es muß und kann nicht immer und überall das Geld sein, das klimpert. Aber Hochachtung, Respekt, öffentliche Würdigungen sind das Mindeste, was Frauen und Männer in Weiß und Schwarz verdienen.

Was wäre die Leichtathletik, diese bunte, interessante Vielfalt, ohne die Kampfrichtervielfalt bei Start und Ziel, bei Wurf und Sprung? Nichts. Beim Schwimmen, Turnen, Skispringen, Fechten, Volleyball, Radsport, Faustball, Turnierangeln – alle sind gemeint.

Auch die Juroren des Eiskunstlaufens, denen manchmal besonderer Zorn von Läufern und Zuschauern gilt. Na und, was wäre ohne die Gescholtenen? Glitzerndes Chaos. Mehr Lobesstrophen brauche ich auch nicht zu singen. Höchstens noch folgenden Hinweis zu schreiben …

… Wo bleiben denn die Besserwisser? Die Nörgler? Die Buhdisqualifizierten? Wer meldet sich heute noch, am Wochenende, wenn andere mit Kind und Kegel in die Pilze fahren, als Schieri zu agieren? Und das ehrenamtlich! Warum versiegt der Zustrom – tatsächlich, ich schreibe nach »Strom« – immer mehr?

Und apropos, wo bleiben die einst Aktiven? Solcher

Normalvorgang scheint völlig abzusterben. Gestern Wettkämpfer, heute Kampfrichter, morgen Ausbilder und Werber für folgende Generationen. Fromme Wünsche. Naive Fragen.

Zuletzt, und damit zurück zum Fußball. Überrumpeln wir doch mal beim Familien- oder Kollegenquiz unsere Mitspieler. Fragen wir: Welcher Bundesligafußballer wechselte nach seiner Laufbahn zu den Schiedsrichtern? Knüpfen wir die nächste Frage sofort an: Wer kennt einen Sport-Millionär, der Schieds- oder Kampfrichter wurde?

Affiges

Den Schwung hole ich von weit her. Räumlich und zeitlich. Warum auch nicht. Mein Bauchschmerzenproblem war und ist ein weltweit verbreitetes. Es machte und macht vor keinem Längen- und Breitengrad halt. Nur, es wird weltweit außerordentlich unterschiedlich interpretiert und behandelt. Deutschem Tun und deutschen Haltungen stehen andere gegenüber.

Meine bestimmte Erfahrung rührt aus dem Jahr 1964. Ich fiel aus einem Tokioter Hotelbett, weil ich erstmals mit einem Erdbeben Bekanntschaft machte. Als Olympiagast und Reporter in Japan fühlte ich mich auf manches vorbereitet. Erdbeben, na klar, könnte kommen. Doch wie immer im Leben: grau, teurer Freund, ist alle Theorie, und grün des Lebens goldner Baum. Da es tatsächlich passierte, ich mich aus heitren Träumen gerissen, auf dem Teppich wiederfand, rutschte das Herz tief in die Pyjamahose …

Nächsten Tag erzählte ich das einem japanischen Radiokollegen, den ich seit Jahren kannte, der ein paar

Semester auch in Deutschland studierte, und deshalb gab's keine Konversationsprobleme. In der NHK-Kantine des damals hochmodernen Funkhauses gerieten wir beim Thema Angst vom Hundertsten ins Tausendste. Angst über das, Angst vor jenem. Nachkriegsängste, Alltagsängste, die aus der Geschichte wachsen; Konflikte, bis hinein in den Beruf. Japaner können davon Lieder singen, wie alle Deutschen auch. Besonders natürlich diejenigen, die das vor 1945 und das danach Geschehene unmittelbar miterlebten. Immer noch miterleben. Mein weiter Schwung, mein west-östlicher Anlauf deshalb, weil mir ein japanisches Kollegenwort, damals gelernt, immer einfällt, wenn ich über Deutsch-Deutsches ins Grübeln gerate. Auf japanische Alltagsbeobachtungen bezogen, zitierte er ein japanisches Sprichwort: Nur ein Affe lacht über den Hintern der anderen.

Richtig, fällt es mir oft auf und wieder ein. Und Herders Interpretation, wonach Sprichwörter stets ein Denkartspiegel der Nationen sind. Ich übertrage das Affige auf alle. Und alles. Und Hintern sind überall, rund um den Erdball, gleich. Vom Prinzip jedenfalls. Aufs Deutsche bezogen: West- und Osthintern unterscheiden sich auch nicht. Dennoch gibt es viele Affen – wie überall.

Nehmen wir ein Problem. Affen-Anpassung. Oder besser: Anpassung überhaupt. Seit Lebewesen existieren, paßten die sich immer an. Sonst hätten sie nicht überlebt. Regenwürmer, Klapperstörche, Fliegen, Affen, Menschen, die höchstentwickelte Tierart. Man könnte meinen, zu meinen versuchen, weil es überall so ist, wird es auch überall prinzipiell akzeptiert. Mitnichten. Unter Deutschen nicht. Hier gelten Prinzipien, von einer Spezies Mensch für die andere Spezies Mensch vorgegeben. Gegen Ende dieses zweiten Jahrtausends nach Christi Geburt gilt die Denkart: deutsche Hinternbesitzer

West sind qualifizierter als deutsche Hinternbesitzer Ost. Weshalb abzuleiten ist: Westhinternbesitzer dürfen über Osthinternbesitzer nicht nur affig lachen, sondern ihnen steht es standesgemäß zu, diese auch zu be- und verurteilen.

Verstanden? Beispielsweise:

Anpassungen gab es nur im Osten. Hier kroch man zu Kreuze. Hier fiel man um. Hier stellte man sich nicht, tagtäglich, gegen Obrigkeit. Hier blühte Opportunismus. Sonst kaum irgendwo in Deutschland. Mein simples, wahlberlinerisches Denkste genügt nicht zum Gegenbeweis. Doch weil ich Anhänger genereller Anpassungstheorien und Praktiken bin, tendiere ich sofort wieder zur Vorsicht. Es kann schaden! Zwar brauche ich nicht mehr in überfüllte Hintern zu kriechen, und devotes Verbeugen verbieten dem Rentner schon zahlreiche orthopädische Beschädigungen. – Vorsicht ist dennoch geboten. Fußfallen, Stolperstellen drohen jedermann. Deshalb: no names, keine Namen. Auch, weil meine Gerichts- und Klagekostenmöglichkeiten weit unter denen derer liegen, gegen die es ginge. Begriffen?

Aber: Gucken wir uns um! Wie wird opportuniert! Welche Meisterschaften des Zumunderedens, des Zugefälligkeitenschreibens dürfen wir beobachten und zur Kenntnis nehmen! Welche flinken Farbenwechsel! Welche Parteibuchkarrieren! Welches Dienern und Anbiedern! So könnte man, wieder versöhnlerisch, fast jeden derart Tätigen in Schutz nehmen. Weil es immer so war. In jeder Gesellschaft. Und noch lange, lange, lange so bleiben wird. Aufbäumen, Nichtanpassung kann sich meist nur der Mächtige leisten. Ohnmächtige nicht. Unabhängige, materiell Unabhängige, die alle Schäfchen im Trockenen haben, können deshalb auch gut reden. Abhängige sind meist Anpassungsgezwungene.

Jetzt rücke ich folgenden Text ein:

Daß es trotzdem, immer wieder, da und dort, gestern und heute, wenige gab und gibt, die opponieren, die mutig sind und unverdrossen, macht glücklich, fordert Respekt und Anerkennung!

Es ändert jedoch nichts an den allgemeinen Beschreibungen. Viele, sehr viele, die das Gestern kennen und das Heute leben, bringen ihre Erfahrungen auf den einfachen, aber überzeugenden Nenner: früher konntest du Chef und andere, die dich abhängig machten, kritisieren; gingst du aber gegen die Obrigkeit, die Höchsten vor, war Feierabend, oft total. Heute ist es umgekehrt.

Wie Anpassungstheorien und Praktiken genutzt, benutzt werden, lehrt uns jeder politische Alltag. Gerade Frühling und Sommer 1999 liefern aktuelle Beispiele. Persönliche, ideelle, auch moralische Haltungswechsel werden mit notwendiger Anpassung »an sich objektiv verändernde Bedingungen« erklärt. Also: nicht der Mensch paßt sich an, verändert sich, er folgt nur, gezwungener Maßen, veränderten Gegebenheiten. Warum nicht? Doch dann, große Männer, muß das auch, immer, für alle kleinen Leute gelten ...

Ein kluger Mensch, diesmal kein Japaner, sagte »Wer mit dem Finger auf andere zeigt, sollte stets daran denken, drei zeigen auf ihn.« Wie wahr. Aber wen juckt's? Für die vielen, im gleich dunklen Einheitszwirn Angepaßten, gibt's eben nicht nur den Hintern-Unterschied, sondern selbstverständlich auch den an Händen, Füßen, eben überhaupt ...

Mir fällt noch ein, folgendes zu fragen. Als Bibel-Leser, als Freund der lutherischen Übersetzung des Neuen Testaments, stutze ich immer wieder, wenn ich den Brief des Apostels Paulus an die Römer lese. Wer leistet mir

Interpretationshilfe? Unter »Stellung zur staatlichen Gewalt« heißt es im Kapitel 13:

»Jedermann sei untertan der Obrigkeit, die Gewalt über ihn hat. Denn es ist keine Obrigkeit außer von Gott; wo aber Obrigkeit ist, die ist von Gott angeordnet.

Wer sich nun der Obrigkeit widersetzt, der widerstrebt der Anordnung Gottes; die ihr aber widerstreben, ziehen sich selbst das Urteil zu ....«

Schmitt

Wieviele Schmitts, so geschrieben oder mit dt am Ende, mag's im Deutschland von heute geben? Hunderttausende vermutlich. Schmitt, Martin Schmitt, 21 Jahre alt, avancierte jedenfalls 1999 zum Extra-Schmitt. Von nimmermüden Übertreibern empfing der Schwarzwälder Skispringer, zweifacher Weltmeister und Weltcup-Gewinner, zusätzliche Quatschkopf-Titulierungen wie »Überflieger«, »Superradler«, »Schanzendominator« und ähnlichen Unfug, der seinen kennzeichnenden Höhepunkt in »Messer-Schmitt« fand. Das kann sich schon hören und sehen lassen! Ebenso, auf uns bezogen, wir seien allesamt in eine »Martinmanie« geraten. Was wohl, beim Wort genommen, heißt, wir sind dem Wahnsinn nahe.

Wahnsinn ist es schon, was heute mit dem Sport passiert und was jungen Sportlern geschehen kann. Siehe Schmitt. Doch der hochtalentierte und sympathische junge Mann fungiert im neuen Kapitel des zum Zirkus mutierten Sports nur als unfreiwilliger Akteur. Verantwortlich sind Medienclaqueure und Geschäftsdompteure. Deshalb: trennen wir das eine vom anderen. Martin Schmitt hat es verdient. Er, Trainer und Betreuer, und seine Mitstreiter.

Kein geringerer als Jens Weißflog bescheinigt dem ohne jeden Abstrich allerbesten Skispringer der Saison 1998/99 weltmeisterliches Können und schenkt ihm Respekt. Neben der Oberwiesenthaler Hotelier-Tätigkeit assistierte der dreifache Olympiasieger, zweimalige Weltmeister, vierfache Tourneegewinner, Weltcupsieger von 1984 und Erster bei 33 Weltcup-Springen, erneut dem ZDF-Berichterstatterteam. Das hat es nötig. Dort versammelt sich inzwischen mehr Masse als Klasse, und es ist schon erstaunlich, wievieler Figuren es heute bedarf, eine Übertragung zu gestalten. Weißflog, bereits mit 18 Jahren Olympiasieger in Sarajewo, weiß wenigstens, wovon er spricht.

»Das Jahr danach …« entscheidet über die komplette Klasse eines Champions, erklärt Schmitts »Vorspringer« Weißflog und weist auf das Grundproblem, das alle Großen oder vermeintlich Großen betrifft, hin. Nykänen und Nieminen sind im Skisprung Schlüsselnamen. Beide finnische Schanzen-Asse gerieten im Sog glänzender Erfolge in lebenslaufbedrohliche Situationen. Medienrummel, falsche Berater und ebenso falsche Freunde bliesen, trieben die beiden in gefährliche Turbulenzen. Bis heute sind sie immer noch nicht auf sicherer Spur. Ähnliches Wanken und Wackeln degradiert das Können Peterkas. 1997/98 verblüffte der Slowene alle Welt. Jetzt hechelt er hinterher. Österreichs Goldberger kann gleichfalls ein Lied zwielichtiger »Fürsorge« singen. Der »Bub« ließ sich bis ins Koks-Milieu verführen und rudert schwer um neue Lebenshaltungsnoten. Auch Norwegens jüngster Weltmeister, Ingebrigtsen, trudelte nach überraschenden Erfolgen. Immerhin kriegte er jetzt wieder festen Boden unter die Füße, was seine Planica-Skiflugweltbestleistung von 219,5 Meter beweist.

Natürlich passierte Ähnliches auch schon vor der Geld-

Hochzeit des Sports. Wer ins Scheinwerferlicht guckt, kann ins richtige Leben häufig nur noch blinzeln. Boxer, Fußballer, Eiskünstler – viele schrieben viele Strophen dieses Liedes. Im heutigen Kommerzsport und Jobjournalismus bläst jedoch noch stärkere Musik. Ein Dagegenhalten frei nach Götz von Berlichingen ist von Zwanzigjährigen nicht zu verlangen, und so flattern dann viele im Wind …

Ewald Roscher, über viele Jahre – wie einst Hans Renner – einer der intelligentesten und erfolgreichsten Skisprungtrainer, nennt aber noch andere »Absturzursachen«, die junge Umjubelte treffen können. Normale Wachstumsprozesse, Verletzungen, plötzliche Schanzenphobien, die jeden überfallen, stehen an der Spitze. Beste Vorbeugungselemente bleiben immer und überall neben solidem Trainieren und solidem Lebenswandel, eine harmonische Familie, echte Freunde, ehrliche Berater. Alles gilt freilich nicht nur für Martin Schmitt, für alle Skispringer, für jeden im Leistungssport, sondern generell auch für jedes Leben. Das »Bleib auf dem Teppich«, »Behalte Bodenhaftung« half immer gegen Bruchlandungen.

Daß die Entwicklung des Skispringens, besonders die des Skifliegens immer krasser Sensationscharakter trägt, ist hinlänglich bekannt. Von Winter zu Winter nimmt das hektischere Züge an. Gegenwehrversuche der Springer werden mit Geldpflastern abgefangen. Als ich zu Knirpsenzeiten erstmals vom Überhundertmetersprung Sepp Bradls hörte, staunte ich Bauklötzer. Hundert Meter durch die Lüfte, und das auf zwei Holzlatten, die den tollkühnen Menschen tragen – kaum zu glauben. Später lernte ich den freundlich-fröhlichen Bergmenschen Bradl kennen. Bei Reporter-Alpenaufenthalten war ich mehrmals sein Gast. Ihm kamen die 101,5 Meter von 1936 ziemlich normal vor. »Alles drängt doch immer weiter, und eines Tages wird einer auch 150 Meter packen ...« Lars Grini aus Norwegen schaffte das 1967. Auch für ihn schien das nur ein logischer Schritt zu sein. »Wenn Schanze und Winde und eigene Form stimmen, dann ...« Toni Innauer aus Österreich, ich erinnere mich genau, sah das alles schon kritischer. Als er 1976 auf 176 Meter flog, warnte der damals Weltbeste: »Wir müssen aufpassen. Sensationsgier darf keinen verführen. 200 Meter? Möglich schon. Aber weshalb nötig ...?« 1994 war es so weit. Nieminen durchbrach die sogenannte Skifliegerschallmauer. Tamtam ringsherum. Besonnenheit? Die blieb auf der Strecke. Medienkraft und Geldgewalt besiegen (fast) jede Vernunft. Die letzten Tendenzstationen sind bekannt ...

Ottensen, Norwegen, landete bei 212 Meter, und jetzt, in seinem Siegerjahr, schraubt Martin Schmitt die Bestleistung, die nur verbandsamtlich kein Weltrekord sein darf, auf 214,5 Meter. Ingebrigtsen, tatsächlich wie Phönix aus der Asche, flog bis auf 219,5 Meter, den vorläufigen Schlußpunkt. An Ruhe glaubt keiner mehr. Neue Pläne werden geschmiedet und gezeichnet. Planicas Riesenbakken ist Veranstalter-Konkurrenten schon lange ein Dorn im Auge. Nun sollen noch gigantischere Schanzenmonster mehr als 220 Meter möglich machen. Vor allem Norweger und Finnen entfachen Emsigkeit. In beiden klassischen Skiländern waren einst die Großen im Abonnement zu Hause. Bis die Deutschen mit Recknagel, Weißflog und nun Schmitt kamen. Die Tschechen und die sowjetischen Machorka-Springer. Dann Österreicher. Und vor allem Japans Sprung-Ästheten. So wurde und wird immer wieder neues Feuer entfacht.

Alle Experten, Techniker und Trainer halten auch 250 Meter für realistisch, wenn die Schanzenprofile stimmen.

Aber, Achtung, Achtung! Mit jedem Meter wachsen die Gefahren. Wer will das verantworten? Ewald Roscher und andere funken SOS. Solche Weitenjagd wird Todesjagd. Exakt dieses Szenario brauchen aber die Strippenzieher! Tanz auf dem Vulkan, früher nur Film, jetzt bald Wirklichkeit? Klar, jeder Athlet kann selbst die Bremse ziehen. Doch Joker im Poker bleibt das Geld. Deswegen brachen sich schon manche das Genick. Tatsächlich oder bildlich gesehen.

Ein Fachmagazin legte nach Schmitts fabelhaften 99er Leistungen gänzlich ungeniert dessen Einkünfte offen. Danach kassierte der 21jährige im letzten Winter 295 000 DM an Preisgeldern, soviel wie noch nie ein Skispringer vor ihm. 400 000 bekam er von der Skifirma. 100 000 vom Verband. Und weitere 200 000 von privaten Förderern. Macht summasummarum eine knappe Million. Keine schlechte Bilanz. Wahrlich. Und es ist ihm zu gönnen, besonders, wenn man Vergleiche zu Fußballern oder Tennisspielern zieht, deren sogenanntes Berufsrisiko erheblich unterm Schmittschen liegt.

Schmitts Berater prognostizieren weitere Jahreseinnahmen von jeweils 2,5 Millionen DM. Freilich vorausgesetzt, er hält die Lebensspur und die anderen lassen sich weiter so von ihm bezwingen … Eines spricht allerdings schon für alle Gelddenker und Geldlenker. Der Medien-, speziell der Fernsehtrubel wird nicht geringer werden. Jahrzehntelang übertrugen ARD und ZDF die wichtigsten Skisprungkonkurrenzen. Nun nimmt der Privatsender RTL das Heft in die Hand. Dessen Vermarktungsmethoden und Sportinszenierungen sind bekannt. Mätzchen im Guildo-Horn-Stil oder nach Mickey-Mouse-Art bleiben wahrscheinlich nicht nur Drohungen. Na denn, auch in diesem Sportzweig auf ins Highlight- und Event-Wunderland!

Skisprungcheftrainer Reinhard Heß, Mitmeistermacher von Schmitt und Co., sieht alle Zeichen der Zeit und kennt die Stolpersteine. Er weiß auch, letztlich wird dagegen kein Kraut gewachsen sein.

Insofern sind vorsichtige Rücktrittsäußerungen Vorbeugeübungen. Wer sich, generell und möglichst selbstkritisch, rechtzeitig dem Lebens-TÜV unterzieht, weiß, wann man besser das Fahrzeug von der Straße in die Garage schiebt …

Antäuscher

Picobello das Outfit, wie man jetzt verquer zu sprechen pflegt. Maßgeschneidertes Edeltuch umhüllt die Körper. Boutiquenspitzenklasse. Für alle Sender bestimmt nicht billig. Dazu Frisuren und Make up, superokay. Note, B-Note: 6,0–6,0–6,0 … Verbindliches Lächeln. Es gilt jedermann und niemand. Kurzum: moderate Souveränität.

Nun: Rotes Licht!

Und ab geht's.

Von jetzt an hat die äußerlich beeindruckende Sache jedoch einen Haken. Jene Damen und Herren, die vor und für Millionen sprechen, täuschen. Sie gaukeln uns gekonnte und beherrschte freie Rede vor, agieren, funktionieren aber nur als Ableser. Jene Gallionsfiguren unserer Fernsehsender, Präsentatoren aktueller Nachrichtensendungen und Magazine, hängen mit ihren braunen oder blauen Augen am Ablesegerät wie der Verunfallte am Tropf. Ohne diese Teleprompter, die einst,im TV-Mai, noch handbetrieben vorgefertigte Texte anboten und nun schon geraume Zeit vorzüglich tempogesteuert die Lese-Sprecher versorgen, wären dieselben verraten und verkauft. Jedenfalls der Großteil von ihnen, die man als Champions des Gewerbes sieht.

Nein, in der A-Note kommen sie kaum auf Höchstwerte.

Drängt sich die Zuschauerfrage auf, warum man uns solche Harlekinade vorgaukelt. Es wäre doch kein Ansehensbeinbruch, wenigstens diese Apparatur mitzuzeigen, wenn die Vortäusche läuft. Oder: Es ginge doch auch altmodern: einfach und richtig vom Manuskript lesen, was, zugegeben, manche auch noch ehrlich und gekonnt zeigen. Denen das Bravo!

Die anderen verstreuen Ausreden: Es muß so sein, weil eine »vollgetimte« verantwortungsvolle Sendung, in der Teleprompterablese und Bildbeiträge ständig wechseln, anders gar nicht »zu fahren« sei. Stimmt nicht. Jahrelang mußte es in den Funkhäusern so klappen, weil es solche Technik noch nicht gab. So brauchte das Filmestarten genauen Sekundenanlauf. »Hier müssen es zehn Sekunden sein«, instruierte der Senderegisseur vorher seinen Studiomoderator, und »Gib mir die exakten Stichwörter deines letzten Satzes« zum Start. Der Mensch im Studio und vor der Kamera wußte also, das gab der Redakteur vor, hier stehen mir 70 Sekunden zur Verfügung, um diesen Beitrag einzuleiten, und dann muß ich auf präzise, vorher abgestimmte zehn Sekunden kommen … Anfangs gab's nicht einmal solche Sekundenuhren über der Kamera. Und es ging. Zwar kostete es für alle allerhöchste Konzentration, und vom Moderator war souveräne Inhaltskenntnis und reaktionsschnelle Formulierungsfähigkeit gefordert.

Naja. So war's.

Heute gelten ganz andere Kriterien. Oft auch: »Mehr Schein als Sein.« So wäre es für den willigen Zuschauer von jetzt besonderes Vergnügen, böten die Senderintendanzen pro Woche wenigstens einen teleprompterfreien Abend an! Dies zeigte uns, wie sich Spreu vom Weizen sondert, wer Klasse und wer nur technikgestützte Masse ist.

Welcher Sender beginnt?

Kästner

Erich Kästner, der vorzügliche Schreiber, stammt aus Dresden, wo er vor hundert Jahren, 1899, geboren wurde. Bis zu seinem Tod, 1974, lebte er in München. Vieles von ihm, den Literaturkritikerpapst Marcel Reich-Ranicki als »Sänger der kleinen Leute« und »Dichter der kleinen Freiheit« bezeichnet, las und lese ich mit großem Vergnügen und dauerhafter Verehrung. Und lieber noch als seine fabelhaften Geschichten »Emil und die Detektive« oder »Das doppelte Lottchen« bewundere ich die meisterhaften Verse.

Dazu kommt – ist es vermessen, solche Parallele zu ziehen? –, ich mag Kästner auch deshalb besonders, weil ich – wenigstens in einem Punkt – Lebensähnliches sehe.

Kästner wurde im Ersten Weltkrieg achtzehnjährig zu den Waffen befohlen. Vor allem das und sein ganzes Leben zwischen beiden Weltkriegen, von den Deutschen entfacht, prägten seine Empfindungen und formten seine Haltung. Zum scheidenden Jahrhundert sind nun Deutsche nochmals »waffen- und kriegsaktiv« geworden. Ein Geschehen, das wir 1945 für undenkbar hielten.

So lese ich Damaliges von Erich Kästner heute mit neuem Bewundern und frischem Erschrecken. Nachspielzeit wird seit dem Frühling 1999 zur noch eindringlicheren Nachdenkzeit. Kästner hilft mir dabei. Aus Dankbarkeit gebe ich allen Mit-Nachdenklichen einige seiner Versnachdenklichkeiten, wenn auch zwei nur fragmentarisch, weiter.

Aus »Jahrgang 1899«:

Wir haben der Welt in die Schnauze geguckt,
anstatt mit Puppen zu spielen.
Wir haben der Welt auf die Weste gespuckt,
soweit wir vor Ypern nicht fielen.

Man hat unsern Körper und hat unsern Geist
ein wenig zu wenig gekräftigt.
Man hat uns zu lange, zu früh und zumeist
in der Weltgeschichte beschäftigt.

Aus »Die Zeit fährt Auto«:

Die Zeit fährt Auto. Doch kein Mensch kann
lenken.
Das Leben fliegt wie ein Gehöft vorbei.
Minister sprechen oft vom Steuersenken.
Wer weiß, ob sie im Ernste daran denken?
Der Globus dreht sich und geht nicht entzwei.

Die Käufer kaufen. Und die Händler werben.
Das Geld kursiert, als sei das seine Pflicht.
Fabriken wachsen. Und Fabriken sterben.
Was gestern war, geht heute schon in Scherben.
Der Globus dreht sich. Doch man sieht es nicht.

Und noch dieses Kästnersche komplett:

Was auch geschieht!

Was auch immer geschieht:
Nie dürft ihr so tief sinken,
von dem Kakao, durch den man euch zieht,
auch noch zu trinken!

Singelnstein

Christoph Singelnstein, 44 (Jahrgang 1955), aus Greifswald, Theaterwissenschaftler, erst Redakteur in der Abteilung Kultur des Berliner Rundfunks, dann in der Hörspielabteilung. Nach Auflösung des Staatlichen Rundfunk-Komitees beim Ministerrat der DDR Intendant und Abwickler des DDR-Rundfunks. Seit 1992 Chefredakteur erst von Radio Brandenburg (ORB) und jetzt Antenne Brandenburg (ORB).

Herr Singelnstein, wie war das im dramatischen Sommer 1989, vor nun 10 Jahren?

Ich arbeitete in der Hörspielabteilung des Funkhauses Berlin-Nalepastraße. Es war ringsherum eine prickelnde Stimmung, denn jeder fühlte, es liegt was in der Luft. Meine Kontakte zur Friedensbewegung in Berlin, beispielsweise mit Marianne Birthler, Ibrahim Böhme, Stephan Hilsberg und anderen, wurden immer intensiver. Zum Austausch politischer Informationen hatten wir ein Kontakttelefon aufgebaut. Also, es war eine sehr spannende Phase ...

Wie wurden Sie dann der letzte oberste Funkhaus-Chef?

Egon Krenz hatte das Staatliche Komitee aufgelöst und Manfred Klein, der war Nachrichten-Hauptabteilungsleiter, als Generalintendanten berufen. Ich wurde einer der vier Stellvertreter. Eines Tages erkannte wohl Herr Klein auch seine schwierige Position und übergab mir das Amt. Im Juli 1989 war ich nun Intendant und entließ zuerst alle bisherigen Komitee-Mitglieder, die Intendanten und alle Hauptverantwortungsträger des alten Rundfunks. Ich schrieb die Sender-Führungspositionen neu aus und hatte sie im September 1990 neu besetzt.

Ich gehörte 40 Jahre zum Berliner Rundfunk, dem nun Herr Itzfeld, der vom »Vorwärts« aus Nordrhein-Westfalen kam, als letzter Chefredakteur vorstand ... Diese Entlassungen, Herr Singelnstein, Sie waren damals 34 Jahre alt, wie war das für Sie?

Keiner sagte mehr: Du mußt das oder das machen. Überhaupt stand der Rundfunk nicht im absoluten Mittelpunkt dieses Geschehens. Da ging es mehr um die Verlage, ums Fernsehen in Adlershof, wo Michael Albrecht, der zuvor als Kameramann arbeitete, Generalintendant wurde. Bei den Erstentlassungen handelte es sich um die alte Führungsriege. Die war für neue, demokratische Strukturen nicht mehr akzeptabel, für neue politische Inhalte und Vorhaben. Es war schon richtig, sie zu entlassen, und es stellte auch keiner von denen in Frage.

Und wie kam es dann zu Herrn Mühlfenzl, der im bayerischen Ruhestand lebte, vorher jahrelang als Fernseh-Chefredakteur des Bayerischen Rundfunks gearbeitet hatte?

Ein neues Mediengesetz fand in der neu gewählten Volkskammer keine Zustimmung. So kam es auf alles im Einigungsvertrag Geregelte an. Das sah vor, einen Rundfunkbeauftragten für die Abwicklung zu wählen. Im nachhinein betrachtet: Fast alle, die dann Herrn Mühlfenzl wählten, besaßen dafür gar nicht die Legitimation ... Es waren eben rasante Zeiten und Vorgänge.

Ich kannte Rudolf Mühlfenzl überhaupt nicht, wußte auch nichts von seiner Laufbahn. Als erstes bekam ich dann seinen Spitznamen mit, Rufus Mücke. Dann war bald zu bemerken, was uns ereilte, daß nämlich ein stockkonservativer Zeitgenosse Rundfunk und Fernsehen der DDR abwickeln sollte. Uns wurde irgendwie das Papier der CSU-nahen Hans-Seidel-Stiftung zugespielt, in dem beschrieben wurde, wie das zu funktionieren hat. Weg mit 14000 Mitarbeitern, davon 5400 im Rundfunk! Nur einzelne, genau überprüfte sollten danach die Chance erhalten, von den öffentlich-rechtlichen Sendeanstalten übernommen zu werden. Einzelne, auf keinen Fall Gruppen, und weit verstreut übers ganze deutsche Sendegebiet. Bei einem ersten Treffen in Bonn erklärte uns Herr Mühlfenzlseine Absicht, das bis Ende 1990 zu erledigen. Immerhin dauerte es dann bis zum 31.12.91. Um auch das zu sagen, er hat im Verlaufe der folgenden 15 Monate viel dazugelernt, und, alles in allem, gute Arbeit geleistet.

Für Sie, Herr Singelnstein, muß es doch eine äußerst komplizierte, auch menschlich problematische Angelegenheit gewesen sein, 5400 Menschen in die Wüste zu schicken ...

Damals gab es keine Zeit zum langen Überlegen. Es mußte gehandelt werden. Meine einzige Chance auszusteigen war, als mir Herr Klein die Führung übergab. Danach ließ die Gesamtdynamik gar keinen Ausstieg mehr zu, und ich wollte auch verändern, Neues mit gestalten. Und ich dachte, wenn nicht ich, wer macht es dann? Ja, es war ein schmerzlicher Prozeß. Ich versuchte, das mit so viel Anstand wie möglich zu tun. Natürlich gab es auch andere Vorstellungen, es so oder so zu machen. Doch das war reine Theorie, nicht realistisch. Und, wie immer in solchen Prozessen, es wurden auch alte Rechnungen beglichen. Es kamen Leute, egal, wie sie sich bisher verhielten, die nun alles und alle niedermachen wollten. Es war schon schwierig, und vieles ging an die Nieren ...

Lassen Sie mich zum Heute fragen. Sie sind 7 Jahre lang einer der Hauptverantwortlichen beim Ostdeutschen Rundfunk Brandenburg. Wie beurteilen Sie die jetzige Situation?

Mir persönlich geht es gut. Es gibt keinen Grund zu klagen. Ich mache die Arbeit sehr gern. Auf dem Berlin-Brandenburger Radiomarkt ist es natürlich bei 25 terrestrischen Programmen nicht einfach. Für jeden Macher bringt das Probleme. Für alle Hörer ist es ein Eldorado.

Ihr Sender Antenne Brandenburg war jahrelang souveräner Spitzenreiter, wies immer die besten Quoten aus und verwies alle anderen 24 Mitbewerber auf »ferner senden«. Nun, im Sommer '99, wurden Sie – überraschend? – nur noch Vize-Meister ...

Zweiter zu sein ist auch sehr respektabel, aber es ist für uns von Antenne Brandenburg schon eine Herausforderung. Wenn man jeden Tag so bis zu 200000 Menschen erreicht, stachelt es, von einem kommerziellen Anbieter (BB-Radio, d. A.) bezwungen zu sein. Das soll aber nicht so bleiben!

Ist es so, die Musik entscheidet dabei fast alles? Befriedigt Sie das journalistisch?

Schon richtig, Ein- oder Ausschaltknackpunkt ist die Musik. Doch darüber hinaus ist es für uns Aufgabe, auch ein gutes journalistisches Angebot zu liefern. Dazu gehört vor allem eine Fülle von Informationen. Unser Verhältnis lautet 60:40. Kommt Ihnen das bekannt vor? Also, 60 Anteile Musik, 40 Anteile Wort. Erfolg ist und bleibt, die meisten Hörer zu erreichen. Es ist eine Gratwanderung. Tag für Tag. Etwa 40 feste und 40 bis 60 freie Mitarbeiter tun ihr Bestes. In Potsdam und in den vier Außenstudios Cottbus, Frankfurt, Perleberg und Prenzlau.

Insgesamt scheint der Berliner Markt noch immer geteilt ...

Das stimmt. Der Berliner Rundfunk, dabei längst ein anderer als der einstige, hat in Ostberlin immer noch die Nase vorn. Im Westen wird er kaum wahrgenommen. Mit dem SFB-Programm von 88,8 ist es genau umgekehrt. Dazu gibt es auch eine deutliche Stadt-/Land-Trennung. BB-Radio und wir, die Antenne, spielen in Berlin, da noch wieder geteilt in Ost und West, eine bescheidene Rolle. Und alle Berliner Sender sind im Land Brandenburg dritte, vierte Wahl ...

Warum? Und sehen Sie eine gemeinsame Zukunft, besonders von ORB und SFB?

Im Radio gibt es bereits gelungene Kooperationen; FRITZ, Kulturradio ... Eine generelle Senderfusion wäre eine politische Entscheidung. Dafür sehe ich weit und breit weder in Berlin noch in Brandenburg Mehrheiten. Das wird sich auch in den nächsten Jahren kaum ändern.

Sind es – auch – Allergien, die das verhindern?

Es wäre gelogen, wenn man das verneint. Das hängt vor allem mit der Wendezeit zusammen. Da war das Verhältnis des SFB zu den Kollegen im Osten sehr kompliziert, um es zurückhaltend auszudrücken. Das hängt dann auch mit der Geschichte des Senders Freies Berlin zusammen. Im geteilten Berlin war der schon ein sogenannter Frontstadtsender, der dafür viel Geld zur Verfügung hatte. Durch die deutsche Einheit ging ihm viel verloren, auch an Mitteln. Das alles sind Rahmenbedingungen, unter denen sich schwer Freundschaft schließen läßt. So gibt es eine verträgliche Vernunftehe. Von Liebe kann nicht die Rede sein.

Versuchen wir beide, kühn vorauszublicken. In 20

Jahren gehen Sie in Rente. Wie wird dann, so um 2020, das Radio aussehen? Haben wir dann in Berlin-Brandenburg 100 oder nur noch 10 Sender?

Bestimmt eher 100 als 10! Wenn wir auch im Rundfunk – wie schon im Fernsehen – digitale Empfangsbereitschaft haben, im Auto speziell, wo viel Radio gehört wird, so in vielleicht 5 Jahren, dann kann der Hörer aus dem Himmel zigzig Programme holen. Natürlich kann auch dann jeder nur über 24 Stunden pro Tag verfügen; also er muß sich konzentrieren auf für ihn Wichtiges oder Richtiges. Das sollten zunehmend regionale Anbieter sein. Nur noch sehr Differenziertes wird Erfolg haben. Ich benutze das Wort nicht gern: Spartensender. Aber so wird es. Sehr ortsbezogen, Zielgruppen stehen im Vordergrund. Antenne Brandenburg sollte sich also auch noch in 20 Jahren gut behaupten können.

Nennen Sie bitte noch Ihr Hauptinteresse, Ihren speziellen Wunsch für Künftiges?

Mehr direkte Beteiligung der Menschen ist gefragt. Mehr Mitmachen und Einmischen. Nur so kann jeder einzelne und wir alle einen gewissen Grundfrust beseitigen. Damit noch mehr Alltagsdemokratie entsteht. Das wünsche ich mir.

Kumbernuss

Was für ein Name! Wieviele in Deutschland heißen so? Ich blätterte vergeblich im Berliner Telefonbuch. Nicht ein einziger Eintrag unter Kumbernuss. Wir dürfen deshalb davon ausgehen, daß dieser Name Seltenheitswert besitzt, und – daß die junge Dame, die ihn trägt, Kugelstoßerin Astrid Kumbernuss, gleichfalls besonderen Wert verkörpert.

Um es knapp zu halten: die geborene Grevensmühlerin, in Neubrandenburg zu Hause, trägt zahlreiche Titel. Europameisterin, Weltmeisterin, Olympiasiegerin. Zwischen 1995 und 1996 blieb sie in 51 hintereinander folgenden Konkurrenzen unbezwungen. Dabei stellte sie noch einen anderen, freilich inoffiziellen Rekord auf. Sie siegte zur Weltmeisterschaft 1995 mit 1,18 m Vorsprung. Eine Differenz, die es niemals zuvor gab. Kurzum: Im Kugelstoßerring stellt sie bei den Frauen das dar, was die Experten als souveräne Dominanz bezeichnen. Keiner konnte sie bedrängen.

Jetzt, nachdem sie 1998 wegen der Geburt ihres Sohnes Philipp aussetzte, wurde es anders. Sie kehrte zwar zurück, mußte jedoch der längeren Wettkampf- und Trainingspause Tribut zollen und erlitt, neue Lebenserfahrung, Niederlagen. Das kann nur gut sein. Es wird sich zeigen, ob Astrid Kumbernuss zur alten Stärke und Souveränität zurückfindet.

So oder so. Sie beschenkte eine Frauen-Leichtathletikdisziplin, die nicht sonderliche Popularität genoß, mit ihrer Präsenz und ihrem überragenden Können. Gäbe es A- und B-Noten, Astrid empfinge in jeder Konkurrenz immer wieder 5,9 – 5,9 – 6,0 ... Zu Recht.

Das Geschehen mit der 4 Kilogramm-Eisenkugel erfuhr durch sie neue Beachtung. Schade, daß dies im auch die Leichtathletikwelt beherrschenden Fernsehen viel zu selten wahrgenommen wird. Vielleicht, hoffentlich wird es auf der Strecke nach Sydney anders. Als dann gerade 30jährige könnte sie dort ihren Atlanta-Erfolg durchaus wiederholen.

Ihr meisterliches Kugelkönnen knüpft an beste deutsche Traditionen an. Als diese Disziplin (unter Männer-Aufsicht) hoffähig wurde, dominierten zuerst auch deutsche Athletinnen. Luise Cron aus Frankfurt/Main trug sich als allererste, schon 1919, ins Rekordbuch ein. Die 8,30 m von damals waren noch eine inoffizielle Marke, genau wie vorher die 6,50 m der Französin Suzanne Lièbrard von 1917. Seit 1926 gilt die 4 kg-Kugel als zugelassenes Gerät, und die Deutsche Ruth Lange fixierte damit 1927 in Prag den Erst-Weltrekord mit 10,84 m. 16mal schrieben sich bis heute deutsche Kugelstoßerinnen in das Weltrekordbuch ein.

Astrid Kumbernuss stößt heute fast doppelt so weit wie Ruth Lange vor 72 Jahren. Und der noch gültige Weltrekord steht wiederum mehr als ein Meter über Astrids Marke. Das freilich zündelt an Dopingproblemen. Völlig zurecht. Nur, wer sich damit befaßt, sollte endlich die Binde von dem einen Auge nehmen und mit beiden gucken. Nach links und rechts! Wer verdächtigt, findet. Die »Ewige Bestenliste« gibt Auskunft. Man muß nur wollen.

Die derzeitige Weltbeste, zweifellos Astrid Kumbernuss, braucht keine Kontrollen zu fürchten. Im Gegenteil. Sie fordert sie. Von jeder Konkurrentin. Und, wenn man will und kann, jeden Tag von sich selbst.

Für mich bedeuten Kumbernuss und Kollark, Dieter Kollark, das ist ihr Lebensgefährte und Trainer, Philipps (1 Jahr alt) Vater, noch anderes. Beide Namen stehen als Synonym für Neubrandenburg. Ist es schon vergessen, was für eine Hochburg die einstige mecklenburgische Bezirksstadt war? Im Kanusport, besonders in der Leichtathletik? Hier glänzt eine Namenskette, die viel beweist: für alle Kanu-Asse steht Rüdiger Helm und für die der Leichtathleten folgen Hamann, Krabbe, Breuer, Rohde, Wodars-Grau, Wachtel, Weiß, Behmer, Engel, Schröder, Mai ... Und die der Trainer Gladrow, Baarck ...

Viel blieb nicht übrig. Leider. Daher erfordert es die Achtung vor allem und allen, die in den 70er und 80er

Jahren Großes schufen, dies laut und deutlich zu benennen.

Heute setzen das auch die Triathleten fort. Und die Namen Dittmer und auch Estedt stehen wieder für alle, die Neubrandenburgs Traditionen hochhalten und Sydney ansteuern.

PS. Dies las jemand, der mich dann fragte: was soll's? Diese Namen, diese Hinweise, na und?

Ich antworte: »Na und« – das ist das Schlimme! Vergessen, zu den Akten, was war, vorbei. Gerade das versuche ich, mit zu verhindern. Namen stehen für Lebensleistungen. Sie verdienen uneingeschränkten Respekt. Hundsfott die, die anders denken.

Piepshow

Es ist zum Piepen. Oder zum Heulen?

Da schlägt sich ein klassischer Sport selbst k.o. Ebenso selbstmörderisch wie systematisch. Von Jahr zu Jahr. Immer tiefer geht's bergab. Zwischenzeitliche Maske-Konjunkturen konnten es nicht verhindern. Boxen, ureinst von Gentlemen betrieben, zählt zu den ältesten Sportarten der Menschheitsgeschichte. Es wurde aber nicht nur von Patina überzogen, sondern fault dahin.

Nicht, um rückblickssentimental zu klagen, sondern nur, um sachlich zu erinnern: Bereits vor 5000 Jahren ergötzten Faustkämpfer zwischen Euphrat und Tigris die Stromlandbewohner Mesopotamiens. Vor rund 2500 Jahren vergötterten dann die Griechen ihre Boxer. Theagenes siegte bei Olympischen, Nemeischen, Isthmischen und Pythischen Spielen insgesamt vierzehnmal und blieb in 1406 Kämpfen unbezwungen. Heute kaum zu glauben, aber wahr; damals zählten auch die Klügsten zu den

Olympiasiegern, wie Plato, Philosoph und Meisterschüler von Sokrates, beweist.

Doch nun kracht der Knockout! Von Plato geht's zu Tyson. Prügler seines Formats sind die Heroen von heute. Hauptsache, der Rubel – Pardon –, der Dollar rollt. Un-Wesen seines Typus füllen die Arenen und füttern Fernsehprogramme, woran sich Millionen laben. Wer trägt dafür mehr Verantwortung? Der oder die, die im einstigen Kampfring der »edlen Selbstverteidigung« nun ihren Trieben Auslauf lassen, oder diejenigen, die das zynisch und marktstrategisch inszenieren, das skrupellose Fernsehen, das es umsetzt, oder wir Zugucker weit und breit, die wir uns als Gaffer selbst betrügen?

Der unaufhaltsame Abstieg des ehemals großen Sportes, der auch noch dem modernen Olympia jahrzehntelang Impulse und Akzente setzte, wird auch durch anderes bewiesen. Fast kurios, trägt auch die Geld-Entwertung dazu bei. Wie anders ist das zu bezeichnen? Ein tatsächlich guter Boxer, Muhammed Ali alias Cassius Clay, gewann in seiner tatsächlich noch glanzvollen Karriere von 1960 bis 1975 erhielt in 51 Ringduellen total 30 Millionen Dollar. Tyson kassierte Ende 1998 für einen einzigen und noch dazu durch und durch blamablen Auftritt gegen den zweitrangigen Südafrikaner Botha (der bekanntlich gegen Axel Schulz gedopt boxte) unglaubliche 33 Millionen Dollar.

Solch Irrsinn hat jedoch Methode. Egal, ob der bad boy spuckt oder beißt, er nutzt. Er nutzt allen, die an diesem miesen Geschäft, das den Namen Sport längst nicht mehr verdient, mitverdienen. Ex-Vergewaltigungssträfling Mike Tyson, der im Gefängnis von Plainfield die Häftlingsnummer 922335 trug, ist fürs schmutzige Treiben immer noch die Nummer 1. Von den zehn größten Umsätzen im US-amerikanischen Pay-TV sorgte er immerhin für sechs. Dabei schwemmte der zweite Fight gegen Champion Evander Holyfield allein 200 Millionen Dollar in die Kassen. Verrückte, kranke Welt.

Um nicht unfair zu sein: Alles am Namen Tyson aufzuhängen, entspricht nicht den Tatsachen. Ringsherum stinkt der Boxer-Himmel. Tyson, als Straßenjunge bereits vierzigmal (!) bis zum 12. Lebensjahr vorbestraft, gilt als brutale Kampfmaschine mit Killerinstinkt. Seine boxerischen Fähigkeiten sind bescheiden. Seele und Verstand wuchsen in seinem starken Körper kaum mit. Er blieb immer ein unreifer Mensch, den sich andere, voran die Manager und sogenannten Berater, zum willfährigen Vollzugsdarsteller aufbauten. Diese Männer sind die Haupttäter.

Im Frühling 1999 lieferten sie uns ein neues Beispiel krummen Kramens und mistigen Mauschelns. Als »Kampf der Kämpfe« priesen sie das Aufeinandertreffen der Schwergewichtstitelträger Holyfield (IBF und WBA) und Lewis (WBC). Aus drei Verbandsweltmeistern sollten die beiden einen ermitteln. Eine abschließende »sportliche Maßnahme, die den tatsächlich Allerbesten bringt,« fabulierten Organisatoren und immer bereite Steigbügelhalter der Medien. Zum Veranstaltungsort hatten die Strippenzieher das New Yorker »Heiligtum« Madison Square Garden erkoren, wahrhaftig den berühmtesten Boxtempel der Welt, in dem auch schon Dempsey, Tunney, Louis und Schmeling die Fäuste kreuzten. Und die Publikumsübertölpelungsmaschinerie funktionierte wieder wie geschmiert. Im ausverkauften Garden sonnten sich Promis und Ticketkäufer im Scheinwerferlicht. 21 248 kamen, und alle Fernsehübertragungen, angeblich in 120 Länder, ließen nochmals über 100 Millionen Dollar in den Kassen klingeln.

Was in den 12 Runden geschah, entpuppte sich als neuerlicher Betrug. Doppelweltmeister Holyfield besaß gegen Weltmeister Lewis keine Chance. Sachliche Beobachter zählten 348 Schläge, die der Brite anbrachte. Holyfield kam 130mal durch. Lewis fabrizierte auch die härteren Punches, 161 gegen 78 von Holyfield. Und so fort, die Beweisliste ist noch länger. Das Punktgericht hingegen, die Jugdes kamen aus den USA, Großbritannien und Südafrika, wertete »Unentschieden«!

Zampano Don King, der Zirkuschef, rieb sich die Hände. Beide behalten ihre Titel, die Farce kann wiederholt werden. Rematch nennt man das, und neuerliche Dollarwolken lassen sich zusammenbrauen. Liegt der Schwarze Peter bei Tyson, Holyfield oder Lewis? Mitnichten. Sie und viele andere tun, wozu man sie benutzt, immerhin als gutbezahlte Teilhaber. Hauptaktionäre der Klamotte bleiben die jeweiligen Besitzer der Zirkuskraftmenschen und alle Veranstalter, sämtliche Fernsehmitmacher eingeschlossen. Aber, und das dick unterstrichen, alles funktioniert nur mit dem Publikum, direkt am Ring und zu Hause! So lange das die Superverarsche mitmacht, sich jeden Bären aufbinden läßt, brauchen sich die Kings nicht zu sorgen …

Daß diesen Ursport weltweit Millionen freizeitlich in bester und ehrlicher Absicht betreiben, bleibt unbestritten und gewürdigt. Profiboxen siecht in einer anderen Welt.

Als Boxen noch ernstzunehmen war, um die Jahrhundertwende und damals auch in geordneten britisch-amerikanischen Verhältnissen, existierten sechs Gewichtsklassen. Um 1920 erweiterten das Experten auf acht Kategorien. Fliegen-, Bantam-, Feder-, Leicht-, Welter-, Mittel-, Halbschwer- und Schwergewicht. Die Seilquadratwelt war übersichtlich, und alle fuhren damit ein halbes Jahrhundert gut. Zwischen 1920 und 1938 erlebte das aus dem Faustfechten entwickelte Boxen auch bei den Profis eine unübertroffene Blütezeit.

Erst die Geldgierepidemie unserer Jahre, mit dem Fernsehgeschäft als willkommenem Hilfsgesellen, entfachte das Unheil, das eines Tages alle Sportreste verbrennt. Aus der Rummelasche kommt nur noch Qualm.

So pusteten Strippenzieher aller Couleur und Interessengruppen das marode Treiben mit einer Titelinflation an. Nun gibt es 18 (!) Gewichtsklassen und eine gnadenlose Werteverramschung. Ob Weltmeister für Superfliegen, Halbfliegen, Minifliegen, Leichtschwer, Superleichtschwer – keine Kennzeichnung erscheint den Dompteuren zu blöd, um im Unzenzirkus Geschäft zu machen. Derzeit »krönen« 86 (!) sogenannte Weltmeister den Tingeltangel. Wo früher ein Verband residierte und kontrollierte, munkeln heute im Halbdunkel mindestens fünf – IBF, WBA, WBC, WBO und WBU –, oder schon wieder mehr?

Kein Schwein ruft mich an, singt Max Raabe im Stil der Zwanziger. Kein Schwein kennt sich mehr aus, heißt es fürs Profiboxen. Striptease kann noch ehrlich sein, Peepshow wenigstens ulkig. Profiboxen läßt sich aber nur noch mit Piep, Piep, Piep besingen, und es ist als Piepshow eine Katastrophe.

Quote

Hoch, Hoch, Hoch! Ein dreifach Hoch der Quote!
Was? Ernstgemeint? Das ist doch fast eine Zote!

Quote, Zote, Note.

Gemach, bleiben wir auf dem Teppich.

Quoten bestimmen. Tausendfach. Sie bilden für vieles Richtschnur an Wertigkeiten. Denn Quoten bedeuten Anteile. Längst lernte jeder: je größer dein Anteil, desto besser. So betrachtet, gibt es keinen Grund, gerade dem Fernsehen, generell den Medien, deren Quotensucht vorzuwerfen. Zumal: Muß denn Quote Gegensatz von Qualität sein? Nein. Manche Qualität schafft auch hohe Quoten. Und das, was in den Augen und Ohren vieler nicht als Qualität bestätigt wird, ist für den anderen Teil immer noch so verlockend, nicht abzuschalten.

Das ist es. Der Kunde ist König. Der Fernseh- und Radiokonsument auch. Er bestimmt die Quote. Kein Geschäftsführer. Kein Intendant. Niemand muß zuschauen oder zuhören.

Widerspruch besteht lediglich im folgenden. Quotenspitzenreiter unter Sendungen und Sendern meinen, selbstverständlich, der Rezipient folgt dem angebotenen Geschmack allzu gerne, komplett freiwillig. Weil er genau das so mag.

Gegner solcher Feststellungen meinen, dieser Geschmack – bleiben wir bei dem Wort – ist erst so gewachsen, wird ständig neu genährt, eben durch die Amme Sendeanstalt. Drastisch ausgedrückt: dieser Geschmack und die daraus entstandenen Quoten, sind bewußt langzeitig manipuliert. Man geht Fliege(n)fängern auf den Leim. Und: steter Tropfen höhlt den Stein.

Nach dem Beispiel, x-beliebig ausgewählt, Mittwoch, der 7.7.1999.

RTL

13 Uhr, I. Christen: Benimm dich gefälligst wie eine Mutter! (Talk)

14 Uhr, B. Karalus: Darf ich mein erstes Mal mit dir erleben? (Talk)

15 Uhr, B. Schäfer: Du bist nicht mehr auszuhalten! (Talk)

16 Uhr, H. Meiser: Ich wär so gerne wie Helge Schneider (Talk)

SAT 1

11 Uhr, J. Pilawa: Starke Frauen treffen harte Kerle (Talkshow)

12 Uhr, Vera am Mittag: Ich war im Gefängnis (Talkshow)

13 Uhr, Sonja: Nach der Scheidung nahm er alles mit (Talkshow)

Reichts?

Müssen noch Beispiele, auch anderer Anbieter, aus dem Vorabend-, aus dem Spätabendprogramm her?

Mitnichten.

Alle Absichten sind klar, und keiner vernebelt sie und den Umworbenen. Das Fernsehen, vielmehr jedenfalls noch als das Radio, das Fernsehen ist eine Hure. Jederzeit bereit. Für jeden Geschmack.

Unter Diskutierern, die mindestens sich, aber vielleicht tatsächlich auch das Problem ernst nehmen, ist noch diese Meinung verbreitet: Sage mir, was du guckst, ich sage dir, wer du bist. Wollen wir das, Verdächtigte und Unverdächtige, so hinnehmen?

Es bleibt dabei. Jeder soll auch hierbei nach seiner Fasson seelig werden. Er kann den Dauerzeitklauer Fernsehen verstoßen oder umarmen. Rund um die Uhr. Wie er will.

Fasson – chacun à son façon, das ist das Wort von Friedrich II., der Große genannt. Es animiert mich zum verwegenen Gedankenausflug. Rückwärts und vorwärts zugleich.

Wie hätten königliche und kaiserliche Hoheiten heute gehandelt? Wieviele Bildschirme lieferten Flimmerwelten, gäbe es anno 2000 Regenten in Sanssouci, Schloß Schönbrunn oder Versailles? Was sähen sie?

Realistischer: Wie viele Apparate laufen täglich in Schloß Windsor? Im Weißen Haus? In Präsidenten-Datschas? In Kanzler-Bungalows? Was gucken Herrscher, wenn es Nacht wird?

Solche Quoten hätte ich gern!

Traummeile

Oft fragt man sich: Warum gerade das, und das nicht? Warum genießt die Meile so viel mehr an rationeller und ideeller Beachtung als ein 1500-Meter-Lauf? Eine englische Meile mißt 1609,36 Meter. Weshalb feierte die Läuferwelt einen Meilenweltrekord so ganz besonders?

Am 6. Mai 1954, vor 45 Jahren, durchbrach Roger G. Bannister auf dem Oxforder Universitäts-Track an der Iffley-Road eine vielbeschworene Schallmauer. Mit Unterstützung seiner Freunde Chris Chataway – einer der Olympiamatadore von Helsinki 1952 und Widerpart Emil Zatopeks – und Chris Brasher knackte er die 4-Minuten-Grenze. 13mal unternahmen zuvor die Besten der besten Meilenläufer seit 1913 einen offiziellen Weltrekord-Anlauf. Schritt für Schritt rückte die Elite, darunter legendäre Läufer wie Nurmi, Lovelock, Cunningham, Wooderson, Hägg … dem Traumziel näher. Bis es Bannister, Akademiker und Gentleman, vollbrachte.

Ich kann mich gut erinnern, welchen Medienstaub dies im Mai 1954, kurz vor der Fußballweltmeisterschaft, aufwirbelte. Bannister rückte mit seiner Tat in die Ruhmeshalle ein. Und, frage ich wieder naiv, warum erstrahlt gerade diese Distanz in solchem Glanz? Warum nicht der erste 5000-m-Lauf unter 13 Minuten? Die erste Marathonzeit unter 2:10 Stunden und, und, und? Müßig, schlüssige Erklärungen zu suchen. Es ist so. Und basta.

Aufgescheucht sind meine Überlegungen durch den aktuellen Meilen-Weltrekord. Eben, am 7. Juli 1999, lief der leichtfüßige und zähe Marokkaner Hicham El Guerrouj in Rom die 1609,36 m in 3:43:13 min! Fast 17 Sekunden schneller als Bannister seinerzeit in Oxford. 19mal konnten nach Bannister neue Meilenweltrekorde gemeldet werden. Asse wie Landy, Jazy, Ryun, Coe, Ovett und Cram sind darunter, aber auch der erste Afrikaner, der aufhorchen ließ, Filbert Bayi aus Tansania.

Daß Afrikas Sterne dermaßen strahlen, ist das Wichtigste der Entwicklung des Langstrecken- und Mittelstreckenlaufens. Europäer und andere sehen kaum noch einen Stich. So landeten in Rom auch vor allem Afrikaner auf den Rängen hinter El Guerrouj. Auch der Zweite, Kenias neue Riesenhoffnung, Noah Ngeny, blieb noch unter der alten Rekordzeit des Algeriers Morceli. Ngeny lief 3:43:40 min, unterlag dem Marokkaner also nur um 27 Hundertstel.

Gut, schön und gut, mag mancher denken, dem das alles ziemlich fern bleibt. Auch akzeptiert. Wer sich jedoch auf Sydney und alle olympischen Läufe freut, sollte wieder auf diese Namen stoßen. Bereits jetzt läßt sich wetten: Alles, von 800 Meter begonnen und bei 10 000 Metern endend, wird afrikanische Medaillenbeute werden! Jedenfalls bei den Männern. Wer hält dagegen?

Und, um solcher Leistung etwas näherzukommen: El Guerroujs 1609 m-Zeit auf 16 100 m-Abschnitte gesplittet, ergibt für jeweils 100 m 13:85 sec … Und das also 16mal hintereinander.

Davon können wir, Lehmann, Schulze, Müller, Oertel wirklich nur träumen. Als wenigstens ideelle Traummeiler.

Radiosieg

Seit Ende der zwanziger Jahre Sport auch im Radio seinen Siegeszug antrat, begeisterte vor allem Fußball. Ich sehe alte Bilder: Vater dreht am Volksempfängerknopf, es quietscht und knattert, dann plötzlich und endlich eine krächzende Stimme. Meist gehörten damals diese Fußballreporterstimmen Alfred Braun und Dr. Paul Laven, und heute weiß ich längst, sie konnten nicht dafür, wenn man fast in den Kasten kriechen mußte, um etwas mitzubekommen. Technisch galt es seinerzeit dennoch als Sensation, auch wenn es aus übermütiger heutiger Sicht eher wie vom Mond wirkte. So oder so, das bleibt Unvergessenes. Endspiele um die Deutsche Meisterschaft mit Schalke 04 oder dem Dresdner SC, Länderspiele wie Deutschland – Italien ... Von Jahr zu Jahr mauserten sich auch Qualitäten. Die der Technik, die der Reporter.

Nach dem Krieg wurden die Radios immer besser, und die Reporter erlangten landesweite Popularität. Im Westen Deutschlands Herbert Zimmermann, Kurt Brumme, Rudi Michel, Oskar Klose, und im Osten Werner Eberhardt, Wolfgang Hempel ... Alle zählen zu den Radiourgewächsen. Mit dem Fernsehen wehte dann von Jahr zu Jahr ein anderer Wind, in jeder Beziehung, und er entwickelte sich zum Gegenwind fürs Radio. Ganz normal. Es zeigte sich in den zurückliegenden Jahren aber auch, Fernsehen kann viel, dennoch nicht alles, und Radio besitzt weiter seine Chance.

Die vergangene Deutsche Fußballmeisterschaft mit ihrem selten furiosen Mai-Finale 1999 unterstrich es. Alle Möglichkeiten einer spannenden Abstiegsentscheidung mit Bundesligapartien, u. a. in Bochum, Frankfurt und Nürnberg, nutzte der Hörfunk mit seinen technischflinken und senderunbürokratischen Möglichkeiten. Es hagelte Beifall für die ARD und ihre Fußballreporter und alle Radioübertragungstechnik. Mir liefen Fußballfieberschauer über den Rücken, und das an einem Hitzewochenende. Hunderttausenden Fußballfreunden zwischen Flensburg und Plauen erging es ähnlich. So siegten nicht nur das tapfere Rostocker Hansa-Team und die überragenden und überraschenden Frankfurter, die mit dem sächsischen Trainer-Guru Jörg Berger für Fußball-Hessen Tor- und Klassenerhaltstriumphe feierten, sondern auch das Radio. Zigmal totgesagt, Tausende Male hinters Fernsehen in den Medienabstiegskeller orakelt.

Das wird nie geschehen. Radio ist zwar von beiden Informations- und Unterhaltungsmöglichkeiten die einfachere. Nur Wort ist weniger als Bild und Ton. Doch es ist, besonders in der Parallelverbindung von Schauplätzen, immer noch das schnellere, unkompliziertere. Und es emotionalisiert stärker durch seine Reporter. Die sind komplett ursprünglicher, ruckzuck gegenseitiger im Kontakt und – in der Regel – meist besser bei Stimme. Von den etablierten Fernsehfußballkommentatoren könnten nur ganz wenige auch eine umfassende und in jeder Weise auch körperlich, vorrangig stimmliche Schwerstarbeit verrichten, wie sie Ur-Radio mit Ur-Reporterkönnen erfordert. Dagegen ist fast jeder deutsche Fußball-Radioreporter in der Lage, im Fernsehen zu kommentieren. Dies ist ein bewiesener und zu jeder Zeit, an jedem Beispiel immer wieder zu beweisender Fakt.

Was diesen speziellen, immer wiederkehrenden, unverwüstlichen Radiosiegeszug bei Konferenzsendungen angeht, der könnte auch, zumindest technisch, vom Fernsehen gekontert werden. Nur stehen sich hierbei die verwertungsrechtlichen Verbandelungen und Barrieren im Wege. Geldprobleme fesseln technische Möglichkeiten, verhindern den totalen Zuschauerschritt in Richtung kompletter Erlebniswelt mit Hören und Sehen, und das zugleich auf vielen, allen notwendigen Plätzen, mit allerschnellstem Hinundher. Hier lähmt sich der überkommerzielle Supermediengigant im Geschäftsgeflecht. Oder, bei so vielen Wettbewerbern: viele Hunde sind auch hier des Hasen Tod.

Im Fernsehverband rangeln zudem Öffentlich-Rechtliche und alle Privaten. Das macht die Situation nur für den Fußball und seine Manager angenehm. Weniger für den Fußballfreund und Fußballkonsumenten, der dadurch zunehmend zur Kasse gebeten wird. Ein Extra-Kapitel.

Bleiben die privaten Radioanbieter. Hierzu ist der Kommentar so spärlich wie deren Sportübertragungsleistungen. Die allermeisten auf dem kranken und überfüllten Wellenmarkt passen von vornherein. Und andere, wenige, die es versuchen, scheitern am Übertragungsrechtebollwerk und eigenem Unvermögen. Was da – wenn überhaupt – an Radioreportagen angeboten wird, sind bestenfalls Radioreportageversuchssendungen zumeist unbegabter Spätjugendlicher. Da ist es tatsächlich besser, es käme gar nichts.

Balzers

Karl-Heinz Balzer, Karin Balzer, Falk Balzer – das ist nicht bloß eine deutsche Familiengeschichte nach dem Grundmodell Vater, Mutter, Sohn. Die drei Balzers stehen für mehr. Sie sind ein Stück deutsche Sportgeschichte. Speziell ein aktiver, beweisender, interessanter

Teil der zweiten Hälfte dieses gehenden Jahrhunderts. Und natürlich bereichert ihre Geschichte auch die umfangreiche vom »Apfel, der nicht weit vom Stamm fällt«.

Da fallen viele Namen. Die Schurs. Alle Kinder Täves trieben Sport. Beide Jungs glänzten in Vaters Spuren als Radrenner, wobei Jan dem Vater, bekanntlich war der zweimal Weltmeister, zweimal Friedensfahrtsieger und Gewinner von olympischem Silber und Bronze, noch am nächsten kam. Mannschaftsolympiasieger. Oder die Zabels. Vater Detlef gehörte zu Schurs Zeitgenossen, zog für ihn Sprints an. Sohn Eric verblüfft heute mit pfeffernden Zielankünften und brilliert bei der Tour de France. Oder Beckenbauers. Hier übertraf Vater Beckenbauer, zum Fußballkaiser hochgelobt, den Sohn um Längen, vielleicht auch, weil hier väterlicher Schatten zu drohend wurde. Bei den Fußball-Sammers gelang es umgekehrt. Junior Matthias stellt mit seiner, leider auch von bösen Verletzungen durchsetzten Karriere den Senior ins zweite Glied. Und so lassen sich viele Familienfortsetzungsgeschichten finden. Allein in der bunten, vielfältigen Leichtathletikwelt existieren Dutzende. Die Cierpinskis, Vater zweifacher Marathon-Olympiasieger, Mutter Klasseläuferin über 800 m, Sohn Falk, der jetzt in Sydney zur Olympiapremiere der Triathleten starten will. Die Ecker-Rosendahls. Familie Haas. Stöcks, Beers, Tiedtkes ... Genug und wieder zu Balzers, deren Weg ich miterlebte.

Karl-Heinz Balzer zählt zu Deutschlands Nachkriegspionieren, die in schwierigster Zeit den Neubeginn vollzogen. Auch als Beispiel für Jüngere. In Halle mühte sich Balzer sen. um alles. Seinem Metier, Stabhochsprung, hafteten noch besondere Schwierigkeiten an. Die komplizierte Wettkampfanlage. Fehlendes Material, vor allem Bambusstäbe. Mangelnde Gegnerschaft als Anreiz.

Alle, die es ähnlich betraf, die Millionen, die sich wieder aufrappelten, können ihr eigenes Lied davon singen. Schwierigste Zeit, aber auch herrliche Zeit! Endlicher Frieden, Wiederaufbau, erste, kleine Erfolge. Alles, der geringste Gewinn brachte noch Freude. Gemeinsamkeit, gegenseitiges Helfen wurden großgeschrieben. Es war für viele – und einfallslose Nostalgierepliken nehme ich lächelnd in Kauf! – eine äußerlich noch kaputte, in menschlichen Beziehungen jedoch gesundere Welt.

Kurzum, in den Jahren 1949 bis 1954 sprang Karl-Heinz Balzer 6mal DDR-Rekord. Jedes Jahr einen. Er verbesserte ihn von 3,70 m bis 4,10 m. Seinen ersten sprang er in Jena, den letzten in Warschau. Schon die Marken sagen alles. Schmalhans war noch Küchenmeister. Auch bei den Rekorden. 3,70 m überspringen heute Jugendliche. Bei Frauenwettbewerben ist es, manchmal, Anfangshöhe, denn hier steht der Deutsche Rekord schon über 4,40 m. Deutschlands Männerrekord sind höchstrespektable 6 Meter! Tim Lobinger schaffte das und katapultierte sich in den immer noch nicht einmal auf zehn Weltklasseathleten angewachsenen, absoluten Elitekreis, den Sergej Bubka mit 6,14 m anführt. Wer jetzt vergleicht, gar die Nase rümpft, möchte sich vor Augen halten: 1949 bis 1999, 50 Jahre bedeuten nicht eine, sondern mehrere Leistungswelten.

Genau das fasziniert auch am Familienbeispiel Balzers. Darin verkörpern sich drei deutsche Generationen. Mutter Karin, geborene Richert, ist Jahrgang 1938. 1964, Sohn Falk war überhaupt noch nicht in Sicht, feierte sie ihren allergrößten Triumph – Olympiasieg in Tokio, und das im 80-m-Hürden-Sprint. Es war bei den Japanspielen überhaupt der einzige deutsche Frauengoldsieg. Wenn ich nun, in aller Kürze, andere wesentliche Karin-Klasseleistungen aufzähle, kann jeder Leichtathletikfreund dazu laut applaudieren. 6mal lief sie Hürdenweltrekorde, über 80 und 100 Meter, was eine erhebliche technische Umstellung erforderte. Dreimal gewann sie Europameistertitel. Und 1972 in München glückte ihr, nach einem 5. Olympiaplatz 1968 in Mexico über die neue Distanz noch ein Bronzegewinn. Ohne alle anderen deutschen Hürdensprinterinnen von Weltklasseformat zu enttäuschen, was gar nicht geht, weil es zu allen Zeiten immer überragende Stakkatosprinterinnen gab, Karin Balzer steht mit ihrer Gesamtlebensbilanz an der Spitze. Wenn es noch eines Beweises bedarf: nur die Damen Fuchs (7), Stecher (9), Mauermeyer (11), Göhr (13) und Koch (16) schafften mehr Weltrekorde.

Vom Weltrekord seiner Disziplin ist Sohn Falk noch ein ganzes Stück entfernt. Doch es wäre beschränkt, jawohl, das zum Maß der Dinge zu machen. Falk wurde, wie die Mutter, Hürdensprinter. Und das in einer Zeit, da es noch geballtere Konkurrenz gab als kurz nach dem Krieg oder in den 60er und 70er Jahren. Allein in den USA, dem Sonnenland für Sprinter, hetzen jedes Jahr Dutzende Neue auf die Tracks. Da hinken Europa, Deutschland immer hinterher. Falks Ziel kann vorerst nur sein, an beste deutsche Traditionen von Schmolinski bis Munkelt, von Lauer bis Schwarthoff anzuknüpfen, das stabil zu bestätigen, um dann, eines Jahres, vielleicht ... unter 13 Sekunden zu rennen. Das ist und bleibt immer noch Traumziel aller Spezialisten. Sydney 2000 gilt dabei als feste Zielstation und Größe. Dann, im folgenden Jahrhundert, vorerst bis Athen 2004, wird sich zeigen, was Junior Balzer mit Trainerhilfe von Mutter und Vater leisten kann. Vielleicht darf man dazu – in bester Absicht – das Klassikerwort knapp ergänzen: was du geerbt von deinen Vätern – und Müttern – erwirb es, um es zu besitzen.

Strittmatter

Sommer 1999. Der letzte in diesem Jahrhundert.

Mein Auto zuckelt über Niederlausitzer Landstraßen. Zuckelt, jawohl. Schnellfahrer, Gehetzter bin ich nicht. Nie gewesen. Mich erschreckt das Aufdiehupedrücken anderer am Steuer. Alle diese Blechpiloten sind Gefahr für die Allgemeinheit. Heute gibt's nun überhaupt keinen Grund, aufs Gaspedal zu treten. Ich genieße jeden Kilometer, und mit jedem Kilometerstein tauchen Erinnerungen auf.

Vor fast 60 Jahren keuchte ich per Fahrrad über diese märkischen Wege. Eigentlich war es eine Karre, wie wir sagten. Aber ich bin bis heute stolz auf dieses Vehikel, das mein Großvater zusammengebaut hatte. Ich weiß nicht, aus wievielen Resten anderer Karren. Später verbesserte es mein Vater, aber es blieb immer Eigenbau. So strampelte ich damals den Schäferberg hoch. Dieser Huckel zwischen Cottbus und Spremberg hatte es in sich, jedenfalls für einen normalen Drahteseltreiber. Durch Spremberg ging's, über die Spreebrücke, von der ich ins sprudelnde Wasser spuckte, immer mit einem feuchten Gruß nach Berlin. Das waren so meine Vorstellungen.

Heute rolle ich das alles wieder ab. Per PS. Auch die kurze Strecke bis Schwarze Pumpe. Damals, noch im Krieg, war das ein Nest, nicht mal Dorf. Dann folgte die große Aufbauzeit. Bagger, Kräne, Türme, rauchende Schlote, Kühlfahnen, vom Wind in Fetzen gerissen. Zigtausende erhielten Arbeit. Im Tagebau, im Kombinat. Hoyerswerda wuchs mit, und der Sport ringsum ebenfalls. Rosemarie Ackermann, die erste Frau der Sportgeschichte, die über 2 Meter sprang, Werner Pfeil, auch ein Hochsprung-As. Fußballer wie Rainer Nachtigall stammen aus dieser Gegend.

Vieles, vieles lernte ich hier als Brandenburger Reporter kennen. Auch das ganze Niederlausitzer Dreieck Spremberg–Hoyerswerda–Weißwasser. Mit Schleife, dem Faustballort, Döbern, Heimat von Straßenradweltmeister Bernd Drogan und Weltklasseturnerin Birgit Radochla, und klar, Weißwassers Eishockeygeschichte vom Braunsteich bis zum Kunsteisstadion für Zehntausende, die von überall, aus Nieder- und Oberlausitz herbeiströmten.

Hier ist Erwin Strittmatters Heimat, Bohsdorf, mein heutiges Ziel. Damals, vorm halben Jahrhundert, arbeitete er als Zeitungsredakteur in Senftenberg, von wo ich über Brieskes Fußballaufstieg berichtete und auch für die gleiche Zeitung schrieb, Kolumnen, dann 40 Jahre lang …

Dieser Sommertag ist von der besten Sorte. Sonne flimmert überm Heideland. Märkische Heide, märkischer Sand. Alle Nichtlausitzer staunten immer ungläubig, wenn wir von prima Pilzfunden auf diesem ärmlichen Boden erzählten. Pfifferlinge, die wir, weil's hier auch Sorbenland ist, Kokoschken nannten. Grünlinge, die inzwischen wohl ausgestorben sind. Aber dieser schöne Tag von heute, alle anderen ebenso, die verregneten, die im Winter, da sich der Schnee von Kohlestaub schwarzfärben ließ, alle waren und bleiben immer schöne, gute Tage, weil es Heimattage waren.

Für heute nahm ich einen alten Zettel mit auf die Tour. Strittmatters Zeilen lese ich jetzt am Waldrand hinter Graustein, wo damals ein Schulfreund wohnte, der schon bei Strittmatter im Himmel ist.

»… Ein anderes Ecco homo! Das bist du, Erwin Strittmatter, einsachtundsiebzig vergehender Leib zwischen Sohlen und kahler Kopfhaut, wandelnder Sack voll Kartoffelsand aus dem Land der Lausitzer Sorben. Kriege,

Unruhe und blanke Lust trieben dich tierhaft auf Erden umher, Sucher, Belauerer, Papierverbraucher, Nestbescheißer von manchen geheißen und ein Irrer von einigen deiner Söhne, gehaßt von der Rotte der Plapperer, meinst du, auf einem Heuboden hockend, lauernd und starrend, vor Einsamkeit heulend, Tage und gute Tinte verkritzelnd, was von hinter den Dingen zu erfassen. – Wund deine Sohlen jetzt, leer dein kantiger Kopf schon zuweilen, nicht mehr mit Blute versorgt, wie er sollte, nur an die eine Hoffnung geschmiedet: die da nach deinen Nachkommen kommen, möchten befinden, du wärst nicht ganz umsonst aus den mageren Kartoffeln gekrochen ...«

Ich höre und sehe nichts um mich herum. Mit geschlossenen Augen und suchendem Verstand fasse ich Strittmatters Worte. Wie lange sitze ich so und hänge alten und dem Rest von Lebensträumen nach ...? Nun schaue ich wieder dem Kohlweißling hinterher und den Bienen und dicken Hummeln. Bald, wenn die Heide richtig blüht, kommen die Feiertage für sie.

Und ich freue mich über und für Strittmatter. Schon deshalb, weil er nun endlich, wie seine Enkelin Judka schrieb, durch die Fernsehverfilmung seiner »Laden«-Trilogie »die Dichtertauglichmachung für Gesamtdeutschland erfuhr«. Das empfand ich schon als Heimatschmach, wie selbst West-Intellektuelle – oder sogenannte – über ihre Unkenntnis stolperten. Strittmatter? Wer ist das? Fußballtrainer oder Eiskunstlaufpreisrichter? Ohja, Dummheit, du kennst keine Grenzen! Im stillen dachte ich bei solchen Gesprächen, wie verführen die mit mir, zuckte ich bei Böll und Lenz und Walser nur mit den Schultern ... Geschenkt. Das sind die kleinsten Wunden, die noch schmerzen.

In Bohsdorf, dem 650-Seelen-Ort, entdecke ich Altes

und Neues. Schon wegen der vielen Fernsehantennen, die das alte Dorf nicht verschönern, mußten sich die Fernsehleute für die »Laden«-Arbeit ein ähnliches, günstigeres in der Prignitz suchen.

Doch der Laden steht. Hier schrieb Strittmatter schon am »Ochsenkutscher«. Vieles, was dann in der DDR Millionen dreier Generationen Freude schenkte, entstand in Schulzenhof bei Gransee, auch im Brandenburgischen. »Pony Pedro«, »Tinko«, »Wundertäter«, »Katzgraben«, »Holländerbraut«, »Ole Bienkopp« bis hin zum »Laden« und »Vor der Verwandlung«. Welch reiche Ernte eines Lebens …

Heute, da ich wieder die kleine 20-Quadratmeterstube sehe, fühle ich andere Narben. Ich schäme mich für fehlende Kraft und mangelnden Mut. In der Fernsehreihe »Portrait per Telefon« hätte ich gern auch Strittmatter vorgestellt. Doch ständig nörgelten verunsicherte, aber ansonsten stramme Redaktionsvorgesetzte. Naja, warum jetzt, später wäre besser, und überhaupt … Und ähnlich war es mit der Einladung für Strittmatters Frau Eva, der wunderbaren Lyrikerin und Erzählerin. Was beide schrieben und dachten, war jenen Unsicheren suspekt. Es brachte mich, und andere natürlich auch, in Zwickmühlensituationen, die gegen die Mächtigeren nicht zu gewinnen waren. Es blieb Ohnmacht zurück. Das drückt bis heute, auch wenn ich längst weiß, nun gibt's Ähnliches, was Jetzige kapitulieren läßt.

Auf der Rückfahrt ziehen Gewitterwolken auf. Sie zeichnen dem warmen, hellen Lausitzer Sommertag einen dunklen Abschluß, den er nicht verdient. Zurück bleibt das Plattgemachte, die paar Tausend, die Arbeit behielten, und die Zehntausende, die sie verloren. Strittmatter hat, wohl glücklicherweise, das ganze Ausmaß dieser Heimat-Niederlagen nicht mehr miterlebt. Viele

Menschen, sicherlich die meisten in der Lausitz, sind stolz auf diesen Mann und seine Lebens-Leistung.

Bruder Heinrich, der als Bagger- und Kranführer gearbeitet hat, spricht es Lausitzerisch aus: »Ich habe immer ein bißchen Stolz auf ihn gehabt.« Erwin Strittmatters Werk macht uns Mut. Ich nehme nach dem Heimat-Wiedersehen diesen Gedanken mit nach Hause, in dem er sein Suchen und Träumen, Siegen und Verlieren zusammenfaßt: »Der Sinn meines Lebens scheint mir darin zu bestehen, hinter den Sinn meines Lebens zu kommen.«

Wesemann

Sein Name ist Synonym. Ein Begriff für Friedensfahrt. 1999 meisterte der jetzige Telekomprofi Steffen Wesemann den größten »FF-Berg«. Er gewann zum vierten Mal, was vor ihm nur Szurkowski (Polen) in den 60er und 70er Jahren gelang, und Uwe Ampler von 1987 bis 1989 als Hat-trick und nochmals 1998. Dieses Triumvirat krönt die Friedensfahrtsiegerliste von 1948 bis 1999.

Als sich der FF-Konvoi mit neuer Qualität in Organisation und Marketing über die Straßen Tschechiens, Polens und Deutschlands bewegte, bewegten uns auch, wieder, andere Gedanken als nur die zum Sport. Es blühte wieder ein herrlicher Monat Mai, den Erich Kästner als »Mozart des Kalenders« rühmte. Doch während ein friedlicher Peleton, in drei Veranstalterländern von Hunderttausenden begrüßt und gefeiert, durch Dörfer und Städte rollte, Wesemann das Gelbe Trikot nach Hause trug, wurden im Kosovo Hunderttausende Menschen vertrieben, bombardierten Flugzeuge, starben, im Kosovo wie im Serbischen, unschuldige Menschen. Eine neue Menschenkatastrophe. Eine neue, jämmerliche Niederlage der Politik. Der dritte Krieg dieses Jahrhunderts, in dem Deutsche, so oder so, verwickelt sind. Finstere Bilanz.

Meine Gedanken gehen zurück. Erinnerungen an die Friedensfahrt, an zwei aufrechte Menschen, die ich durch sie kennenlernte und bis auf den Tag verehre: Karel Tocl, der Tscheche, Zygmunt Weiss, der Pole. Beide mußten durch den deutschen Nazikrieg viel persönliches Leid erfahren. Weiss, einer der geschätztesten und besten polnischen Journalisten, erzählte mir vom Kampf und Leid im Warschauer Ghetto. »Das brachte mich auf die Idee, etwas zu tun, was Menschen friedlich zusammenführt, auf daß es niemals mehr Kriege gibt, die wieder Schreckliches über Menschen bringen. Tod, Zerstörungen und Verderben. Etwas, was neuen Haß verhindern hilft. So initiierte ich mit Karel Tocl, dem Freund, die Friedensfahrt.«

Die 1., doppelt organisiert, im Mai 1948, gewannen Jugoslawen. Sie waren erste Sieger. Von Prag nach Warschau August Prosinek, von Warschau nach Prag Alex Zoric. Zu meinem Friedensfahrtdebüt 1952 traf ich beide. 52 Friedensfahrten gab es seither. Einige tausend Fahrer aller Erdteile waren am Start. Viele schrieben an der Geschichte. Alle wollten der Ur-Idee, dem Frieden dienen.

Was Tour de France und Giro d'Italia schon widerfuhr, Unterbrechungen durch Kriege, blieb der Friedensfahrt bisher erspart. Noch. Zygmunt Weiss und Karel Tocl sind schon lange tot. Ihre Idee lebt. Doch ihr Rennen sollte bereits sterben ...

Elite

Bereits Johann Kaspar Lavater, der Schweizer Aufklärer, bezog 1768 den Elite-Begriff auf das »ganze Menschengeschlecht«. Im Brockhaus, Jubiläumsausgabe von 1894, die sich auf den Jahrhundertwechsel richtete, wird das französiche Wort genauer erklärt: »Unter der Elite einer Gesellschaft versteht man die durch Stellung, Bildung und Talent ausgezeichnetsten Glieder derselben.« (Man beachte den Gebrauch des Superlatives: ausgezeichnetsten!)

Doch nun, damit uns kein Elitemensch in die Suppe spuckt, der Hinweis, daß alle späteren Brockhaus-Ausgaben, überhaupt alle Bildungsbücher Elite ebenso erläutern: Auswahl, Auslese, das Beste, die Besten, die Auserlesenen.

Wohl denn! So sind wir gewappnet.

Gucken wir nach der Elite. Frei nach Goethe (im »Faust«): »Es muß das Beste irgendwo zu finden sein.«

Wo?

Eigentlich überall. In den Regierungen. In den Parteien. In den Firmen und Betrieben. An den Universitäten. An den Theatern. In der Literatur. In den Medien … In allen Reservaten dieser gesellschaftlichen Bereiche müßten sich die Besten tummeln. Sie müßten auch deutlich zu erkennen sein. An ihren Leistungen, entstanden aus »Bildung und Talent« und – nichts fällt vom Himmel – aus viel, viel Fleiß.

Ach so, wie Leistung zu messen ist? Wahrlich, das ist nicht einfach. Naturwissenschaftlich schon: »Leistung gleich Arbeit in der Zeiteinheit.« Und komplizierter definiert, kompliziert jedenfalls für alle, die nicht Elite sind: »Leistung ist der Quotient aus einer bestimmten Arbeitsmenge in mkp und der für diese Arbeitsmenge benötigten Zeit und ist daher etwas Fließendes, Unabgeschlossenes, Dauerndes.« Klick macht es wieder, wenn wir an das übliche Leistungsmaß erinnert werden, an PS, Pferdestärke; aber darauf gehe ich gar nicht näher ein. Trost für uns alle: das ist Naturwissenschaft.

Was also ist Leistung im Leben der Politik, der Künste, der Medien ...? Wie wird sie gemessen? Wer bemißt?

Da lob ich mir die Welt des Sports! Hier geht's, meist, mit rechten Dingen zu. Stoppuhr und Bandmaß helfen. Und bei den Toren können wir mit zweimal fünf Fingern zählen. Kein Problem. Selbst bei den Sportarten, die subjektiv bemessen werden, wo es zwischen Kampfrichtern und Publikum immer wieder Ärger gibt, kann man guten Willens immerhin auf Wertungsregeln und Tabellen verweisen. Gottseidank.

Wer wertet nun wie im Parlament? Im OP? Am Theater ...?

Ich bin hilflos.

Doch Meier meint, der Minister ABCD war eindeutig besser als Minister XYZ, und Krause ficht für Schauspieler Löwitschinsky, Lehmann für Moissikowsky, Kunze hebt Reporter Pisepampel und Schulze Moderator Schwafelmeier aufs Elitepodest ... Nach welchen Elitekriterien – um Himmels willen?

Schließlich noch ein Wort: Elitewechsel. Das meint, wenn ich es richtig sehe, das: eine Elite geht, muß gehen, die nächste kommt. Und immer so weiter. Was bedeutet, jedes Land gebiert offensichtlich ständig neue Eliten. Auch wenn es keine Nobelpreise und Oscars gewinnt. Aber, knallt mir Einwand entgegen, Politiker erhalten doch wenigstens Hüte für Ehrendoktorwürden und Preise, Plaketten ...

Na klar, habe ich nicht bedacht. Es gibt tatsächlich Elite. Gestern und heute. Und morgen. Und, auch das fällt mir, Gott sei Dank, noch ein, am Reden kann man sie erkennen. Weil Sprechen materialisiertes Denken ist, sagte mal einer von der ganz, ganz alten Elite.

Satt

1870 eröffneten rührige Importeure in Baden-Baden eine neue Sportzweigstelle. Sie hatten in Old England Lawn-Tennis kennen- und schätzengelernt. Nun sollte es in Deutschland prosperieren. Ja, die Fachausdrücke sind bewußt aus der Geschäfts- und Bankenwelt entliehen. Zugegeben, viel mehr kenne ich auch nicht, und möglich, daß die benutzten nicht die bestmöglichen sind. Außerdem geschieht dies aus heutiger Sicht, fast 130 Jahre später. Damals war Tennis tatsächlich nur Sport. Harmlos, freundlich, gesellschaftlich verbindend, und auch im idyllischen wie anregenden Baden-Baden geriet es genausogut und freundlich und harmlos und verbindend. Vom Badischen aus trat das sogenannte Rückschlagspiel in den folgenden Jahrzehnten seinen Siegeszug durch ganz Deutschland an. Aber auch normal, ganz normal, ohne verrückt zu spielen.

Ob folgendes Zufall wurde, ein bloßes und glückliches Geschenk, vom Leben gestreut, kann wohl keiner bewiesen erklären. Nämlich, vor einem reichlichen Jahrzehnt, erst zirka 120 Jahre nach dem Baden-Badischen Entrée, wuchsen im klima- und lebensfreundlichen deutschen Südwesten, dort, wo alles früher blüht und eher reift, zwei junge Sportsmenschen, als Tennisjünger zum Größten, was wir je zu bieten hatten. Hatten oder immer noch haben – egal. Natürlich, von Boris Becker und Stefanie Graf ist die Rede. Solch unkavaliersgemäße Reihenfolge ist nur genommen, weil Becker vor Graf ein

Tenniszeitalter eröffnete, das für Deutschlands Sport einmalig ist. Als Wimbledonsieger und Olympiagewinner, als Jung-Millionär schuf er, und dann auch Steffi Graf, Dimensionen und Horizonte, von denen bis dahin keiner zu träumen wagte. In jeder Beziehung.

Richtig ist auch, und jedes Lob wert, beide lösten das aus, was man heute Boom nennt. Akzeptieren wir's, weil es wie Tennis aus England stammt und weil die Sache, das Spiel mit der verrückt-genialen Zählweise Millionen Menschen Freude brachte und immer noch schenkt.

Das gilt für die Millionen, die Tennis zum Freizeitsport wählten, und die Millionen, die es vor den Fernsehbildschirm zog. Sicherlich gehörten, um beim für Tennis nun typischen Zahlenbegriff zu bleiben, die einen Millionen auch zu den anderen Millionen. Dank Becker und Graf. Zu allererst. Daß wir durch sie Wimbledon und Tennis-New York, Melbourne und Rom, Davis-Cup und Grand Slams, Navratilova und McEnroe und viele andere überragende Schläger-Solisten kennenlernten, macht uns dauerhaft dankbar. Uns? Ich meine schon. Mich auf jeden Fall.

Doch wer sich mit dem rund 150jährigen Tennissport befaßt, muß noch ein Datum besonders erwähnen. 1949, genau 50 Jahre zurück, krempelte ein gewisser Jack Kramer den Spielspaß zwischen Kreidelinien total um. Nicht, daß er die Matches auf den Kopf stellte. Nein, nein. Er galt zwar als gefürchteter Angriffsspieler, der Serve und Volley kreierte und mit seinem erbarmungslosen, weil knallharten Aufschlag Gegner erschreckte und Zuschauer faszinierte. Kramer gewann, was zu gewinnen war. Ihn störte dabei nur eins: es wurde zu wenig bezahlt. So wurde er selbst zum Unternehmer. Aus brotlosem, was über- oder untertrieben ist, machte er geldbringendes Vergnügen. Sein Tennis-Circus, auch Kramers Circus genannt, begann mit Dollarturnieren um die Welt zu tingeln. Und das Geschäft blühte. So sehr, daß sich den Akteuren immer mehr Türen öffneten, die Gagen wuchsen, und sich die Spieler drängelten. Eines der lukrativsten Sportgeschäfte innerhalb der Sportgeschichte nahm seinen unaufhaltsamen Lauf. Bis heute.

Wie viele Tenniscracks seither zu Millionären aufstiegen, ist nicht exakt bekannt. Es sind aber Hunderte. Andere Hunderte, Manager, Veranstalter, Fernsehsender, Werbeagenturen ... fraßen sich im Schlepptau reich. Hunderte Beispiele, gute und weniger gute, stehen fürs Parasitäre. Nimmt man, rechnet man alles in allem, werden heute jährlich Milliarden durch den Vorgang Tennis weltweit umgesetzt.

Doch wie immer, wenn es dem Menschen zu gut geht, wuchert Gutes zum Schlechten. Gutgenährtes entwickelt sich zum Dicken, und Dickes, zu Dickes entartet zum Kranken.

An dem Punkt steht Tennis vorm Jahrhundertwechsel. Smach heißt schmettern, aber auch Zerrüttung und Bankrott. Letzteres hat Tennis noch nicht geschafft, beim Erstgenannten ist es angelangt.

Längst rutschten alle Fernseheinschaltquoten, heute das Geschäfts-Evangelium, in die Keller. Schon lange sind die Racket-Millionäre satt. Und mit vollem Magen spielt sich's schwer. Auch hierzu gibt's Hunderte Beispiele, die zugleich Beispiel des Wahnwitzes sind. Wie anders soll man es kennzeichnen, wenn ein Tennis-Millionär zum Stundenlohn von 240000 DM kommen kann? Passiert beim Münchner Zasterpokal (Volksmund für den Grand Slam Cup), wo Agassi (USA) den Franzosen Pioline in 49 Minuten 6:0 und 6:0 abservierte, und der – der Verlierer! – dafür 180000 Mark kassierte ... In Runde eins. Das komplette Turnier war mit 6,7 Millionen Dollar ausgestattet, und für den Gewinner gab es allein eine Million ...

Ringsherum dazu Schnickschnack und Schickimicki, Champus und Schmaltalk. Sportdekadenz unserer Zeit. Das Tröstliche, weil immer Gültige: Satte und Sattes besiegen sich selbst; Normales bleibt. Und das sind die Millionen Freizeitspieler.

Rafter

Er, Patrick Rafter, 26 Jahre alt und ausgangs dieses Sportjahrhunderts Australiens strahlender Tennisstern, zählt zu den Normalgebliebenen. Keiner aller Rackets-Weltenbummler steht fester auf dem Teppich. Keiner lebt nach solcher Haltung, die Staunen macht. Schon als Wimbledon-Halbfinalist von 1999 feierten ihn seine Landsleute frenetisch. Doch als es ihm im Sommer '99 gelang, sogar an die Spitze der Weltrangliste zu klettern, vor Sampras, Agassi, Kafelnikow und Co., kannte der Jubel zwischen Sydney, Perth und Darwin keine Grenzen.

Dazu muß rekapituliert werden, daß Newcombe 1974 der letzte Australier war, der als Welt-Nr. 1 Schlagzeilen lieferte. 25 Jahre der Dürre, relativer Dürre zumindest, beendete Rafter. Es wäre unfair, in diesen Zusammenhängen die Namen aller zwischenzeitlichen Regenten zu unterschlagen. Connors, Borg, McEnroe, Lendl, Wilander, Edberg, Becker, Courier, Agassi, Muster, Rios, Moya, Kafelnikow und besonders Sampras, immer wieder Sampras, schrieben die Geschichte eines Vierteljahrhunderts. Wer Tennis mag, aktiv oder passiv, zieht alle seine Hüte vor diesen Könnern.

Wenn ich an meine Kreisklassenspielerzeiten denke,

fällt mir auch ein, wie ich sekundenweise träumte. Jetzt, drückte ich mir in schwierigen Matchsituationen selbst die Daumen, jetzt müßtest du wie einer der ganz Großen servieren können ... Wenigstens diesen einen entscheidenden Aufschlag ... Meist half auch alles Spinnen nicht. Doch gerade solches unmittelbare Mitfühlen, der x-mal erlebte Mix aus Verehrung, Bewunderung und harten Tatsachen schufen Sympathienähe zu den Allerbesten.

1956, in den Wochen der Olympischen Sommerspiele von Melbourne, versuchte ich auch direkte australische Tenniskenntnisse zu ergattern. Ich guckte da und dort über Zäune, beobachtete jung und alt bei Alltagsspielen. Als unvergessener Eindruck blieb vor allem, was wohl eine der Ursachen spezieller australischer Tennisleidenschaften sein muß: die Anzahl der Freizeitspieler und die Zahl der Plätze. Verblüfft nahm ich zur Kenntnis, daß es vorrangig Asphaltanlagen waren, die – gegen Witterung gefeit – von früh bis spät Spieler lockten. Und, plumpste ein Groschen, daher kommt auch deren schnelles Spiel. Wer von Kindheit an meist auf solch hartem Untergrund Tennis lernt, kann eher Laver, Emerson, Newcombe oder Rafter werden.

Rafters Vorzüge sind aber nicht nur tennistechnischer und konditioneller Art. Daß ihn 1998 die Zeitschrift »People« zum »Athleten des Jahres mit stärkstem Sex-Appeal« kürte, muß wahrscheinlich kaum Auswirkungen auf sein Leistungsvermögen gebracht haben. Rafter lacht, wenn er liest, das amerikanische Magazin GQ bezeichnet ihn als »Australiens Adonis«. Er schüttelt den Kopf über Hollywood-Gemurmel und sonstwas für Angebote, seriöse und unseriöse.

Der junge Mann mit dem Filmschauspielergesicht, der Statur, die jeden Bildhauer in Rage bringt, bürstet gegen den Strich. Rafter düst, ganz im Gegensatz zu seinen Konkurrenten und Mit-Millionären, ohne Betreuerstab um die Welt. Er kämpfte sich ohne Spezialtrainer an die Weltspitze, die ihn wegen des grandiosen Serve-and-Volley-Spiels fürchtet. Rafter reist mit Linienmaschinen, wo Agassi und andere in Privatjets aufkreuzen. Patrick Rafter fährt nicht Ferrari wie beispielsweise Deutschlands Jungstar Thomas Haas und zahlreiche andere der Elite. Kaum zu glauben, aber wahr: Rafter hat überhaupt kein Auto. »Wenn ich eins benötige, wird es gestellt. Ganz normal. Sonst brauche ich keines. Später mal …«

Setzt das alles schon in Erstaunen, fordern diese folgenden Ansichten Verbeugungen vor einem jungen Mann, der – wahrscheinlich? – Ausnahme ist. 1997 gewann Rafter die US Open, eines der allerwertvollsten und hochdotiertesten Turniere. Von der Gewinnsumme stiftete er allein 225 000 Dollar für ein Krankenhaus in Brisbane. Als Rafter ein Jahr später, 1998, nochmals in Flushing Meadows triumphierte, »das riesige Glücksgefühl noch einmal erleben durfte«, wie er erzählt, schickte er eine hohe Summe für eine Stiftung kranker Kinder nach Hause. Und, das hat vor ihm wohl noch keiner auf der Tennis-Tour getan, 1997 in Lyon, reichte er dem Turnierdirektor einen Scheck mit dem üblichen und reichlichen Antrittsgeld zurück. »Diesmal habe ich das nicht verdient. Ich schied schon in der ersten Runde aus, weil ich zu schlecht vorbereitet war …«

Vielleicht – oder sicherlich? – hat solches Leben und Handeln seinen Ursprung im Familiären, in der Erziehung. Rafter stammt aus einfachsten Verhältnissen. Zur Großfamilie seiner Eltern gehören neun Kinder. Der Vater schuftete jahrelang als Bergarbeiter in einer Queensland-Grube. Dort, in der Siedlung, begann der Junge, mit anderen Sport zu treiben. Beim Tennis blieb er hängen. Und schon als Patrick bei gutklassigen Turnieren startete, übernachtete er noch im Zelt oder in Jugendherbergen.

Was bleibt, ist grenzenlose Hochachtung, gepaart mit dem Hinweis, daß da und dort und dann und wann auch andere Spitzenspieler und Großverdiener menschliche, hilfreiche Taten leisten. Für mich wird es beim Lesen aller Berichte, hören aller Kommentierungen, studieren aller Ranglisten egal sein, ob Rafter siegt oder verliert, weiter oben oder unten steht. Ich wünsche sehr, gäbe es doch – überall! – mehr Rafters und weniger Raffkes.

Alarm

Mir mißfällt das Wort sehr, denn es fand übers französische alarme, das spanische alarma und das italienische all'arme, was alles »zu den Waffen!« heißt, Einzug ins Deutsche. Leider trifft es aber auch exakt den Kern eines Problems, das riesige Sorgen macht. Im Sport ganz unten, an der Basis, und besonders im Kinder- und Jugendsport, im Schulsport, sieht es ausgangs 1999 mehr als trübe aus. Dabei braucht man wohl keinen gutwilligen Sportanhänger und zeitgenössischen Beobachter von der Basis-Wichtigkeit zu überzeugen. Manfred von Richthofen, jahrelanger Berliner Sportbund-Präsident und nun auch der vom Deutschen Sportbund, mit zirka 25 Millionen Mitglieder Deutschlands größte gesellschaftliche Organisation überhaupt, faßt alle Probleme in dem besorgten Satz zusammen: »Wer den Bewegungsdrang junger Menschen derart einschränkt, treibt diese in Langeweile und Frust, löst damit Aggressivität und Gewalttätigkeit aus.« Doch alle Appelle des höchsten Mannes im deutschen Sport lösten bisher kaum Besserung aus.

Das Beispiel Berlin, Bundeshauptstadt, Weltsportstadt (jedenfalls vormals) legt offen, worum es seit Jahr und Tag geht. Schon Ende 1998 bot sich diese erschreckende Bilanz: von den etwa 2000 Sportstätten – zirka 1000 Hallen, 380 Sportplätzen und rund 500 kleinen Spielanlagen – sind im Ostteil 80, im Westen 50 Prozent dringend sanierungsbedürftig. Schockierende Zahlen! Um alle Anlagen wieder in Schuß zu setzen, wären 1,6 Milliarden Mark nötig. Jeder weiß, davon kann man nur träumen.

Wenn überhaupt Veränderung möglich wird, dann in kleinen Schritten. So meldeten alle 23 Bezirke für 562 Sportstätten dringlichste Arbeiten an, was aber auch rund 600 Millionen Mark kostet. Berlin ist total verschuldet, klamm bei Kasse, und wenn es ums Geld geht, schiebt einer dem anderen den Schwarzen Peter zu. Der Senat den Bezirken, die dem Senat ... – ein Teufelskreis.

Schon in allen Entscheidungsfragen klemmt es. Manchmal weiß die Linke nicht, was die Rechte tut. Auf der einst fast vorbildlichen KWO-Sportanlage an der Köpenicker Spree wuchert heute Unkraut. Auf dem einstigen Hartplatz lagert das Gartenbauamt Steine. Ende 1998 waren in Köpenick drei von zwölf Sportplätzen und vier der 29 Sporthallen komplett gesperrt. Auch auf einer Wilmersdorfer Sportanlage sind Baugeräte abgestellt, und das einst ruhmreiche Poststadion in Tiergarten ist inzwischen von Bäumen und Unkraut überwuchert, die Tribüne wegen Baufälligkeit gesperrt. Wer alles Drumherum zur längst überfälligen Total-Restaurierung des Olympiastadions kennt, weiß, Berlin tut sich auch auf diesem Sektor mehr als schwer. Und es ist nur eines von zahlreichen deutschen Beispielen.

Im Nachbarland Brandenburg sieht es ähnlich trübe aus. Hier erhielt man für die Jahre 1991 bis 1997 24 Millionen Mark zur Sanierung von 100 Hallen. Bei weitem mehr müßte her, um das Notwendige zu reparieren. Drei der 30 Potsdamer Hallen waren im Schuljahr 1998/99 gesperrt. Viele der 1250 im ganzen Land weisen auf dem Weg ins nächste Jahrtausend gravierende Mängel auf. Die Folge: Sportunterrichtsausfall. Das Land gibt sich redliche Mühe, förderte seit 1991 den Neubau von 35 Hallen, aber zu viel bleibt auf der Strecke. Frankfurt/Oder beklagt, das Renommierstück, die neue Brandenburg-Halle, zeigt schon Schäden, Regen fällt aufs Parkett, weil beim Dachbau geschlampert wurde.

Berliner Lichtschimmer wie in Marzahn, wo im Herbst 1998 mit dem Neubau von vier Sportstätten begonnen worden ist, machen das Sorgenkraut nicht fett. Geld fehlt an allen Ecken und Enden, und grundsätzliche, entscheidende Schritte sind nicht in Sicht. Berlin und Brandenburg gehen mit diesen Sportstätten-Problemen ins nächste Jahrhundert.

Hinzu gesellen sich andere. Weil es an Sportstätten und Hallen mangelt, können Vereine keine neuen Mitglieder aufnehmen. Kinder und Jugendliche werden abgewiesen. Unmöglich! Insgesamt sind deshalb, jedenfalls in Berlin, Mitgliederzahlen rückläufig. Ausgelöst sind solche drohenden Zeichen und Vorgänge auch durch fehlende Gelder für Trainer, Übungsleiter und Betreuer. Berlin mußte seine Zuschüsse 1999 weiter kürzen. Nur 40 Prozent der Lohnzuwendungen werden noch vom Land übernommen. Für viele Jugendtrainer kann das den Weg in die Arbeitslosigkeit bedeuten. Nur noch diese Zahlen: 1993 förderte Berlin 127 Trainer, 1998 noch 78. Tendenz weiter sinkend ...

Wer unter diesen Umständen noch vom gesunden Breiten-, Kinder- und Jugendsport spricht, lügt sich in die eigene Tasche. Realistische Situationsbeschreibungen lassen Schlimmes befürchten. Die gesamtgesellschaftliche Finanzlage wird dem normalen Sport, dem ganz unten, zunehmend Mittel verweigern. Schaut man auf andere Zeitphänomene, wo Geld buchstäblich verpulvert wird, wirkt das auf viele Menschen abstoßend und resignierend. Alle Folgen können schlimm und immer schlimmer sein.

Helmchen

Tja, Helmchen. Jetzt wirbeln die Gedanken. Was heißt das? Wer ist es? Ich will jedem beim Wissenstest auf die Sprünge helfen. Aber, Siegeschancen beim Mini-Test besitzen nur ganz wenige. Fußballkenner nach vorn! Macht es klick?

So viel: Es gab zwei Fußballspieler namens Helmchen. Es waren Brüder. Der eine hieß Werner Helmchen, und der spielte, in den dreißiger Jahren und anfangs der Vierziger noch, bei CSC Friesen Cottbus Rechtsaußen. Die Weißrotweißen vertraten die Lausitz damals in der obersten Spielklasse von Berlin-Brandenburg. Helmchen und Co. traten gegen Hertha und Tennis Borussia, Blau-Weiß und BSV 92 an. Ich kroch durch das Zaunloch, drängelte mich unter die Tausende, die damals wie eine Eins hinter Friesen standen. Glückte Helmchen ein Flügelsprint, traf er ins Tor, jubelte ich mit. Mein Vater erläuterte mir, daß es noch einen zweiten, und noch besseren Helmchen gibt. Der heißt Erwin und – spielt in Chemnitz.

Nun sind wir in der richtigen Spur. Um Chemnitzer Fußball drehen sich Gedanken, Wünsche und Erinnerungen. Jetzt, da Chemnitz als Nordostregionalligameister gegen den Nordsieger Osnabrück den ostweit beklatschten Aufstieg, Wiederaufstieg in die 2. Bundesliga schaffte, werden solche »ollen Kamellen« wiederbelebt. Erwin Helmchen sah ich einmal, kurz nach dem Krieg, bei einem Freundschaftsspiel in Cottbus. Klar, da lagen Fußballfrühling und Sommer längst hinter ihm. Doch durch ihn interessierte ich mich für Chemnitzer Fußballgeschichte, und nun verbreite ich sie, so weit es geht ...

Chemnitz machte bereits bei den Deutschen Fußballmeisterschaften der dreißiger Jahre von sich reden. Die Forster Vereine Viktoria und Askania, vorher noch, schon 1905, Alemannia Cottbus, und dann Leipziger, besonders der erste Deutsche Meister, 1903, VfB Leipzig, Berliner, Dresdner und Hallische Vereine repräsentierten Deutschlands Fußball-Osten.

1927 gesellte sich der Chemnitzer BC hinzu. Doch bereits in der Vorrunde, zu der 16 qualifizierte Mannschaften aus West, Nord, Ost und Süd antraten, unterlagen die Sachsenmeisterkicker gegen den 1. FC Nürnberg 1:5. Kleiner Trost, Nürnberg schaffte es dann, Deutscher Meister 1927 zu werden. 1932 tauchte ein neuer sächsischer Mitbewerber auf, der Chemnitzer Polizeisportverein. Mit Erwin Helmchen in den folgenden Jahren. Und die besaßen Format. In der Vorrunde besiegten sie Beuthen 09 mit 5:1, um dann in der Zwischenrunde aus dem Kreis der besten 8 Mannschaften auszuscheiden. Immerhin gegen den späteren Deutschen Meister Bayern München und zwar denkbar knapp, 1:2. Ein Jahr darauf, 1933, trat Polizei Chemnitz wieder unter den letzten 16 Mannschaften an. Das Erstrunden-Aus kam gegen FCV Frankfurt/M. mit 1:6. Dafür hauten Chemnitz' Polizei-Spieler 1935 nochmals lautstark auf die Pauke. Erst eliminierten sie York Insterburg, Vorwärts-Rasensport Gleiwitz und Hertha BSC und rückten damit in die Elitegruppe der besten Vier! Da unterlagen sie im Halbfinale hauchdünn, 2:3, gegen keinen Geringeren als Schalke 04, das dann Deutscher Meister 1935 wurde. Diese Erfolgsgeschichte des Chemnitzer Fußballs endete 1936, als in den Gruppenpartien zwar gegen Allenstein und BSV 92 Berlin gewonnen wurde, auch gegen Schalke mit 3:2, doch Schalke, dann erneut Meister, wies am Ende aller Gruppenbegegnungen die bessere Tordifferenz auf ...

Mir ist klar, wer nicht viel für Fußball übrig hat, resümiert »mir ist das alles schnurz«. Bitte schön. Fußballfreunden wird es manches sagen, und viele schöpfen aus der Vergangenheit neben neuem Mut auch Lust und Laune auf neue Chemnitzer Taten. Mit den Sachsen gehören nun insgesamt drei Ost-Vertreter zu den insgesamt 36 Startern in der 1. und 2. Bundesliga. 3 von 36 sind zwar nur ein Zwölftel oder knappe 11 Prozent, aber immerhin. Rostock und Cottbus – die es beide nach schwerstem Punkteringen, das Hunderttausende zwischen Kap Arkona und Fichtelberg zittern ließ, doch schafften, ihre Köpfe aus der Abstiegsschlinge zu ziehen – bekommen jetzt mit den wiedererstarkten Chemnitzern Unterstützung.

Neben dem Fußballerischen, das Freude vermittelt, liefert Chemnitz, 1967 DDR-Meister, Fakten, die Hinweise sind. Mindestens. Nach drei Jahren Bundesligaabstinenz sicherte sich der Verein die Ligarückkehr mit bescheidenen Mitteln. Nur 3,5 Millionen DM bildeten einen schmalen Etat. Zum Vergleich: die reicheren Union-Berliner und der VfB Leipzig hantierten mit einem jeweiligen Gesamtbetrag jenseits der 10 Millionen. Und: Chemnitz baute systematisch in drei Jahren Regionalliga-Zugehörigkeit 6,5 Millionen Schulden ab. Was doch Hoffnungsschimmer verbreitet. Glücklicherweise ist es nicht nur das Geld allein, das Erfolge schafft oder gar garantiert. Nur das läßt uns Chemnitz schon herzlich danken.

Und – Chemnitz stieg mit dem Trainer Christoph Franke ab, doch der durfte drei Jahre, bis nun zum Wiederaufstieg, in Ruhe und mit Besonnenheit, soweit das beides im bezahlten Fußball noch existiert, weiterarbeiten. Siehe da, das geht also auch. Noch. Schließlich, im Chemnitzer Team spielen (noch) so viele Ostler wie nirgendwo anders. Wenn das ein Fingerzeig für Solidarität, Bodenhaftung und Verbundenheit ist, muß allen Chemnitzern, vom Vorstand bis zum letzten Einwechsler, von allen Übungsleitern bis zum Zeugwart nochmals donnerndes Danke gelten.

Notizen

Vorgeschichte.

April 1999 Anruf von ARD-Morgenmagazin WDR Köln. Anfrage. Ob ich im Juni als Co-Reporter und Sachkenner im Frühprogramm mitmachen würde ... Thema: DDR-Sport. Was war, was blieb? Jeden Morgen, drei Live-Einblendungen. Zirka sechs, sieben Minuten. Gegen 6.30 Uhr, 7.30 und 8.30.

Mehrere Anrufe folgen. Zum Thema, zum Inhalt, zur Ausführung. Zusage. Weil wichtig und richtig.

9. Juni 1999.

Besuch in Köln. Funkhaus ganz in Bahnhofs- und Domnähe. Kennenlernen der Mitstreiter. Abteilungsleiter ARD-Morgenmagazin. Gute Leute – sachlich, offen, diskussionsbereit. Gebe Okay. Rückfahrttermin fast geplatzt. Absperrungen rund ums Funkhaus. Außenministertreffen zu Kosovo-Problemen ...

20. Juni.

Start nachmittags zum vereinbarten Treffen mit Redaktion und Technik. Hatte versucht, Morgenmagazine zu sehen, weil bisher keinen Eindruck. Erstens: kein Frühaufsteher. Zweitens: noch nie Frühfernsehgucker.

Kienbaum.

50 Kilometer östlich von Berlin. Zwischen Herzfelde und Müncheberg. Ehemaliges DDR-Trainingszentrum. Von anderer Seite Kaderschmiede genannt. Geheimnisumwittert. Warum? War in den 60er und 70er Jahren mehrmals dort zu Interviews. Vor Friedensfahrt, Weltmeisterschaften, Olympischen Spielen. Überlege: wann das letzte Mal im DDR-Sport? Kann 1988 vor Seoul gewesen sein. Olympiaeinkleidung ...

Sehr interessantes Wiedersehen. Als ob die Zeit stehenblieb. Unterkünfte, spartanisch, aber gut. Trainingshallen, Plätze, der See. Märkische Heidelandschaft. Idyllisch. Alles unverändert. Zumindest auf den ersten Blick. Erstes Treffen mit Kumbernuss-Kollarks. Sonntagnachmittagstraining. Parke gleich neben Kugelstoßerring. Kurzes Gespräch. Beide, Astrid und Trainer-Lebensgefährte Dieter sind mit Sohn Philipp (11 Monate) und Kindermädchen hier. Leben hier oft wochenlang. Günstig und gut. Zu DDR-Zeiten undenkbar. Astrid, beste Kugelstoßerin der Welt seit 5 Jahren, Olympiasiegerin, Weltmeisterin ...: »Geht wieder aufwärts. Will gleich ans Fernsehen, um Konkurrenz beim EC-Finale in Paris zu sehen ...«

Nebenan Technikaufbau vorm Unterdruckkammergebäude. Begrüßung Ü-Wagen-Kollegen von ORB und SFB. Und WDR-Team. Besprechungen für morgen früh.

21. Juni, Montag.

Mein härtestes Problem wird akut: 5 Uhr wecken! Sauer. Obgleich vorgewarnt und tagelang »mental« (blöd!)

darauf vorbereitet. Mein miesestes: Frühgymnastik muß ausfallen. Kein Bock, keine Zeit. Rasieren, Duschen. No Frühstück. Ab zum Ü-Ort. Direkt am See-Ufer. Startsteg der Kanuten. 200 Meter vom Quartier. Regen! Also, Schirm aus dem Auto holen. Alle ziemlich frühmüde. Technik baute seit 4 Uhr! Gesprächspartnertreff mit Birgit Fischer.

27mal Weltmeisterin. Fünfmal Olympiasiegerin. Die beste Rennkanutin aller Zeiten. Aus Brandenburg/Havel. Dann Potsdam. Lebt in Kleinmachnow. Startet jetzt für Mannheimer Verein. Teile, Frauen und Männer, der Nationalmannschaft trainieren derzeit hier. Vor Duisburg-Regatta. Olympiavorausscheidungen. Birgit F. verletzt. Humpelt. Kam extra für Live-Sendung früh aus Kleinmachnow. 6 Uhr 36, auf Livekamera mit Rotlicht strömt Prasselregen.

Birgit F. erinnert an viele Kienbaum-Aufenthalte. Prima Gegend, sehr gute Bedingungen. Will 2000 in Sydney nochmals starten. Wäre bei Medaillengewinn erfolgreichste deutsche Olympionikin überhaupt ... Tages- und Wochenserienauftakt klappte. Stimmung von außen trist. Sonst gut. Wieder Kurzbesprechung vor zweiter Live-Einblendung.

Fester Sportmoderator und Reporter im ARD-Morgenmagazin ist Peter Großmann. Mittdreißiger. Lebt mit Frau und Kind in Dortmund. Vorher Bandmusiker und Sänger. »Wir machten Bee-Gees-Musik ...« Wenn Wochendienst, dann in Köln. Arbeitsbeginn dort 3 Uhr. Sendung von 6 bis 9 Uhr. Mehrere Sportnachrichten usw. Anstrengender Job. Zeitanstellung als Freier Mitarbeiter im dritten Jahr. Und dann? Unkomplizierter, ehrlich neugieriger, aufgeschlossener Kollege.

Nächster Gast für 7.30-Uhr-Einblendung Turn-Olympiasieger Andreas Wecker. Kommt mit Lebenspartnerin und Jaguar. Geht für uns in Tageskleidung an die Ringe. Kennt auch Kienbaum aus anderen Zeiten. Macht heute, was er will, wie er will, wann er will. Nach manchem Lebenshinundher erstaunliches Comeback. Will auch nach Sydney. Wird spannend.

Dritte Einblendung entfällt live. Zeitnot in Köln. Aktuelles hat Vorrang. Klar. So läuft nur Sonntagsvoraufzeichnung. Aus technischen Gründen so gefertigt. Besuch in Unterdruckkammer. Galt nach Wende als »entdecktes Geheimprojekt«. Quatsch. Grundabsicht: simulierte Höheneffekte zur erhöhten Produktion roter Blutkörperchen, Sauerstofftransporteure. Kammertraining ersetzte teure Höhenaufenthalte in Mexiko, Kenia, Schweiz ... Radsportler, Kanuten, besonders alle Ausdauersportler nutzten das. Wurde aus Pilotenausbildung übernommen. Überhaupt kein DDR-Sondertrainingsereignis.

Kienbaum-Chef: »Alles ist wie 1990. Keine Veränderungen, keine Verbesserungen. Geldmangel. Wie überall. Könnte noch immer sehr gute Trainingsergänzung sein ...« Und Kienbaum generell? »Wird wieder mehr und mehr aufgesucht. Athleten aus ganz Deutschland. Sind zufrieden. Loben Landschaft und Möglichkeiten.« Personal? »Früher um die 200, jetzt etwa 40 ...«

Fazit: Es wäre sehr gut, bliebe Kienbaum erhalten und gefördert. Meinung aller Befragten.

Gemeinsames Team-Frühstück. Mit Familie Kumbernuss und Philipp. Und zirka 40 anderen Kienbaumgästen. Schüler. 12 Uhr Start nach Dresden.

22. Juni. Dienstag.

Vor 25 Jahren in Hamburg. Kommentierte Bundesrepublik – DDR. 1:0 durch Sparwassers Tor. Deshalb heute Thema Fußball. Dresden gewählt als einstige traditionsreiche Hochburg. Sparwasser, bei Frankfurt/Main zu Hause, wollte, sollte einfliegen. Aber: im Kanada-Urlaub erkrankt. Deshalb letzte Absprachen mit Dynamo Dresden-Leuten, speziell Hans-Jürgen Kreische. Damals mit Wätzlich (Dresden) in DDR-Elf.

6.30 Uhr: Ersteinblendung aus Umkleidekabine. Einspiele einstiger Spielausschnitte. Dresden – Bayern München. Hoeneß-Tore. Geyer. Dann Gespräche mit Nachwuchstrainern und Spielern. Schließlich um 8.30 Uhr mit Kreische und 2. Vorsitzenden, Wilhelm (Wuppertaler, kam vor 8 Jahren nach Dresden).

Fazit: Dresdner Abstieg ins Drittklassige beruht auf vielen Fehlern. Scharlatane machten miserable Vereinspolitik und Geschäfte. Zukunftschancen, an alte Erfolge anzuknüpfen? Kreische: »Dann müßte viel Geld kommen, aber von wem, woher?« Fußballgrundproblem: wer Spieler kauft, hat Geld. Wer verkauft, braucht Geld, verkauft seinen Nachwuchs. Teufelskreis. Dresden, ein Beispiel.

Abschied mit gemischten Gefühlen. Und Daumendrücken.

Fahrt nach Frankfurt/Oder. In Lübbenau runter von der Autobahn. Herrliche Heimatlandschaft. Mohnblüte. Lavendelfelder. Erdbeerernte. Störche. Proppere Orte. Beeskow, Müllrose, Frankfurt.

Wieder Ortsbesichtigungen und Vorgespräche.

23. Juni. Mittwoch.

5 Uhr 30 zum Sportzentum. Auch Frankfurt mausert sich. Ringsherum. Altes und Neues. Neben Oderlandhalle und anderen Anlagen die Boxhalle. Hier wurden Wolke, Maske, Krüger, Fink ... und, und zu dem, was sie erreichten. Sandsäcke müßten erzählen können.

Gespräche mit Bundesstützpunkttrainer Karl-Heinz Krüger, einst Europameister, WM-Dritter, Olympiadritter. Mit beiden Hustes und anderen, die jetzt Frankfurter Niveau bestimmen, vorwärts wollen. Krüger: »Beide Huste-Brüder in Sydney, das Ziel!« – Nachbarn im Trainingszentrum, junge Gewichtheber ...

Fazit: auch hier gutes Altes und manches Neue. Verhaltener Optimismus.

Frühstück. Dabei Kollegen-Wiedergabe eines Telefonates.

Ein SFB-Sportredakteur hat bei WDR-Kollegen lautstark und »arrogant« – Zitat WDR-Kollegen – gegen meinen ARD-Einsatz protestiert. »Dieser Mann, der doch den DDR-Sport bejubelte ... usw.« Echo der WDR-Kollegen, geschlossen: eine maßlose Frechheit, gegen die wir uns verwahren. Klar, daß wir gemeinsam weitermachen! Mein Zusatz: Diese Kalten Krieger tragen immer noch alte Waffen. Sie schaden. Allerdings nicht mir.

24. Juni. Donnerstag.

Gestern von Frankfurt nach Chemnitz. Längste Tour. Turbulenter Verkehr. Autobahnbaustellen. Wieder richtiger Sommertag.

An alter Stelle. Eisstadion im Küchwald.

Gute, alte Bekannte und Mitstreiter. Jutta Müller, Annett Pötzsch, Mandy Wötzel, Ingo Steuer, Alexander König ... Hallenhelfer. Eisschnelläufer. Heute beim Radtraining. Und zig Kinder. Jüngstes Eismädchen 3 Jahre ...

Hier wuchsen Europameister, Weltmeister, Olympiasieger. Jutta Müller, erfolgreichste Trainerin der Welt, gewann mit ihren Assen 57 Medaillen. Unglaublich, aber wahr. Ist jetzt fast 71. Immer noch auf dem Eis. »Nach der Wende? Von der Deutschen Eislaufunion nur die kalte Schulter ...« WDR-Kollegen perplex. Solche Erfahrungen bleiben ungenutzt? Weltmeister Ingo Steuer: »Das, was wir sind, konnten wir nur hier werden. Kommen deshalb auch als Profis immer wieder hierher zurück. Trainieren mit unserer alten Trainerin, Monika Scheibe ...« Die ist jetzt Stützpunktchefin. »Geben uns viel Mühe. Wollen wieder nach vorn.« Olympiasiegerin Annett Pötzsch: »Meine Tochter gehört zum Paarlaufnachwuchs. Ich betreue Kinder. Ein Sponsor spendet jetzt Buspendelverkehr. So kriegen wir wieder rund 150 Kinder her, die von Kindergärten abgeholt und zurückgebracht werden ...« Hoffnungszeichen.

Fazit: hier und in Berlin entstand das erfolgreichste Vierteljahrhundert des deutschen Eiskunstlaufens. Das wird es so bald nicht wieder geben. Verantwortliche im Verband zu hinterwäldlerisch. Nutzen nicht vorhandene Möglichkeiten.

25. Juni. Freitag.

Von Chemnitz nach Erfurt. Treffen am Steigerwald. Vorabsprachen mit Rolf Beilschmidt, Olympiastützpunktleiter Erfurt/Jena/Suhl/Oberhof/Gera. Beilschmidt einst, 1977, erster Deutscher über 2,31 m EM-Dritter und Olympia-Siebter. Aufgeschlossen wie eh und je. Männer wie er liefern Laune und Impulse.

Eisschnellaufstadion, nebenan, neu. (Gunda Niemann und Co.!) Steigerwald-Stadion, 68 Jahre alt, mehrmals renoviert, erlebt jetzt Deutsche Leichtathletik-Meisterschaften 1999. Leichtathletikhalle, 5 Jahre alt, neuer Hallenschlager, und anderes, was sofort angenehm auffällt.

Gesprächspartner auch Volker Beck, 400 m-Hürden-Olympiasieger 1980, nach Wendehinundher nun Bundestrainer für diese Strecke, wohnt in Bad Orb. Renate Stecher, vielfache Sprintweltrekordlerin und dreifache Olympiasiegerin, kommt extra aus Jena.

Wieder drei Live-Einblendungen. Hinweis auf Erfurter Sporttraditionen. Weltrekorde auf dieser Bahn. Beilschmidt erläutert Entwicklungsprobleme. Beck zu seiner Disziplin. Stecher erinnert an 1972 und 1976. Wird heute auch nicht mehr als Sportlehrerin gebraucht. Ihr Mann, Trainer, ebenso im Abseits.

Fazit: gerade Erfurt gibt Hoffnungszeichen. Besonders, weil Stadt und Land engagierte Unterstützung liefern.

Gesamteindruck nach fünf Tagen:

Immer noch ist Gutes vorhanden. Exakte Untersuchungen waren, wie vorher gewußt, nicht möglich. Dennoch wurden es hinweisende Eindrücke. Vielfach läßt man den Sport allein. Das Beste sind überall die Menschen. Sie wollen Bestmögliches. WDR-Kollegen beeindruckte Aufgeschlossenheit, Lockerheit, Normalität. Oft Gehörtes: im Westen sind solche erfolgreichen Sportler und Trainer meist überheblich, sperrig. Hier das ganze Gegenteil. Häufig fehlt West-Ost-Erfahrungsaustausch. Und auf gleicher Augenhöhe.

Morgenmagazin-Fazit:

Gerade diesen Erfahrungsaustausch gab es! Gutes Resultat. Faire, kollegiale Zusammenarbeit mit WDR-Redaktionsteam und Technik. Zuschauerlob da und dort, weil diese Thematik überhaupt angefaßt wurde. Daß es nur Schnappschnüsse, aber trotzdem Denkanstöße, Stimmungs- und Meinungsanstöße gab, stimmt zuversichtlich. Überraschend bleibt, daß dazu erst 1999 der Westdeutsche Rundfunk in den Osten reisen mußte ...

Armstrong

Jeder wird eine Leistung von einer, seiner ganz bestimmten Seite und Ansicht kommentieren. So wird mancher den Tour de France-Sieg des US-Amerikaners Lance Armstrong zuerst von merkantiler Seite betrachten. »Immerhin, 730 000 Mark für erfolgreiche 3680 Kilometer Radfahren; das kann sich sehen lassen«, meint möglicherweise Fan Felge. Warum nicht? Und Mister Felge fügt vielleicht gleich hinzu: »Das US-Postal-Team, Armstrongs Mannschaft, kassierte auch das meiste Geld, alles in allem 883000 Mark.« Na bitte.

Ich möchte gern dem fiktiven Herrn Felge antworten: »Mein lieber Mann, vergleichen Sie diese Gelder mal mit dem, was Fußballspieler, Tennisleute und andere bekommen. Und wofür? In welcher Sportart schindet sich jemand mehr als bei solchem Radrennen? Über die Alpen-Riesen, über die Pyrenäen-Hindernisse, bei gefährlichen Massensprints, beim fairen und zugleich quälenden Zeitfahren, Contre la Montre, das die wirkliche ›Prüfung der Wahrheit‹ ist ... Drei Wochen lang körperliche und nervliche Schwerstarbeit. So gemessen, müßte ein Armstrong zwei, drei Millionen bekommen. Unabhängig von dem, was ihm folgende Sieg- und Antrittsgelder bescheren, und von Werbeeinkünften.«

Von Coppi, Bartali, Koblet und Kübler, von Merkx, Anquetil, Rinault bis Indurain und Riis und Ullrich – ich zähle mich zu den heißen Verehrern dieses Sports.

Dann, bleiben wir bei unterschiedlichen Blickwinkeln auf die Tour, gibt es die Dauerdopingdetektive. Ohne nun nochmals grundsätzliche Bekenntnisse herbeten zu müssen, aber allen irrtümlichen Auslegungen vorbeugend: Doping ist eine Menschen-Katastrophe! Jedes Doping! In jedem Sport, immer und überall, wo es angewendet wurde und wird, und überhaupt die Gesellschaft prägt. Nach dem Dopingdebakel von 1998 hofften die meisten, die Tour '99 würde wieder zu normalen, sauberen, besseren, vernünftigeren Verhältnissen zurückfinden und führen. Was offiziell auch gelang. Ob es dennoch Doping gab, unentdecktes, kann nur als Vermutung gelten. So sehen es aber nicht alle. Diejenigen, denen normales Partizipieren an der Leistung anderer als Tätigkeitsgrundlage nicht genügt, brauchen den Verdacht und schüren ihn. So gesellen sie sich auf andere Weise zu den »Totengräbern des Sports«. Als es denen verdächtig schien, wie Armstrong fährt und siegt, bliesen sie in Asche und Qualm, um Feuer zu zünden. Solche Berichterstatter disqualifizieren sich selbst.

Zu Thema und Haltung passend, ist noch der Hinweis auf finnlandisches Geschehen. Nur die Fakten: Die nationale Nachrichtenagentur hatte im Januar 1998 behauptet, der Langläufer Räsänen soll unerlaubte Hormonpräparate zur Leistungssteigerung eingenommen haben. Als »Beweise« vorgelegte Ampullen wurden als einfache Salzwasserlösung verifiziert. Daraufhin verurteilte ein Gericht in Helsinki den Chefredakteur der Agentur und die »Dopingfahnderin«, eine Journalistin dieser Nachrichtenagentur, wegen falscher Dopingvorwürfe zu 45 bzw. 30 Tagen Haft und Schadensersatzzahlungen. Beide, Chefredakteur und Reporterin, müssen zirka 100 000 Mark Schmerzensgeld an den verdächtigten Läufer und insgesamt 560 000 Mark an den finnischen Skiverband und mehrere Beteiligte zahlen. Das Gericht beurteilte alle Behauptungen von Dopingmißbrauch als grundlos.

Das Beispiel sollte Schule machen. Rund um die Welt. Genauso ernsthaft wie gegen Doping und Doper vorgegangen werden muß, muß es auch alle treffen, deren öffentlich geäußerte Verdächtigungen nicht beweisbar sind.

Im übrigen, zurück zur Tour und Sieger Armstrong. Dessen Leben und Lebenshaltung, die ihn als todgeweihten Krebskranken durch gewaltigen Willen und bewundernswerten Kraftaufwand wieder in die Spitze der Elite führten, hochgeschätzt von der kompletten Konkurrenz, verehrt von Millionen Menschen der ganzen

Welt, bilden den besten Kontrast zu Medienvertretern beschriebener Art.

Ob Radsport oder anderes Geschehen, ob Siege oder Niederlagen, Geschriebenes oder Nichtgeschriebenes, alles hat immer noch mit Würde zu tun. Die Väter unseres Grundgesetzes für die Bundesrepublik Deutschland setzten diese elementare Forderung an die Spitze aller Grundrechte. Im Artikel 1, Absatz 1 heißt es: »Die Würde des Menschen ist unantastbar. Sie zu achten und zu schützen ist Verpflichtung aller staatlichen Gewalt.«

Und wenn wir uns im Jahr 182 nach Freiherr von Drais, der uns 1817 das Ur-Fahrrad schenkte, über Lance Armstrong und andere große, starke Menschen freuen, ist dazu noch ein längerer Blick zurück in die Geschichte gestattet. Cicero, Roms berühmtester Redner, Schriftsteller und republikanischer Staatsmann, äußerte sich vor rund 2000 Jahren zur Menschenwürde so: »Die Würde eines Mannes kann von dem Haus, in dem er lebt, verstärkt, aber nicht gesichert werden. Der Besitzer muß dem Haus Ehre machen, nicht das Haus dem Besitzer.«

Ich bitte um Verständnis, wenn ich für mich und andere Journalisten den letzten Satz des Cicero so verändere: Wir müssen dem Journalismus Ehre machen und nicht der Journalismus uns.

Per pedes

Gehen, auf Schusters Rappen durch die Heide wandern, oder per pedes durch den Alltag eilen, das alles müßte uns am allernächsten sein. Jeder geht. Wer nicht geht, kommt nämlich nie ans Ziel. Um es halbernst ins Philosophische zu ziehen. Eigentlich beobachten wir ber Umgekehrtes. Die heutigen homo sapiens versuchen, sich dem Gehen zu entziehen. Auto, Fahrrad, Aufzüge, Rolltreppen, wo es nur irgendwie geht, gehen die meisten von uns dem Gehen aus dem Wege. Und wird es zum Sport – um Himmels willen! Geher! Ach mein je, die, die immer so komisch mit dem Popo wackeln. Naja.

Woher das? Und weshalb?

Daß Gehen unsere Urfortbewegungsform ist, daß wir uns glücklich schätzen dürfen, als einstige Tierlebewesen zum aufrechten Gang gefunden zu haben, durch zig Jahrtausende, haben die meisten längst vergessen. Radikal, mit Überlebenskraft kehrt es erst dann ins Bewußtsein zurück, wenn es fast zu spät ist. An unserem Knochengerüst, das Experten ohnehin als nicht besonders günstig von Mutter und Vater Natur konstruiert sehen, ist vieles leicht lädierbar. Gelenke verschleißen. Knochen werden brüchig. Knorpel schwinden ... Wer über Sechzig ist, kann ein Lied davon singen. Manche leider auch schon früher.

Gut, heutzutage kann auch vielen wieder geholfen werden, um auf die lebenswichtigen Beine zu kommen. Gelenkprothesen erweisen sich als erstaunlicher, begrüßenswerter Fortschritt. Doch noch besser als mit Titan ginge es mit eigenen Knochen. Um dieses Thema nicht auszubauen, obgleich es für Hunderttausende alarmierend wichtig ist oder wird, muß es auf den knappsten Nenner gebracht werden. Nämlich, auch hier gilt: vorbeugen ist besser als heilen. Nichts hilft dabei mehr als vernünftiger Sport. Und davon wiederum ist, immer noch, der einfachste häufig der beste. Also: Gehen.

Daß Gehen für manche gewählter Freizeit- oder sogar Leistungssport ist, sollten wir mindestens mit Toleranz, besser noch mit Hochachtung quittieren. Lachen, Lächeln, Naserümpfen oder Kopfschütteln beweisen Fehlverhalten, bestätigen Arroganz. Richtige Geher, gute

Geher haben es deshalb eigentlich gar nicht nötig, auf die Barrikaden zu gehen. Ich sehe mich auch nicht als Anwalt derjenigen Frauen und Männer, die es zu Titeln und Medaillen brachten und sich hinter keinem aus der bunten Leichtathletikwelt zu verstecken brauchen.

Die Kolletzki, Sakowski, Weber, Lindner, Pathus, Adolph, Frenkel, Sperling, Gauder, Weigel, Wieser, Reimann, Kowalsky, Noack, Höhne, Selzer, Dünkel, Meisch, Erm ..., aus dem vierzigjährigen DDR-Sport, oder Weidner, Kannenberg, Koch, Nermerich, Ihly ..., die für den alten bundesrepublikanischen stehen, sind weltweit geschätzt. Allesamt trugen sie dazu bei, auf Europa- und Weltmeisterschaftsebene, bei Olympischen Spielen die deutsche Leichtathletik würdig zu vertreten.

Seit es Frauen-Gehen gibt, richtig, leistungsgesteuert erst seit gut zwanzig Jahren, verdienen alle Per pedes-Evas gleichfalls Beifall. Die jungen Damen Klaedtke, Born, Boyde, Friedenberger, Gummelt-Anders, Kampa, Grimmenstein machten sich ebenso verdient wie Glöckler, Adam, Kollorz, Brückmann ...

Wer nicht dafür ist, der sollte mindestens das Quäken lassen. Oder besser noch, mal Guckengehen, um sich ein direktes Urteil zu bilden. Doch auch hierbei wird vieles aus anderen Leichtathletikfeldern bestätigt. Es ist heute ein verdammt hartes Brot, Geher zu trainieren und zu fördern, und Veranstaltungen auf die Beine zu stellen. Was allen Meeting-Direktoren und Organisatoren sehr schwerfällt, müssen im noch härteren Existenzringen die seltenen Geher-Veranstalter zur Kenntnis nehmen.

Zwei nenne ich, als Beispiel und Vorbild. Naumburg und Eisenhüttenstadt. Beide Orte, die jeweiligen Gastgeber und Ausrichter, genießen Achtung und Ansehen unter der Geher-Weltelite. Ob Mexikaner oder Australier, US-Amerikaner oder Lateinamerikaner, Italiener,

Russen, Japaner, Spanier, Polen, Chinesen, Schweden, Dänen, Tschechen, Ungarn, Slowaken, Nordafrikaner, Ukrainer, Weißrussen, Franzosen, Schweizer ..., alle sprechen mit Hochachtung und Dank, wenn von Eisenhüttenstadt und Naumburg die Rede ist. Naumburg half beim schwierigen Wiederbeginn nach der Wende DDR-Tradition. Eisenhüttenstadt startete von Nullkommanull, baute auf Eigenes, wie die Scheffer-Familie, den Polizeisportverein. Und wenn Naumburg heute ruft, ist der benachbarte kleine Geherort Gleina mit im Spiel und der 111jährige TV Friesen als Gastgeberverein.

Schließlich, jetzt gerät jeder, ob er will oder nicht, ins hinlänglich bekannte Fahrwasser: ohne Sponsoren, ohne freundliche Förderer und Unterstützer ginge nichts. Ganz und gar nichts. Genau so ist es immer wertvoller Vorteil, wenn die Stadt, Oberbürgermeister, Bürgermeister dahinterstehen. Curt Becker ist das in Naumburg, Rainer Werner in Eisenhüttenstadt. Könnten die wiederum nicht auf zuverlässige, fleißige, höchstengagierte Ausrichter, Meeting- oder Grand Prix-Direktoren bauen, nähmen sie sofort – und verständlich – die Hände hoch. In Naumburg sind es Peter Tepper und Axel Wladimiroff, in Eisenhüttenstadt Norbert Nägel und Günter Mäusel. Ohne sie und mit tatkräftigen Helfermannschaften im Rücken wäre ruckzuck Feierabend, wieder totale Geher-Ebbe.

Wenn Eisenhüttenstadt auf die Parkinsel einlädt, sind es die 20 und 10 Kilometer, die Elite- und Freizeitgeher locken. Naumburg hat vor allem die 50 Männer-Kilometer auf dem Programm und als Ausrichter Deutscher Meisterschaften weitere Disziplinen. Hoffnungsfroh stimmt es, wenn da und dort ebenfalls Nachwuchskonkurrenzen ausgetragen werden. Dabei fallen besonders Berliner, Potsdamer und Hallische Benjamine auf.

Berlin und Brandenburg machten sich ums deutsche Gehen besonders verdient. Hier liegen die Wurzeln. 1893 gilt als Gründerjahr. Damals gingen 15 tatendurstige, abenteuerlustige Männer auf die Mammutdistanz Berlin–Wien, was 578 Kilometer macht! Nach 6 Tagen, 10 Stunden, 35 Minuten feierte man Arno Elsässer aus Magdeburg als Sieger. Ohne seinen Ur- und Ersterfolg im deutschen Gehersport zu schmälern: eigentlich war Otto Peitz aus Flöha noch besser. Er verstieß allerdings gegen das Reglement, das vorschrieb, nur zwischen 4 und 22 Uhr durften Muskeln und Schuhe strapaziert werden. Peitz begann am letzten Tag jedoch schon um 3 Uhr 30 ... Die Jury verwies ihn auf Rang 2.

Was im Mutterland des Sports, England, schon im 16. Jahrhundert begann, wieder von Wetteifer angetrieben und unterstützt, schwappte also erst zur letzten Jahrhundertwende nach Deutschland über. Militär- und Gepäckmärsche förderten es, und beliebte Strecke wurde, mit 25 Kilogramm auf dem Rücken, die gut 60 Kilometer von Berlin nach Lübben, Richtung Spreewald, zu Gurken und Sauerkraut und gastfreundlichen Frauen.

Frauen, Geher-Frauen machten sich bei uns erstmals 1916 bemerkbar. Sie hatten – wie gewohnt – den meisten Widerstand von Männern zu überwinden. 1920 standen beim Start zum 10 km-Gehen im Isartal gerade drei junge Damen auf der Straße. Ein Fräulein Franz, mehr weiß ich leider auch nicht, siegte in bemerkenswerter Zeit: 1 Stunde, 1 Minute und 5 Sekunden.

Das macht mich nochmals frisch. Zeiten – jawohl. Vielleicht läßt sich mit Vergleichen mancher animieren. Bitte: ein Weltklassemann geht einen Kilometer – immer vorausgesetzt, stilsauber! – deutlich unter vier Minuten. Eine gehschnelle Frau um vier. Für 10 Kilometer benötigen Asse – alles mit Stand von 1999 – zirka 38 Minuten. Frauen um 41. Und für 50 Kilometer brauchen Klasseleute unter 3 Stunden 40 Minuten, für 100 Kilometer gut 9 Stunden …

Richtig – nun reichts. Vielleicht, hoffentlich auch zum Entschluß, selbst, dann und wann, die Stiefel zu schnüren.

Seelenbinder

Mein Vater wäre jetzt 95 Jahre alt. Jahrgang 1904. Zwei Weltkriege, fünf unterschiedlichste politische Regime bestimmten sein Leben. Als er 90jährig starb, wir in Cottbus an seinem und am Grab meiner Mutter standen, ging mir so vieles durch den Kopf, was unser gemeinsames Leben bestimmte. Von beiden Eltern, die früh zum Arbeitersport gefunden hatten, empfing ich auch meine ersten Sporthinweise. Und Vater erzählte mir von Werner Seelenbinder, gleichfalls Jahrgang 1904 …

Ich muß zugeben, den richtigen Weg zu Seelenbinder fand ich erst 1950. Damals begann ich meine Berliner Reporterlehrlingszeit beim Rundfunk in der Masurenallee. Ich übertrug, quer durchs noch nicht mauergeteilte Berlin, was mir mein erster Chef, Herbert Schmidt, jetzt 85, auftrug. In diese Zeit fiel der Rekordaufbau der Seelenbinder-Halle. Sage und schreibe, fünf Monate dauerte es vom ersten Spatenstich bis zur Eröffnung. Zehntausende halfen freiwillig. Tag und Nacht rollten die LKW. Unmittelbar neben dem alten Fleischgroßmarkt im Prenzlauer Berg wuchs die Halle fast »über Nacht«. Am 29. Mai 1950 stieg das Eröffnungsfest, und in den Folgejahren reportierte ich dort Radrennen und Eishockey, Boxmeisterschaften und Eiskunstlauf. Handball und Turnen standen auf dem Programm, und bis zum Abriß, 1991/92, pilgerten Hunderttausende in die ebenso karge wie äußerst populäre Sportstätte.

Allein davon, von vielen Rad- und Eissportübertragungen, vom Boxen wären zig Geschichten zu erzählen. Damalige Matadore, Drescher, Malitz, Simon, Stäber, Maraun, Wahl, Helga Hasse, Inge Kabisch-Wischnewski, Heidemarie Steiner (heute Walter), Fips, der Eisclown, der Heyer hieß und eigentlich Eishockeyverteidiger bei den »Bären« war, Zoller, Roback, Nitzschke, Preuß, Pingel, Stubnick ..., Namen, die ich noch im Schlaf aufsagen kann, schufen Taten und Stimmung, die unvergeßlich bleiben.

Dazu gehören auch Hallensprecher von Meisterformat. Erst begeisterte Marian Homrighausen die Tausende. Dann folgte Peter Woydt, einer der allerbesten deutschen Radsportexperten. Beide, Homrighausen und Woydt, gehörten bis zum Ende, 1991, unseren Fernseh- und Radiomannschaften an. Peter Woydt kommentierte bis zum viel zu frühen Tod auch noch bei Eurosport. Keiner vor ihm, keiner nach ihm machte das bei der Tour de France und allen anderen Höhepunkten mit solcher Sachkenntnis und Leidenschaft wie er, der in der Seelenbinder-Halle begann. Manfred Hinz heißt der Velodromsprecher der letzten Epoche. Auch er gilt als Original, das »Krücke«-Stimmung zauberte.

Durch diese Halle stieß ich zu den Lebensfakten und zur Lebenshaltung Werner Seelenbinders. Als 6facher Deutscher Ringermeister im Halbschwergewicht genoß er landesweit Achtung. Bei den Olympischen Spielen 1936 kam Seelenbinder auf den vierten Rang. Hinter Cadier (Schweden), Bietags (Lettland), und Neo (Estland). Alle Sportkameraden verehrten diesen Mann, und nicht nur wegen seiner sportlichen Leistung. Schon 1933 verweigerte Europameister Seelenbinder bei der Siegerehrung zur Deutschen Meisterschaft den Hitler-Gruß, was ihn, den langjährigen Arbeitersportler und Kommunisten, auf die schwarze Liste brachte. Als sich die meisten Deutschen und auch die allermeisten deutschen Sportler jener Nazi-Jahre, und auch die Sportfunktionäre und Sportführer total dem Faschismus ergaben, die dann nach 1945 erneut die Geschicke des deutschen Sports der jungen Bundesrepublik in ihre Hände nahmen, gehörte Werner Seelenbinder zur Widerstandsgruppe Robert Uhrig. 1942 wurde er verraten, verhaftet und 1944, 40jährig, im gefürchteten Zuchthaus Brandenburg-Görden hingerichtet.

Vielleicht wird man sich seiner Aufrichtigkeit und Standhaftigkeit öffentlich ehrend erinnern, wenn im Jahr 2004 sein 60. Todestag und 100. Geburtstag sein wird.

Williams

Williams gibt es viele in den USA. Sehr viele. Meine Gedanken führen mich zu Thomas Lanier Williams, der aus Columbus (Mississippi) stammt und sich als Theaterstückeschreiber Tennessee Williams nannte. Er schrieb so eigenwillige Schauspiele wie »Glasmenagerie«, »Endstation Sehnsucht« oder »Die Katze auf dem heißen Blechdach«. Im Nachkriegs-Berlin begeisterte dieser Mr. Williams ebenso wie sein Landsmann Thornton Wilder (»Unsere kleine Stadt«, »Wir sind noch einmal davongekommen«). So oft ich konnte, und so oft meine Kasse stimmte, nutzte ich die Rundfunktage in der Masurenallee. Nach Fußballübertragungen im Poststadion, in der Wuhlheide, in Pankow-Schönholz oder im Charlottenburger Mommsen-Stadion versuchte ich per U- oder S-Bahn, mit Bussen oder Tram noch ins Theater zu gelangen. Beliebtestes Ziel war das Schloßpark-Theater in Schöneberg, wo Boleslav Barlog Chef und Regisseur war und auch solche Stücke präsentierte.

Ich saugte das auf. Sprach, dann im Zug nach Hause, prägnante und mir besonders imponierende Textstellen nach. Alles wirkte neu. Neu gedacht, neu gemacht. Eine Williams-Formulierung schleppe ich seither durchs Leben. Sie hat heute so wenig an Richtigkeit und Wirkung verloren wie gestern:

»Jede Dummheit findet einen, der sie macht.«

Leider nahm ich auch manche dieser Flanken und Vorlagen auf. Doch bevor ich ein Beispiel eigener Dummheit wiedergebe, zu dem frischen, das mich wieder aktuell an Tennessee Williams denken ließ. Es geschah auf dem Bayern-Weg ins Fußball-Champions-League-Finale. Der FC Bayern München, 15facher Deutscher Meister, hatte sich in prima Form gespielt und trat zum vorentscheidenden Match in Barcelona an. Dort stand es 1:1. Dann fiel das Siegtor fürs Lederhosenteam. ARD-Reporter Günter Koch, den man, ohne ihn zu beleidigen, getrost als Haus- und Hofreporter der Bajuwaren (neben dem 1. FC Nürnberg) bezeichnen darf, verfiel in Jubeltrance. Aber er schrie, brüllte nicht das, was wohl 99 Prozent aller Fußballreporter verkündet hätten, »Tor, Tor, Tor!«, sondern »Millionen, Millionen, Millionen!!« Und für alle, die es nicht sofort begriffen, was dieses Tor wert war, erläuterte er noch den Sachverhalt. (Bitte; um es nachzuprüfen: 4. November 1998, alle Hörfunkprogramme der ARD, gegen 23 Uhr.)

Da ich aus Hunderten Situationen weiß, jedem Live-Berichter können so oder so die Gäule durchgehen, nehme ich auch jeden in Schutz. Prinzipiell. Hier wiederhole ich den faux pas, weil er mehr ist. Koch ließ alle Hosen und Hüllen fallen. Splitternackt, was jedem in Rage passieren kann, gab er seinen Millionen Hörern nicht das sportliche Resultat kund, sondern verwies, jauchzend, auf zu erwartende Kontobewegungen. Da sind wir gelandet. Brutal. Ohne Fallschirme, ohne Fangnetze. Nackt, auf dem Boden der Tatsachen.

Deshalb, ich stutze, vielleicht ist es gar kein günstiges Beispiel, Dummheit, gesprochene Dummheit kennzeichnen zu wollen. Der Mann sprach die blanke Wahrheit, und wenn er selbst dahintersteht, sollte er sich gegen meinen und andere Hinweise wehren.

Von mir selbst weiß ich, wußte ich meist, ob dem zu raschen Mund, zu schwerfälligem Mitdenken oder partieller Feigheit gehorchend Dummes entschlüpfte.

Das war in den fünfziger Jahren. Auf bundesrepublikanischem Eis, in Köln, Düsseldorf usw., traf sich die Eishockey-Weltelite. Ich konnte zum zweiten Mal, nach meiner Weltmeisterschaftspremiere von Stockholm 1954, die besten Mannschaften der Welt beobachten und deren Matches kommentieren. Zur, vermeintlich, brisanten Begegnung Kanada gegen Sowjetunion reiste mir ein Chef zu. Er nahm neben mir auf der Reporterrampe Platz, um – ich gebe seine Worte wieder – mir zur Seite zu stehen. Warum? Wieso? Für wen? Gegen was?

Nach dem ersten Drittel ließ er die Katze aus dem Sack, oder übers heiße Blechdach laufen. Ich müßte doch endlich, so sein Chefwort, etwas über, besser gegen die brutale Härte der Kanadier sagen. Aha. Daher wehte der Wind. Meinen Einwand, ja, Kanada-Eishockey sei härter als europäisches, klar, auch härter als das der technisch beschlagenen, läuferisch stärkeren sowjetischen Spieler, nur, heute, hier, spielen alle Kanada-Boys eher zurückhaltend, und selbst die nicht zu Unrecht berüchtigten Warwick-Brothers ähneln bisher eher Mormonen beim Kirchgang, schlug er aus. Los, jetzt im 2. Drittel ...

Ich hielt dazu wieder den Mund, weil es nicht den Tatsachen entsprach. Nun, in der letzten Drittelpause, nahm er mich energischer ins Vorgesetzten-Gebet. »Kanadier sind Kanadier, sie sind zu brutal im Spiel. Ich sehe auch heute genügend Fouls, wo sich Kritisches anbringen läßt. Aber auch sonst muß man das sagen, vom Grundsätzlichen her ...«

Da war es wieder. Das Grundsätzliche. Das Gegensätzliche, und wenn es nur das vermeintliche oder so gewollte war. Weil nicht sein kann, was nicht sein darf ... Faire Kanadier existieren für verbohrte Dogmatiker a priori nicht. Peng!

Wie ein geprügelter, verängstigter Hund, zusätzlich als Mensch auch alle möglichen Folgen bedenkend, Chef gegen Reporter, da steht es immer 3:0, kniff ich den Schwanz ein. Im letzten Drittel ließ ich zwei, drei Alibi-Sätze ab, obwohl es, jedenfalls an diesem Abend, gänzlich überflüssig, fehl am Platze war.

Gesagt, vertan. Vertan eine Mutprobe, dagegenzuhalten. Vertan, sich und die eigene Meinung zu behaupten. Ich war dumm. Nahm die falsche Flanke auf, die vom Gegner, vom Gegner der Wahrheit kam. Gerechtes Echo ließ nicht lange auf sich warten. Eine heimatliche Wochenzeitschrift glossierte meine Dummheit mit einem unvergessenen Satz: der nach Düsseldorf Gesandte war kein Geschickter.

Hätte ich geschwiegen ...

Schah-herazade

Muß ich erst für Aufklärung sorgen? Gut. Richtig muß es Scheherazade heißen. Damit ist die Märchenerzählerin in den Geschichten aus »1001 Nacht« gemeint. Meine folgende Geschichte erzählt jedoch kein Märchen. Sie ist echt. Sie ist wahr. Sie handelt vom Schah, ist aber auch eine Geschichte vom Lügen.

Also, 1964, bei den Olympischen Winterspielen von Innsbruck, schickte mich die Planung eines Tages in die Axamer Lizum. In das bekannte Alpine Terrain. Richtig ist, daß ich zwar einige Male Alpine Skirennen übertrug, als Flachlandtiroler aus märkischer Heide aber kaum Ahnung besaß. Das sollte allerdings bei den Ereignissen keine Rolle spielen. Zudem konnte ich fehlende Abfahrtkenntnisse mit überdurchschnittlicher Begeisterung und großer Hochachtung für alle weiblichen und männlichen Teufelskerle und Zutaleflitzer kompensieren.

Ich komme, 35 Jahre später, deshalb auf den Patscherkofelbesuch zurück, weil er mich immer wieder ans Schwindeln erinnert. Handfest, mundfest. Täglich aktuell. Wenn ich heute Lügen höre, Lügen lese, ich mich vor allem mit dem Lügen hochrangiger Menschen, die über mich befinden, abfinden muß, fällt mir ein: Jawohl, wir lügen alle. Leider. Immer wieder. Und – immer öfter? Nur, das ist für mich der Knackpunkt: Es gibt kleine Lügen und große Lügen. Wichtige und unwichtige. Manche sind auch nur Schwindeln, was die Sache nicht besser macht. Ich will auch nicht zu lange darüber nachdenken, weil ich dann sauer werde. Mich regt auf, wenn man so mir nichts, dir nichts alle Lügner in eine Ecke stellt. Wie ich das meine? Beispielsweise: Sportreporter sind nicht mit Polit-Kommentatoren oder Wirtschaftskolumnisten in ein gemeinsames Schubfach zu zwängen. Sportgrundwahrheiten kann keiner verbiegen. 1:0 für den FC Immerglücklich gilt in der ganzen Welt. Jede Agentur, jeder Sender muß es so verbreiten. Und genau so bleiben 8,00 m immer mehr als 7,98 m. Auch daran kann keiner deuteln. Ideologen, Politiker, Chefredakteure, Parteibuchbesitzer dieser oder jener Couleur müssen es ertragen. Ob's gefällt oder mißfällt. Solche Wahrheiten konnte noch keiner zur Lüge wandeln.

Zurück in die Tiroler Alpen. Zu meinem Gedankenslalom, der mich zur Schah-Lüge führt.

Ein Pool-PKW des Pressezentrums brachte mich auf eine altbekannte Strecke. Zu Füßen der Alpenriesen verläßt man Innsbruck, am Friedhof vorbei, den die Skispringer am Berg Isel von oben sehen, und dann geht's in vielen Serpentinen immer höher. Zuschauerkarawanen behindern solche Touren. Mein Poolfahrer, Ur-Innsbrucker, besaß den Ehrgeiz, mich möglichst dicht an die Reportertribüne zu kutschieren. Gut gemeint, jedoch schwer zu vollbringen, weil das Absperrsystem mit zahlreichen Ordnern immer dichter wurde. Schon fast oben, stellte sich ein besonders energischer Oberordner resolut quer.

»Feierabend, hier geht's nicht weiter. Aussteigen, der Herr, bitteschön«, und das im urigsten Bergmenschen-Dialekt.

Inzwischen war mir aber die Zeit davongeeilt. Ich war nervös, schwitzte vor Angst, meinen Reporterstarttermin zu verpassen. Da passierte es. Ungewollt, so wie manches plötzlich herausrutscht. Mir fiel ein, überm Zielschuß wohnt der Schah von Persien mit seiner Gattin Farah Dibah im exklusiven Berg-Hotel. Alle bunten Blätter hatten es breitgeschrieben.

»Herr Gendarm«, eröffnete ich die Notlüge, »ich muß zu seiner Majestät. Der Schah hat bohrende Zahnschmerzen. Ich bin telefonisch herbeigerufen. Sie müssen mich passieren lassen …«

Wie das Leben manchmal spielt. Übertölpelt ist übertölpelt. Möglich, daß noch k.u.k.-Erziehungsreste, vom Großvater über die Eltern geerbt, zu solchem Ordner-Handeln führten. Ehe ich begriff, was ich verbrach, bevor meine Grundangst vor Uniformen durchbrach, waren wir durchgewinkt …

Noch zeitig genug fand ich meinen Reporterplatz. Rechtzeitig vorm Start der wichtigsten Läufer konnte ich beginnen: »Hallo, hier auf dem schneeweißen Felsrücken des Patscherkofel jagen nun die Abfahrtsasse zu Tal …«

Inzwischen – das verbreiteten jedenfalls Radiokollegen, denen ich auf der Reportertribüne hastig mein spätes Kommen erklärte, die meine Notlüge kannten, – jagte mich die Gendarmerie. Ein Impertinenter hätte sich angemaßt, Zahnarzt des Schah zu sein und die Behördenordner hinters Licht geführt. Um wenigstens jetzt ganz und gar ehrlich zu sein: ja, das beunruhigte mich. Als gelernter Deutscher fürchtet man immer Obrigkeitskonflikte. Dazu noch bei Olympia und am Patscherkofel. Erst abends, im Hotel, fiel der Groschen. Mann, die nahmen dich Trottel hopp …

Noch ein Zusatz dieser wahren Lügengeschichte ist interessant, und er erinnert an einen sympathischen, langjährigen Kollegen. Später mal, viel später erzählte ich das alles Edi Finger. Ingenieur Edi Finger, wie er sich offiziell gern nennen ließ, beherrschte über 30 Jahre alle Austria-Radiowellenlängen. Als bekennenden Rapid-Fan und urgewaltigen Fußballreporter und Berichterstatter vieler Großereignisse kannten ihn wahrscheinlich 99 % aller Österreicher. Auch, weil Edi ein Unikum war. Seine zweiundeinhalb Zentner Lebensgewicht nutzte Ingenieur Edi F. für zusätzliche Reklame und ungemeine

Popularität. Er selbst bezeichnete sich als »letzten Klassiker« unter den deutsch sprechenden Reportern.

Das ORF-Superschwergewicht hörte sich meine Geschichte an. Und der Mann, der 1978 am Radioreportermikrofon im argentinischen Cordoba beim Fußballweltmeisterschaftsspiel Österreich–Deutschland mit dem 3:2-Torschrei ein ganzes Land in einmaligen, unvergeßlichen Taumel riß, fand seine späte Patscherkofel-Antwort.

»Sei nicht bös, aber du warst blöd ... Warum hast du der Gendarmerie nicht sofort gesagt, daß du ein Freund von Edi Finger bist!? Jeder hätte dich durchgelassen. Immer und überall ...«

Möglich, daß er recht hatte.

Fest steht, als sein Cordoba-Schreien durch Österreich hallte, schalteten alle Taxifahrer des Landes ihre Radios auf Höchstlautstärke und fuhren hupend durch die Städte. Die Wiener Taxilenker kürten ihn zum Ehren-Fahrgast. Einer rettete Edi Finger beim ersten Herzinfarkt das Leben, weil er ihn, ruckzuck, im Feuerwehrtempo ins Spital transportierte. Beim zweiten war Edi leider allein ...

Gebote

Als Konfirmand lernte ich auch die zehn christlichen Gebote. Ich konnte sie auf Pfarrergeheiß aufsagen wie Rilke-Gedichte. 1946, als ich nach Kriegs- und Gefangenschaftsschlamassel nach Hause kam, gerade 18 Jahre alt, fällte ich eine Sofortentscheidung. Vielleicht war's die allererste in meinem Leben, die ich freiwillig und überzeugt vollzog als Entscheidung gegen etwas. Ich marschierte aufs Cottbuser Kirchenamt, um meinen

Austritt zu erklären. Dem leicht bestürzten Helfer dort erläuterte ich meine Gründe, die in dem Hauptgrund gipfelten: »Ich habe als Soldat erlebt, daß Pfarrer Waffen segneten, Waffen, wohl kaum Gotteswerkzeuge, die Menschen töten sollten ...« Deshalb Aus. Schlußpunkt. Rede und Widerrede folgten. Meine letzte Bemerkung, es gäbe doch ein Christen-Gebot »Du sollst nicht töten«, wurde im Herbst 1946 so beantwortet, wie es wahrscheinlich auch im Herbst 1999 geschieht. »Ja, aber ...«

Jetzt frage ich zum 8. Gebot. Nach der Überlieferung gab Gott auf dem Berge Sinai, dort auf Steintafeln geschrieben, den Menschen diese Wegweiser. Bibelfest wurde es im 2. Buch Moses, 20. Kapitel, Absatz 16, und gibt wieder, wovon ich mich hier leiten lasse, und das dann von Luther als 8. Gebot so formuliert wurde: »Du sollst nicht falsch Zeugnis reden wider deinen Nächsten.« Kurz und knapp: Du sollst nicht lügen.

Die Wirklichkeit: Es wird gelogen, daß sich die dicksten Balken biegen. Bestraft, zur Rechenschaft gezogen, werden aber auch da nur die kleinen Lügner. Die Allerkleinsten, die erst noch das Lügen lernen, und die Millionen Fallada-Kleinen, denen es an den Kragen geht. Große Lügner gehen meist mit frommen Gesichtern durchs Leben und beeindrucken mit Äußerungen wie »Was schert mich mein Geschwätz von gestern«. Lügen gehört zu deren Repertoire.

Mit der Dummlacknase wurde ich kürzlich darauf gestupst, als ich las, was ein seriöser, gebildeter Zeitungsmensch als gänzlich normalen Vorgang kennzeichnete. Lügen gehört zum Geschäft, oder wie er das umschrieb: »Jeder erfahrene und erprobte Bundesbürger weiß doch längst, daß es immer zwei Politiken gibt; die eine, die taugt, um gewählt zu werden, die andere, die man dann zum Regieren braucht.«

Da dürfen wir stolz und glücklich sein. Hurra! Hurra! Hurra!

Zehn Jahre Bundesbürgerschaft reichten also noch nicht aus, das zu begreifen. Als Ostler, um Demokratie und Freiheitlichkeit endlich zu erfahren und vollends zu akzeptieren, hoffte man, glaubte man, war man überzeugt, die besseren und die anständigeren, weil ehrlicheren Politiker kommen nun, ab 1990, in unser Leben – … ich weiß jetzt aber nicht, habe den Faden verloren, wie der Satz zu beenden ist. Verwirrung nennt sich das …

Das macht ebenfalls Bauchschmerzen: Schulden. Schulden über Schulden. Meine freundliche, fleißige, ehrliche Großmutter Luise Bombeck gab mir auf den Lebensweg: Junge, wenn du nur 45 Pfennige hast, kannst du nicht 50 Pfennige ausgeben. Das sitzt tief und fest. Zu tief und zu fest, um sich der neuen und notwendigen Geschmeidigkeit anzupassen, erst als Schuldner wird man richtig Mensch. Das jedenfalls versuchen seit Jahren mir durchaus gutgesinnte Menschen zu erklären. Ich kapier's nicht.

Goethe läßt Gretchen leise klagen, weinen und schluchzen: »Mein Ruh ist hin, mein Herz ist schwer …« Aus Liebeskummer! Doch hier dreht sich Alltägliches um Schuldenberge. Kleine und große. Und ich, gelernter Naivling, bin baff, bleibe baff. Wie können alle diese Menschen ruhig schlafen? Woher nehmen sie die Kraft fürs nächste Morgen? Meine Sorge, berechtigt oder unerwünscht, gilt aber ausschließlich den kleinen Schuldnern, nicht den dicken, großen. Bewahre mich Gott.

Aber – immer wieder Abers, es abert durchs ganze Leben – aber von Großschuldenmachern, gerade von denen, sind wir alle abhängig. Wir sitzen im selben Boot. Gewollt oder ungewollt. Wenn denen das (öffentliche)

Wasser bis zum Hals steigt, drohen auch wir mitzuertrinken. In unsere, immer in unsere Taschen greift der Fiskus. Wir müssen blechen, klagen Lehmann, Krause, Schulze, hilflos wie sie, wie wir alle sind. Offiziell heißt es, schönfärberisch und vernebelnd, »Zusatzkredite müssen bedienen«, »Eigenkapitalauffrischungen und Schuldenablösung«, »Liquiditätsplanungen«, »Cash-Flow contra Finanznotstand« und, und …

Damit wir nicht vergessen, was Ende 1999 und zum Jahrhundertabschied unsere wirklichen Schulden sind: Bei der Großstadtgroßflughafenbauposse von Berlin-Brandenburg sind auf Grund verfehlter Großgrundstücksspekulationen bei den Banken rund eine halbe Milliarde Schulden aufgelaufen, und die Zinstilgung bereitet deftige Probleme. Was uns an kümmerlicher Hoffnung bleibt, ist, was Verantwortliche so in Hoffnungsbalsam mischen, »daß eine weitere Inanspruchnahme der öffentlichen Haushalte vermieden werden kann«. Nee, zum Lachen ist das nicht mehr.

Große Possen, kleine Possen – die auch der Sport immer wieder liefert. Seit Jahr und Tag dreht sich das Geredekarussell um eine endliche, weil längst überfällige Renovierung des Berliner Olympiastadions. Alles reifte nur bis zu Fehlanzeigen. Noch nichts tat sich. Nun wirbelten von der UEFA lange angemahnte Schalensitze Verschlafene hoch. Alle Einzelheiten des trotteligen Tuns brächten jedem Bauerntheater urigste Komödienstadel auf die Bühne, und das Publikum könnte sich lederkrachend auf die Schenkel schlagen. Hier scheint mir das Papier zu schade, um Details der Nachwelt aufzulisten. Jedenfalls stimmt: der Superlativ von provinziell ist Berlin.

Taten sich die hauptstädtischen Amts-Amateure schon bei der kläglichen Olympiabewerbung 2000 karnevalsordensreif hervor, so sind auch hierbei die 50 Millionen an Steuergeldern nicht vergessen, die das gescheiterte Konzept verursachten. Doch 50 Millionen werden als Peanuts lässig verkraftet. 800 Millionen sind allerdings ein etwas fetterer Happen. Den verschlangen, verschlingen die großzügigen Rest-Olympiabauten, Schmeling-Halle, Velodrom und Schwimm-Arena, die immer noch nicht fertiggestellt ist. Nirgends ist von überzeugenden Nutzungsideen zu lesen oder zu hören. Immerhin drohen monatliche Betriebskosten von mindestens 1 Million. Was-wird-Fragen hier, Achselzucken dort. Viele andere Beispiele könnten solch schwarzes Kapitel zum Schwarzbuch machen.

Berlin, Berlin, wie haste dir verändert …

Doch weil ich mich mit Zahlen, mit Summen quäle, kann ich auch diese nicht übersehen. Hier geht's um Milliarden. Wir erfahren, daß nach allem Geschehen unsere Armee freilich nicht abrüstet, sondern dringlich umgerüstet werden muß. In den ersten drei Jahren des neuen Jahrhunderts müssen 11 Milliarden her, um mit der Industrie bereits vereinbarte Projekte zu bezahlen. Panzerhaubitzen, Eurofighter, Hubschrauber namens Tiger und anderes, was – wohl – alles dringlich und lebensnotwendig ist. Damit uns kleinen Würstchen mit unseren Alltagssummen mal ein Licht aufgeht, nenne ich richtige Zahlen. Also: Für die Radpanzer braucht man (von wem?) 7 Milliarden, für Helikopter NH 90 stehen (von wem?) 12 Milliarden an, für Satellitenaufklärer auch 7 Milliarden, für neue Transportflugzeuge 8 Milliarden …

Tja, und das wird schwierig, rufen die Verantwortlichen, denn die Bundeswehr muß im Jahr 2000 mit – nur – 45,3 Milliarden Mark auskommen. Mein lieber Mann, wovon haben wir alles keine Ahnung! Übrigens, die 3 hinterm Komma bedeutet dreihundert Millionen, 300 000 000 Mark …

Ich rette mich ans Ufer. Zurück zum Sport. Dem sollen nach Sydney 20 Millionen abgezwackt werden. Vom Leistungssportetat, was höchstwahrscheinlich einige der 16 Bundesleistungszentren und 20 Olympiastützpunkte in Frage stellt. Wenngleich es das Oben betrifft, wirkt das natürlich auch nach unten, und Manfred von Richthofen, Präsident des Deutschen Sportbundes, warnt: »Das bringt verheerende Auswirkungen für die Sportförderung in den Haushalten von Ländern und Kommunen!«

Bevor Gallenreste muckern, ärgere ich mich aus. Doch halt! Das muß ich noch fragen: Für 20 Millionen, wieviele Panzer kriegt man dafür? Und wie viele Sporthallen oder Vereinsplätze oder Schwimmbäder?

Ich Trottel! Asche aufs kahle Haupt! Keine Ahnung von Tuten und Blasen. Wie kann man nur Äpfel mit Birnen vergleichen, Panzer und anderes, das die Welt zusammenhält, mit Sportanlagen – du meine Güte …

Garbrecht

Zu gern wäre ich bei solchem Familien-Spiel dabei. Einer fragt in die Runde, die drauf und dran ist, Namen, bekannte Namen einzuordnen. Also: Recknagel, Behrendt, Fritz Walter, Beckenbauer, Schmeling, Sparwasser, Cierpinski, Garbrecht … Stop! Wer überlegt da lange, zu lange? Wer weiß gar nichts damit anzufangen? Garbrecht …?

Und da geht mein Ärger los! Ein alter Ärger. Der richtet sich gegen Ungerechtigkeit und Ignoranz. Auch wenn ich wieder weiß, hier schimpft man ins Leere, kein Hahn kräht danach – es muß heraus.

Mich wurmt, daß mäßig-überdurchschnittliche Fußballspieler, Tennismenschen und Boxringbenutzer höhere Bekanntheitsgrade (wieder ein Ausdruck dieser Zeit) besitzen als Weltmeister, Olympiasieger von Sportarten, denen weniger Mediengunst gilt.

Garbrecht, Monique Garbrecht aus Berlin, wurde im Winter 1998/99 Sprintmehrkampf-Weltmeisterin im Eisschnellauf, und sie stellte dabei einen neuen 1000 m-Weltrekord auf: 1:14:62 min. Was bedeutet, sie preschte mit rund 60 Sachen ums Eisoval in Calgary, der Olympiastadt von 1988. Zehntausende feierten sie dort für etwas, was hier einige Hundert interessiert.

Für mich bedeutete das eine der überragenden Leistungen von 1999. Schon deshalb, weil Monique Garbrecht damit ein Comeback besiegelte. Klar, Comeback, das hat auch seine vielen Seiten. Boris Becker ordnet sein Tennisleben mit einem Marathon an Comebacks, bisher jedenfalls. Einer wie George Foreman, nun 50 Jahre alt, einst Box-Olympiasieger und dann Profi-Weltmeister im Schwergewicht, lebt als Comeback in Person. Monique Garbrecht damit zu vergleichen, wäre beleidigend.

Doch diese Eis-Frau war bereits als Teenager zweimal Junioren-Weltmeisterin. Dann, 1991, wurde sie Sprintweltmeisterin und Weltcupsiegerin. In Albertville bei den Olympischen Winterspielen 1992 sprintete sie auf den Bronzerang über 1000 Meter. Nach dieser Flut folgte Ebbe. Wie das oft im Leben ist. Bei jedermann. Bekannt und unbekannt. Viele schrieben Garbrecht schon ab. Andere flitzten ums Rondell. Franziska Schenk, Claudia Pechstein, Sabine Völker und natürlich, alle und alles überragend, Gunda Niemann-Stirnemann. Hier weiß der Eingeweihte allerdings auch, das ist das As der langen eisigen Distanzen.

1996 entschloß sich Monique Garbrecht zum zweiten Anlauf. Diesmal mit Trainer Joachim Franke, einem

Meistermacher. Auch an dieser Stelle ist jeder Berichterstatter, jeder Auf- und Nachzeichner von Geschehen immer im Nachteil. Er konzentriert sich auf Resultate. Dabei müßte der Weg zum Ergebnis im Mittelpunkt stehen. Das Wie des Erfolges. Das Woher. Der schwierige, komplikationsgefütterte Alltag. Ich bedenke das und respektiere die Leistung beider. Eissprinterin und Trainer. Sie verblüfften Konkurrenz und Publikum.

Anno 1999 ist Monique Garbrecht wieder Deutschlands Sprinterin Nr. 1. Sie wurde Vizeweltmeisterin über 1000 m, Weltcup-Siegerin und gewann die bereits erwähnten Titel und Trophäen. Daß endlich, endlich dabei auch bei den Eisschnelläufern etwas zu verdienen ist, macht die Sache für Garbrecht und Co. zusätzlich angenehm.

»Größte Schwierigkeiten bereitete der Klappschlittschuh. Den hatte Monique im ersten Teil ihrer Karriere natürlich noch nicht kennengelernt. Nun mußte eine gänzlich neue Technik gebimst werden«, kommentiert Joachim Franke die »Wiederauferstehung«. »Und«, setzt er optimistisch hinzu, »wir sind noch nicht am Ende.«

Frau Garbrecht wird jetzt 30. Nach Balzac, dem französischen Romancier und Frauenkenner, nähert sie sich nun erst dem »besten Frauen-Alter«. Im Sport, zumal in dem von heute, gelten andere, auch andere und knallharte biologische Gesetze. Monique, die Frau mit dem französischen Vornamen, will sie meistern.

Zu Hause wird ihr mit Sabine Völker die schärfste Widersacherin gegenüberstehen. Eine andere, Franziska Schenk, sucht hingegen beim Fernsehen Medaillen und Gewinn. Beide, Schenk und Garbrecht, stehen für Sport-, Lebens- und Berufshaltung. Jede auf eigene Weise. Wobei Werbekauffrau Garbrecht wohl die Welt mit realistischerem Blick betrachtet.

Bundestrainer Joachim Franke hält viel von ihr. »Erst, 1999/2000, steuern wir die jeweiligen Weltmeisterschaften von Nagano und Seoul an. Im südkoreanischen Olympiaort wird dazu eine neue, sehr moderne Halle eingeweiht. Die läßt sicherlich auch neue Rekordzeiten zu. Tja, und 2002? Salt Lake City, Olympische Winterspiele? Wir bleiben auf dem Teppich. Und gehen Schritt für Schritt. So lange die Kräfte reichen.«

Einer wie er muß es wissen. Zuerst aus eigenem Erleben. Franke stammt aus dem Lausitzer Eishockey-Ort Weißwasser. Dort rauschten einst die Kiefernwälder, wenn Zehntausende ihre einheimischen Puckjäger anfeuerten. Der Angriff Buder–Franke–Nowy ist allen Fachleuten und Fans noch in bester Erinnerung, wenngleich deren Taten nun schon 30 und mehr Jahre zurückliegen. 116mal spielte Franke im Eishockey-Nationaldreß. »Eine tolle Zeit! Doch dann, meinen Wechsel nach Berlin und den abenteuerlichen Schritt ins Eisschnelllauftrainer-Leben habe ich nie bereut.«

Wie auch! Der Mann aus der Lausitz zauberte Olympiasieger und Weltmeister. Das sind die Beweise: Uwe-Jens Mey, Olaf Zinke, André Hoffmann, Claudia Pechstein, Angela Hauck ... Die wiederum knüpften das Band zu anderen großen Könnern. Aus Ost – Haase, Schleiermacher, Kessow, Enke-Kania, Ehrig, Rothenburger-Luding, Börner – und West – Pflug, Keller ... Deutsches Eisschnellaufen nimmt einen Spitzenplatz ein. In allen Bilanzen. Leider spiegelt sich das in den Medien und in der von Medien beeinflußten Öffentlichkeit nicht annähernd so wieder.

Stephan Gneupel in Erfurt, dem dortigen Meister- und Bundestrainer von Niemann-Stirnemann, Völker und Co., den Eisschnellauftreuen in Chemnitz und beim Berliner TSC, in Gefrath und Inzell ist herzlich zu wünschen, daß sich Proportionen verschieben, hin zur Wahrnehmung wirklicher Leistungen. Thüringer Medien liefern schon hoffnungsvolle Ansätze. Und auch in der Berliner Halle von Hohenschönhausen, einst trostloser Kältetreffpunkt, inzwischen technisch stark verbessertes und von Publikum und Aktiven akzeptiertes Areal, sind deutliche Fortschritte zu spüren.

Daß alle Kufenkönner immer noch und stetig wieder Calgary als Nr. 1 loben, Hollands Heerenveen, schon wegen der einzigartigen Stimmung, auch Nagano, den letzten Olympiaschauplatz, verwundert keinen. Klasse setzt sich eben durch. Glücklicherweise. Und gerade deshalb müßte sich endlich in Deutschland diese Schere schließen, die sportliche Meisterschaft und – mehr oder minder – öffentliche und mediale Ignoranz auseinanderklaffen läßt.

Monique, Gunda, Claudia, Sabine – alle zu Hause vor Tausenden, die sich um Tickets rangeln; Stimmung wie bei Grönemeyer oder den Prinzen; Zwei-Stunden-Direkt-Übertragung bei ARD und/oder ZDF, spaltenlange Zeitungsberichte, Prominentenauflauf …

… Halt! Junge, reiß dich zusammen! Spinnen kann jeder. Kehre auf diese Welt zurück. Und bleib wenigstens ein Daumendrücker.

Suche

Jeder sucht. Sein Leben lang. Seinen Halt, seine Ufer, seine Straße.

Glücklich der, der findet.

Epikur riet vor 2300 Jahren zur Mäßigung. Genügsamkeit erhält Genußfähigkeit. Weniger ist immer mehr. Und: Frieden, Freude, Freunde führen zum Glück.

Rousseaus Imperativ »Zurück zur Natur«, ausgangs des 18. Jahrhunderts, seine aufklärerischen Forderungen waren auch Impuls für die Französische Revolution. Ihm war jeder Mensch frei geboren. Nur Unterdrückung, Egoismus, Eigentum »legten ihn in Ketten«.

Basedow in Dessau, Gutsmuths in Schnepfental, beide in Rousseaus Spuren, erzogen zur Menschenfreundlichkeit. Ihr Philanthropismus suchte auch mit bewußtem Sporttreiben, allseitiger harmonischer Ausbildung und Bildung, über die Gesundheit des Lebens zur Heiterkeit des Geistes zu führen.

Hufeland, Arzt und Philosoph im Berlin des scheidenden 18. Jahrhunderts, der Wieland, Herder, Schiller und Goethe behandelte, schuf mit seiner Makrobiotik neue Sichten. Über Lebenshaltung und Lebenseinstellung kann der Mensch gesund ein hohes Lebensalter erreichen. Zwei Irrwege hindern die meisten: das Zuviel oder das Zuwenig ...

Wo, fragt der Suchende, sind heute Denker und Lenker?

Wie findet der Jetztmensch Menschen, die über den Tag, Gesetze und Statuten, Programme, Anordnungen, Reden und Debatten, Wahlen und Resultate hinaus, Wegeweiser sind?

Wer weiß wen?

Greene

Das verleitet, frei nach »My Fair Lady« zu kalauern. Für Frederick Loewes großartige Musicalmelodien schrieb Alan Jay Lerner die Texte. Auch Mr. Higgins' »Es grünt so grün ...« Yes! Es greent so green von Mister Greene. Maurice Greene, 100 m-Sprintweltmeister, galt für viele seiner nicht unneidischen Konkurrenten bisher als mittelschwerer Aufschneider. Manche meinten, unverschlüsselt, der Kerl nimmt immer das Maul sehr voll. Faselt vom absoluten Weltrekord.

Jetzt ist es passiert. Im Sommer 1999, noch vor den turnusmäßigen Weltmeisterschaften im spanischen Sevilla, stürmte der Wahlkalifornier auf pfeilschneller Bahn in Athen die 100 Meter in 9,79 Sekunden hinunter. Auf diesem Kunststoffbelag war Greene, jetzt 25 Jahre alt, schon 1997 zum Weltmeister gekrönt worden. Nun ist er, was er wollte: schnellster Mensch der Welt.

Das weckt viele Geschichten, die eigentlich uns alle betreffen. Jeder lief schon mal schnell, mußte sich mindestens in der Schule Lehrers Stoppuhr stellen. Insofern haben wir alle zur Grundgeschwindigkeit des Menschen Zugang. Aus meinen schwächlichen Sprinterfähigkeiten mache ich kein Hehl. 100 Meter knapp unter 14,0 und 60 Meter gerade unter 9 Sekunden bewiesen: lange Beine sind noch lange keine Garantie für einigermaßen schnelles Rennen.

Deshalb ist es Hohn, wenn ich mich überhaupt mit Greene vergleiche. Als Schnellster der bisherigen Menschheitsgeschichte schafft er 36,772216 km/h. Ich schäme mich aber trotzdem nicht meiner recht mäßigen 25,89928 km/h. Alles ist relativ.

Greene steht in der Ahnenreihe ausgezeichneter Weltrekordler, von denen ich einige, glücklicherweise, direkt kannte und verehre, und die allermeisten sind US-Amerikaner. Jesse Owens rannte seine 10,2 Sekunden 1936, noch vor den Olympischen Spielen, in Chicago. Als ich ihn viel später, 1960, während der Spiele in Rom, interviewte, war das für mich eine besonders spannende Stunde. Oder Armin Hary, der auch vor den Olympischen Spielen, eben 1960, im Züricher Letzigrund, der

Geburtsstätte vieler Weltrekorde, als Allerersterr 10,0 Sekunden raste. Und es gab schon mal einen Greene als 100 m-Weltrekordler, Namensvetter Charles E. Greene, der 1968, die 10,0 egalisierte. Im selben Jahr in Sacramento lief er auch noch 9,9 Sekunden.

Kurz und gut, dies ist nun die Bestmarke aller Bestmarken, deren Ursprung im Jahr 1867 liegt. Da hastete ein Mister William MacLaren (Achtung, Formel 1-Freunde!) im britischen Haslingden in 11 Sekunden über 100,58 Meter. Die komische Distanzangabe entsteht aus der Umrechnung einer 110 Yards-Zeit ...

Jetzt, 132 Jahre später, gehört es sich aber, Mr. Tempo, Maurice Greene, noch knapp vorzustellen. In Kansas City geboren, wechselte er vor drei Jahren nach Los Angeles. Dort trainiert ihn John Smith, gemeinsam mit Greene-Freund Ato Bolden aus Trinidad, der selbst auf den Rekord der Rekorde erpicht ist. Greene, nur – darf man so urteilen? – 1,76 m groß und 75 Kilogramm schwer, fixierte schon zwei 60 m-Hallenweltrekorde, zuletzt 6,39 Sekunden. Was jeder wieder an seinem Familien-60 m-Rekord vergleichen kann ...

Für Sydney, das ist klar, sieht sich Greene als Riesenfavorit. »Nur mein Freund Ato kann mich bedrohen, aber nur als Zweiter ...«

PS: Medienecho anno 1999:

Ist es ein »sauberer« Rekord?

Immerhin hatte Greene über ein Jahr lang keine unangemeldete Dopingkontrolle ... Bei dem laxen USA-Kontrollsystem kein Wunder ...

Tacitus

Jawohl, bleiben wir bei Tacitus. Korrektur: Ich bleibe bei Tacitus. Ihn nehme ich als Beispiel und Vorbild. Er war nicht Olympionike, kannte noch nicht Fußball und Fernsehen, ahnte nichts von deutscher Teilung und deutschem Zusammenschluß. Wie ich überhaupt auf Tacitus komme? Erstens, weil ich Historiker immer bestaunte, deren Wissen um die Menschheitsgeschichte, Krieg und Frieden, Querelen, Kabalen, Konflikte, Könige, Herrscher, Untertanen, und weil ich ihn aus dem Geschichtsunterricht kenne. Tacitus, das blieb hängen. Zweitens, weil er mir für heutige Hilfestellung vollkommen unvoreingenommen oder, wie es jetzt heißt, unvorbelastet scheint. Drittens, weil er schon über Vor-Deutsches schrieb, und, ulkig, Deutsche dienten ihm als Vorbild.

Also, zur Geschichte ...

Tacitus, Vorname Cornelius, römischer Geschichtsschreiber, um 55 unserer Zeit geboren, hat nichts mit dem späteren römischen Kaiser Marcus Claudius zu tun. Nur Namensvetternschaft. Zu den Hauptwerken meines verehrten Tacitus zählt das »De origine situ moribus ac populis Germanorum«, von den Fachleuten knapp »Germania« genannt. Tacitus hält in diesem 98, also vor rund 1900 Jahren, verfaßten Buch über Germanien und Germanen seinen Römern den Spiegel vors Gesicht. In den Germanen, Nachbarn Roms, sah er ein Bild unverdorbener Kraft und Sitten, während Tacitus bei den römischen Zeitgenossen das Gegenteil erblickte. Verfall der Moral mit allem Sittenlosen. Obwohl Tacitus' historische Beobachtungen und Bemerkungen bis in dieses Jahrhundert von Geschichtsexperten als durchaus glaubwürdig bezeichnet werden, regte sich natürlich auch heftige Kritik. Parteilichkeit des Urteils war ein Generaleinwand, den lange nach Tacitus auch Napoleon erhob. Zur Verteidigung hieß es wiederum, Tacitus strebe redlich nach der Wahrheit, nur sei der republikanische und zugleich aristokratische Blick eben vom Vorurteil umflort, was menschlich ist. Und, jetzt zitiere ich Historikermeinung zu Tacitus, »die wahre Objektivität, die zwischen Haß und Liebe in der Mitte liegt«, kannte er noch nicht ...

Genau das macht mich Heutigen stutzig. Wo liegt die deutsch-deutsche Objektivität der Urteile anno 1999? In der Mitte? Wenigstens dort, oder doch sehr an den Rändern, bei Haß oder Liebe? Ich fürchte, auch jetzige Historikerbrillen tragen Staub. Vielleicht, weil die Gegenwart doch so nahe, der Abstand so kurz ist.

Getrennte Vergangenheit – gemeinsame Geschichte?, lautete die deutsche Fragestellung, die Ende Mai in Berlin zum Geschichtsforum 1949-1989-1999 auf die geschichtswissenschaftliche Tagesordnung gesetzt war. Im Preußischen Landtag und in der Humboldt-Universität diskutierten dazu in über 70 Fach-Veranstaltungen Historiker, Politiker, Zeitzeugen, Künstler, Journalisten ... Zuerst ein Extra-Bravo den Veranstaltern: Zentrum für Zeithistorische Forschung Potsdam, Bundeszentrale für politische Bildung Bonn, Zentrum für angewandte Politikforschung Ludwig-Maximilians-Universität München und »Gegen Vergessen – Für Demokratie« Bonn. Deren Initiative und Mühe haben Dank verdient.

Jeder Anstoß ist wichtig, weil dringlich, denn in den zehn zurückliegenden Jahren neuer deutscher Einheit haben wir schon zu viel Zeit verloren. Ich weiß von anderen Lücken, aber zur Behauptung kann ich nur auf mein Erfahrungsloch, ein Riesenloch verweisen: Im knappen Jahrzehnt deutsch-deutscher Vereinigungs-, Verständigungs- und Vergangenheitsprobleme gab es auf dem Medienfeld von Radio und Fernsehen nicht einen einzigen Versuch, beiderseits Getanes und Unterlassenes und alle Beziehungen oder Nichtbeziehungen aufzuklären. Nullkommanichts. Dazu muß ich persönlich werden. Auch auf die Gefahr hin, von Unfreundlichen der Wichtigtuerei gescholten zu werden. Bitte. Aber, weil das Problem brennt, und von Löschen kann keine Rede sein, nehme ich das in Kauf. Also: vielleicht gibt es da und dort, von Radio- oder Fernsehverantwortlichen der Bundesrepublik initiiert, Diskussionen. Ich wurde nicht zu einer einzigen geladen, und – jetzt liefere ich die Vorlage zum Gegentor! – ich halte mich in den gemeinten Zusammenhängen von erlebter Geschichte in Sport und Medien als Zeitzeuge und Fachkenner nicht für gänzlich unbeschlagen. Deshalb gebe ich auch keine nun endlich befriedigten Eitelkeitsgefühle wieder, wenn ich ebenso laut feststelle: dies, im Endmai 1999, war mein Diskussionseinstand auf solcher Ebene, die Unterschiedlichste zusammenführte.

Tagelang ließ ich Gehörtes und Gesehenes vom Spontanen zum Nachdenklichen reifen. Nun, Wochen danach, komme ich in einem Punkt immer noch nicht zum anderen Schluß: Historiker forschen wohl auch heute mit umflortem Blick. Parteilichkeit und vorgefaßte Beurteilungen sind weder zu übersehen noch zu überhören. Und dabei ist Tacitus schon so lange tot, und seine Epigonen auch. Als lebender Laie der Geschichtsforschung kann ich mich nur trösten: wahrscheinlich war es immer so. Haß und Liebe, vor allem die Vorliebe zum persönlichen Standpunkt als Nabel der Welt, und wenn es nur die deutsche Welt ist, dominieren. Auch bei Historikern, die, Zusatztrost, eben auch nur Menschen sind.

Dennoch – ich erschrak. Vergeßlichkeit, Unwissenheit, die bereits Sokrates als größtes Übel der Menschheit bezeichnete, oder nicht verrückbare Voreingenommenheit bleiben als Gesamteindruck. Dabei hatte Bundestagspräsident Wolfgang Thierse in seinem Eröffnungsvortrag einen ebenso sachlichen wie emotionalen und zugleich toleranten deutsch-deutschen Ein- und Ausblick angeboten. Der war frei von Denkschablonen und Meinungsrastern, die bisher nur hinderlich wirkten. Er kennzeichnete uns alle als »Problemlösungsgemeinschaft«, und Thierse zog vorsichtige Bilanzen des Vergangenen, setzte mit freundlichen und konsequenten Hinweisen und Aufforderungen neue Hoffnungssignale. Seine Geschichtserkenntnisse und Gegenwartsbeschreibungen waren »der Mitte« am nächsten. Wobei Mitte nicht »Friede, Freude, Eierkuchen«, Streicheln für alle, Augen zu und durch (zur inneren Einheit?) bedeutet, sondern möglichst ehrliches Suchen nach deutschen Wahrheiten, da und dort, denn selbstverständlich lebten, leben wir alle gemeinsame Geschichte.

Da Wolfgang Thierses Gedanken in den Tages-Medien viel zu kurz wegkamen, gebe ich sie in meinen Nachspiel-Zeit-Überlegungen ausdrücklich und gern, leider freilich nur in Auszügen, wieder:

»... Fünfzig Jahre Deutschland, das heißt doch in Bezug auf die deutsche Geschichte sowohl Verbundenheit als auch Getrenntsein. Die Deutschen besitzen eine gemeinsame Geschichte in doppelter Staatlichkeit und zugleich vierzig Jahre getrennter Erfahrung ... Auf diesem Geschichtsforum geht es um die Aufarbeitung der unterschiedlichen und doch aufeinander bezogenen Entwicklung beider deutscher Staaten, von deren Gründungen bis 1989/90, um Ausbildung und Wirkung von Herrschaftsstrukturen und Mentalitäten, sozioökonomische und kulturelle Entwicklungen, um Vorgeschichte,

Verlauf und Bedeutung der friedlichen Revolution vor zehn Jahren, um die Frage, was die neun Jahre nach der Wiedervereinigung für die fünf östlichen Bundesländer und für Deutschland insgesamt gebracht haben ... Konsens ist, soweit ich sehe, daß es erstens die Ergebnisse der historischen Wissenschaft in der DDR kritisch aufzunehmen gilt, und zweitens, daß die alte westdeutsche Trennung in DDR-Forschung einerseits und Untersuchung zur westdeutschen Geschichte, die dann mit der deutschen Geschichte gleichgesetzt wurde, andererseits aufzugeben ist ... Ebenso wichtig scheint es mir, daß diese Diskussionen und Gespräche um das Trennende und Gemeinsame und das Trennende im Gemeinsamen unter West- und Ostdeutschen »auf gleicher Augenhöhe« stattfinden. Eine solche gegenseitige Anerkennung und das Geltenlassen unterschiedlicher Erfahrungen ist ein wichtiger Beitrag zur inneren Einheit Deutschlands. Denn aus beidem, dem Aufbau gemeinsamen Wissens und dem gegenseitigen Respekt vor den unterschiedlichen Erfahrungen und Lebensleistungen, wird die Grundlage für die Ausbildung jener Identität gelegt, die sich einmal im Bewußtsein einer selbstverständlichen Zugehörigkeit zur Gemeinschaft der Deutschen jenseits von Ost und West (und Süd und Nord) ausdrücken wird und die zugleich offen ist für eine europäische Perspektive ... Die Bedeutung des Geschichtsbewußtseins liegt ja gerade darin, daß es die individuelle Biographie mit der Geschichte der eigenen Gesellschaft, der eigenen Nation verbindet. Die Frage, wer einer ist, beantwortet sich auch durch die Erzählung dessen, wie er geworden ist ... Das setzt zugleich eine gesteigerte gegenseitige Zuhörbereitschaft voraus ... Daß viele Ostdeutsche sich so schwertun, in diesem geeinten Deutschland anzukommen, hat auch damit zu tun, daß ihre eigene Erinnerung an ihre erlebte und gelebte Geschichte eine ganz andere ist. Da gab es nicht das Schwarz-Weiß-Bild des guten, demokratischen und hoffnungsfrohen Neuanfangs der Bundesrpeublik und der schäbigen diktatorischen und düsteren Kopie der sowjetischen Entwicklung im Osten, in der DDR. Die Wirklichkeit war komplizierter, differenzierter, vielfältiger ... Indem wir der Neigung widerstehen, die Geschichte der Bonner Republik nur als beispiellose Erfolgsstory glattzubügeln, schaffen wir auch den Raum, die DDR-Geschichte einer differenzierten Betrachtung zuzuführen ....«

Schade, schade, hier nicht Weiteres, eigentlich alles anführen zu können, was Thierses Einführung zur deutsch-deutschen Geschichtsdiskussion sachlich, emotional und hoffnungsfroh (eines seiner Worte) animiert. Seine Bezüge, beispielsweise, zur »Doppelstrategie von Amnesie und Amnestie, von Vergessen und Begnadigung«, die die zweifelhafte Fortsetzung von Nazi-Karrieren in Westdeutschland ermöglichte, womit er einen wichtigen Beitrag Paul Noltes aus der »Frankfurter Allgemeinen Zeitung« aufnahm.

Ich belasse es bei diesen Zitaten, und knüpfe an die letzten Hinweise an. Auf dem Geschichtsforum ging es – unter anderen Sportbezügen – natürlich um München 1972 und die Olympischen Sommerspiele. Erstmals trat dort die DDR mit eigenen offiziellen staatlichen Symbolen an. Das löste auf beiden deutschen Seiten gewaltigen Wirbel aus. Neben verständlicher Genugtuung nutzten das DDR-Politiker zur primitiven Agitationskampagne und bundesrepublikanische rangen verzweifelt um teils groteske Auswege. Dies wurde von Historikern auf dem Forum nachgezeichnet, allerdings immer noch mit simplem Westblick und ohne jeglichen Fingerzeig auf alle Ursprünge. Anfänge bestimmen Verläufe. Alle Politik hat immer eine Quelle. Mein Erinnern, daß 1949 erster Präsident des Nationalen Olympischen Komitees der Bundesrepublik Deutschland Herzog Adolf Friedrich von Mecklenburg wurde, letzter Gouverneur der ehemaligen deutschen Kolonie Togo und nach 1945 Vorsitzender des bundesdeutschen Kolonialkrieger-Verbandes, blieb ebenso total echolos wie ein anderer Hinweis, der an noch Verhängnisvolleres erinnerte. 1950 übernahm Ritter von Halt die NOK-Präsidentschaft. Er war letzter nazideutscher Reichssportführer, Mitglied des Freundeskreises Himmler, Präsident der Organisationskomitees beider Olympischer Spiele von 1936 und, und, und ... und er verhinderte maßgeblich die Teilnahme von DDR-Sportlern an den Olympischen Spielen 1952. Daraus und aus anderem wuchs vieles, was den Weg beider deutscher Sportorganisationen dauerhaft belastete. So wenig, wie wir die Schattenseiten des DDR-Sports und seines Weges wegwischen dürfen, darf eigentlich kein Zeitzeuge des bundesdeutschen Sportes solche Tatsachen totschweigen, und schon gar nicht Historiker.

Wenn ich dann höre und lese, was Hans-Joachim Veen, Forschungsdirekter der Konrad-Adenauer-Stiftung, auf dem Forum äußerte, sehe ich leider immer noch schwarz. Kostproben: »Der Ruf nach innerer Einheit erzeugt einen falschen Gemeinschaftsmythos« und »Die innere Einheit kann nicht mehr sein als eine Zustimmung zum Grundgesetz, seinen Institutionen und seinen Grundwerten. In diesem Sinne ist die innere Einheit bereits vollendet.«

Schade, daß Tacitus und dessen Kritiker dies alles nur vom Himmel aus verfolgen können. Könnte er doch noch einmal »Germania« schreiben ... Mit Wilhelm von Humboldt, der uns steinern vor der Berliner Universität begrüßt, bleiben wir irdisch. Er ist uns in vielem näher. Besonders mit dem Hinweis: »In der Vergangenheit und Erinnerung liegen unendliche Kraft.« Ja, wenn man sie, endlich, nutzt.

Sydney

Wenn ich von meiner Schreibmaschine (Modell Erika, zirka 20 Jahre alt) hochgucke, direkt in eines der Bücherregale, fällt der Blick auf den Holzbumerang. Von den ganz wenigen aufbewahrten Erinnerungsstücken hob ich das, über 43 Jahre, bis heute auf, weil es an meine längste, umständlichste und vor allem interessanteste Reise erinnert. Die nach Australien.

Zweimal übertrug ich vom »fünften Kontinent«. 1956, als Melbourne Austragungsort der Olympischen Sommerspiele war, und 1985, als sich in Canberra die Leichtathletik-Elite zum Weltcup traf. Beide Reisen führten über Sydney. Doch dazu später.

1956 ging es noch per Propellermaschine ins Känguruh- und Bumerangland. Wenn ich das heute überdenke, war es ein Glücksfall. Dadurch wurden Hin- und Rückflug zur Weltreise. Allein hinwärts, mit Start im tristen europäischen November, führte die Route wegen der vielen notwendigen Zwischenlandungen von Berlin-Tempelhof zuerst nach Amsterdam, weil wir auf KLM-Ticket flogen. Wir, das waren Werner Eberhardt, Wolfhardt Kupfer und ich. Von Amsterdam gings nach Rom. Dann folgte Karatschi als nächster Etappenort. Pakistans Hauptstadt verabschiedete uns nach Bangkok. Weiter nach Manila. Unvergessen ist auch die Äquatortaufe mit Urkunde und wackelnden Tragflächen. Ein Co-Pilot hatte sich extra als Neptun verkleidet. Biak auf Neu-Guinea war letzte Nachtstation. Dann Sydney, Melbourne, wo uns australischer Sommer empfing. Allein der Luftsprung von Sydney nach Melbourne maß nochmals 1000 Kilometer ...

Über Melbourne aus heutiger Sicht zu schreiben, brächte ein weiteres dickes Buch. Deshalb nur, kurz vor Sydney 2000, das Allerwichtigste. Nach den fairen, freundlichen, bescheidenen, klar auf den Sport konzentrierten Helsinki-Spielen 1952, beschenkte uns Melbourne mit unvergessener Fortsetzung, just in diesem Geist. Alles war überschaubar. Alles freundlich und normal, ohne Hast und Hektik organisiert. Melbournes Gastgeber erwiesen sich als ebenso vergnügliche, tolerante wie sportbegeisterte Menschen, die ihre ganze Meisterschaft aufs Wohlbefinden der Gäste konzentrierten. Nichts vom Marathon der Empfänge. Keine Selbstbespiegelungen der Obrigkeiten. Und das IOC stand im Hintergrund. Wie es sich gehört. Kurzum – die Kirche blieb im Dorfe. Olympia war im Lot.

Auf der Rückreise gab es erneut einen Sydney-Zwischenstopp. In Erinnerung blieb, was schon in Melbourne drei Wochen lang faszinierte: Vorweihnachtsstimmung bei 30 Grad im Schatten. Von überall knisterte Lamettaflattern, klangen Weihnachtsmelodien durch die Straßen. In der St. Andrews-Kathedrale hörte ich Italiens Mario Lanza, den Pavarotti jener Jahre, mit großem Chor und Christmas-Songs. Um ausnahmsweise das Allerweltswort zu gebrauchen – herrlich.

1985 nach Canberra, der Hauptstadt, flogen wir freilich viel schneller. Wie formulieren das Damen und Herren der Jet-High-Society? »Man düst eben ...« Bitte, Ladies und Gentlemen. Sydney war wieder Zwischenstation, und damals bestaunten wir, direkt am Port Jackson-Ufer, das neue Opernhaus. Eine architektonische Meisterleistung. Richtig – Ufer, Bucht an Bucht, was Sydney auch kennzeichnet als Welthafenstadt am Pazifik. Egon Erwin Kisch auf den Spuren des Australien-Entdeckers James Cook schwärmte davon, sah »Busen, liebliche Busen, links und rechts«.

Um nicht weiter ins Schwärmen zu geraten: Jawohl, Sydney ist eine beeindruckende und zugleich schöne Riesenstadt. 1800 zählte man 2600 Einwohner. 1900 waren es schon 400000. Jetzt sind es mehr als 3,5 Millionen. Das heißt, Sydney meldet etwa die gleiche Einwohnerzahl wie Berlin.

Und das ist Stichwort. Im Ringen um Olympia 2000 besiegte Sydney Berlin um Längen. Die Vergabe wurde zum Berlin-Debakel. Man kommt nicht umhin, noch einmal an alles Dilettantische, ans Amateurige zu erinnern, das damals, ein halbes Dutzend Jahre zurück, die Sportwelt über alle selbsternannten »Profis von Berlin« lachen ließ. Vergessen, Schnee von gestern, könnte man heute versöhnlich lächeln, wenn nicht zur Jahrhundertwende Berlin immer noch und immer wieder neue fatale Beispiele meisterlichen Dorfsinns böte. Und nicht nur im Sport und allem, was dazu gehört.

Alle Athleten und Journalisten und Zuschauer, die Sydney erreichen, werden sich freuen. Moderne Sportbauten und ganz gewiß wieder sehr gastfreundliche, weltaufgeschlossene, tolerante Gastgeber und Organisatoren dürften einen würdigen Olympiaort präsentieren. Bestimmt hat sich auch sonst vieles getan. Ich beziehe mich auf die seit 1985 verflossenen 15 Jahre. Ein Batzen Zeit.

Wer durch die vielen Parks, Hydepark, klar, den muß es in Australien so wie in England geben, durch den Viktoriapark schlendert, durch Georgestreet und Bridgestreet spaziert, wer den weiten Botanischen Garten durchwandert, die drei Unis besucht, den Gouverneurspalast bestaunt, wird viel, viel Freude finden. Wenn ich jetzt in meinen alten Aufzeichnungen blättre, stoße ich noch auf etwas, das imponierte, nämlich eine der zahlreichen Buchten-Kennzeichnungen: Woolloomooloo-Bay. Ich finde auch wieder, was ich mir schon für die Spiele 1956 notierte:

Nur ein Australier bildete 1896, beim Premierenfest der Modernen Spiele in Athen, das Aufgebot des 5. Erdteiles. Der Mann (Frauen waren bekanntlich gänzlich ausgesperrt) hieß Edwin Flack. Doch der Mittelstreckler erwies sich unter den insgesamt 311 Athen-Teilnehmern aus 13 Ländern als besonders effektiv. Er siegte über 800 m in 2,11 min., und über 1500 m in 4,33 min. Das brachte Australien in der bereits damals eingeführten Länderwertung immerhin auf Platz 8. Daß Flack seine Heimat lange nicht sah, weil er einem Londoner Verein angehörte, verringert nicht meine Bewunderung.

Noch eine Geschichte aus der Olympiageschichte, diesmal von 1900 in Paris. Da starteten schon total 1344 Athleten aus 22 Ländern. Australien schickte diesmal zwei. Doch auch die waren außerordentlich erfolgreich. Stan Rowley ersprintete dreimal Bronze, über 60 m (7,2 Sekunden), 100 m (11,2) und 200 m (22,9). Er sorgte aber auch noch für einen kleinen olympiahistorischen Paukenschlag. Den Briten fehlte beim 5000 m-Gemischten Mannschaftslauf der fünfte Mann. Pfiffig überredeten sie Sprinter Rowley. Der durfte nach damaligem Reglement für Großbritannien starten, weil Australien zum Britischen Dominion gehörte. Als die vier »echten« Briten schon im Ziel waren und die Franzosen als überhaupt einzige Kontrahenten bereits in der Addition aller Plätze bezwungen hatten, konnte Spaßvogel Rowley als 10. und Letzter die Zuschauer mit einer Spaziergang-5000 m-Runde unterhalten. Er lutschte Eis, winkte ins Publikum und – holte sich später bei der Siegerehrung die Goldmedaille ab. Australiens zweiter Olympiastarter von 1900 hieß Mackintosch. Unter 52 Schützen holte er die Bronzemedaille – Achtung! – im »Schießen auf lebende Tauben«.

Bei meinem ersten Olympiaerlebnis in Helsinki, 1952, begeisterten mich besonders Australiens Sprinterinnen. Marjorie Jackson, die über 100 und 200 Meter mit Weltrekordzeiten Gold gewann, und – schon der Name war mir sympathisch – Shirley de la Hunty-Strickland, die über 80 m-Hürden siegte. 1956 in Melbourne sah ich sie wieder. Dort schafften hinter den beiden Australierinnen Christa Stubnick und Gisela Köhler, später Birkemeyer, Silbermedaillen.

Wer bisher noch nicht spürte, daß ich für (fast) alles Australische viel übrig habe, ist selber schuld. Meine ziemliche Verehrung verschafft mir mit Blick auf Sydney im September 2000 auch eine gehörige Portion Hoffnung. Die will ich noch beschreiben.

Olympias große Idee und Absicht verlor sich im Laufe der Jahrzehnte. Wobei »verlor« noch ein freundliches Wort ist. Was bis 1960 in Rom als durchweg olympiawürdig, umfassend gemeint, gelten darf, geriet danach zunehmend unter die Räder von Gigantismus und Kommerz. Das Internationale Olympische Komitee – wir konnten uns eingangs des Buches bereits gemeinsam darüber ärgern – ließ es geschehen, um es, schließlich und schlimm, spätestens seit 1984 bewußt zu fördern. Das bedeutete Niedergang. Das ist Schmach. Übrigens gelten diese Feststellungen für Sommer- und Winterspiele.

Jetzt bietet sich für Sydney die Riesenchance, eine Wende zu signalisieren! Es wäre ungerecht, von Sydney bereits die drastische Kehrtwendung zu erwarten. Das geht auch gar nicht. Doch Lichtzeichen, mindestens für ungebrochene Gastgeberfreundlichkeit gegenüber jedermann, für auf diesem Kontinent besonders ausgeprägte Toleranz, für vielleicht etwas weniger Brimbamborium, für eine neue Krume Bescheidenheit, wenigstens in Äußerungen und Absichten – das könnte möglich sein. Ich traue es Sydney, ich traue es den Australiern zu. Wenn überhaupt irgendwo, dann – jedenfalls zu diesem Zeitpunkt – ist es dort möglich.

Olympia braucht diesen Impuls zur Rückkehr Richtung Ursprünglichkeit. Schraubt sich das Ungetüm, der Moloch Olympia weiter in schwindelnde und absurde Höhen, was für und in Salt Lake City bei den Winterspielen 2002 leider zu befürchten bleibt, rückt der Absturz immer näher. Olympia in Idee und Ausführung braucht Balsam. Wenigstens den des besseren Wollens.

Daß auch Australiens IOC-Mitglied Phil Coles fürs Kassieren von mindestens 37000 Dollar als Salt Lake City-Vergnügungsspesen ins Zwielicht gerät, dämpft übertriebene Hoffnungen auf neuen Geist und faires Tun. Auch alle angekündigten Eintrittspreise. 1700 Mark für ein Eröffnungs- oder Schlußfeierticket sind hanebüchen. In Atlanta, bisheriger Höhepunkt aller Geldschindereien, wurden »nur« 1200 verlangt ... 550 Mark sollen Billets fürs Schwimmfinale kosten, auch die Leichtathletikendkämpfe, und 430 Mark Boxfinale. Das alles ist happig. Kein Wunder, wenn unter diesen Vorzeichen 59% der Gastgeber erklären, keine Wettkämpfe zu besuchen. Schade. Es bleiben jedoch die anderen Chancen zur Weichenstellung. Auf die baue ich.

Wenn dann, Anfang Oktober, zum Abschied wieder das »Waltzing Matilde«, das populäre australische Lied vom Reisen, von Sehnsucht, Heimweh und Wiederkehr erklingt, hat es Sydney hoffentlich der ganzen Welt gezeigt.

Athen, das man 1996, hundert Jahre nach der olympischen Wiedergeburt mit der Vergabe an Atlanta betrog, kann 2004 einen weiteren Gesundungsbeitrag leisten. Und das an Kopf und Gliedern kranke IOC auch. Bei der Vergabe kommender Spiele sind endlich China, Afrika und der südamerikanische Subkontinent zu berücksichtigen. Geschieht das wieder nicht, weiß jeder: olympische Heuchelei, die Lüge vom universellen Sport, der aber immer weiter nur den schon Reichen vorbehalten bleibt, schaufeln das Grab.

Ausblick

Ausblick?

Der Autor stutzt. Bis auf die zu Übersicht, Ein- und Aussichten und Zweckoptimismus verpflichteten Politiker wird jeder andere Zeitgenosse sofort Bremsen spüren. Ausblick? Wohin? In welche Richtung? Je länger ich darüber nachdenke, desto länger werden auch die Pausen. Immer, wenn ich einen Strohhalm halte, der mir geringste Festigkeit schenken soll, rühren sich alte, hundertfache Zweifel. Wer wagt es, uns, dieser Welt etwas vorauszusagen?

Ernsthaft überlegt: wenn überhaupt, dann ... Dann sind es kürzeste Blicke nach vorn. Mithin, wieder ist es die Zeit, die alles reguliert. Auch die Wetterwerker riskieren ausgangs des 20. Jahrhunderts weiterhin nur Kurzprognosen. Zwei, drei, maximal vier Tage Ausblicke sind möglich. Mehr? Kopfschütteln. Jedenfalls, wenn sie seriöse Arbeit leisten wollen und nicht zu den Barometerclowns gehören, die aus dem Fröschehandwerk heute Entertainer-Amateurauftritte für sich selber inszenieren.

So also ließe sich aufs Glatteis rutschen: Ja, eine Fußball-Bundesliga dürfte auch noch im Jahr 2002 existieren, und Olympia sollte die nächsten 5 Jahre überleben, und die Tour de France ebenso. Oder? Neues Stutzen. Zu weit hervorgewagt? Nein, ich bin kein Ausblicker mehr. Zu viele Ausblicke, die ich mit nicht wenigen teilte, gingen daneben. So wie ein simpler Rennbahntip. Futsch. Und dabei handelt, handelte es sich um nichts Geringeres als unser Leben.

Wenn überhaupt, dann klammert sich der heutige Mensch an Fakten. Oder an das, was als Fakten angeboten wird. Und zwar in Hülle und Fülle. Wie – jedenfalls mitten in Europa – Nahrungsmittel in den Kaufhallen. Da besitzt Überfluß Methode. In den Läden wählt jeder, was er will. Jedenfalls glaubt er das.

Im großen Mediengeschäft wird die Ware Nachricht exakt so umgesetzt. Je mehr, desto besser. Besser heißt hier, um so größer wird die Verwirrung. Wobei auch der Medienkonsument glaubt, immer noch durchzusehen. Andere, die Medienmacher, wissen es besser. Ihr Job ist, mit vermeintlichen Informationswolken Durchblicke, Ausblicke zu verschwiemeln. Selbst bei fünf tatsächlich, oder wahrhaftig guten Nachrichten tritt Verwirrung ein, weil fünfmal Nachricht auch fünfmal Verpackung bedeutet. Jeder übriggebliebene Tante Emma-Laden-Betreiber weiß: viel Tara vom Brutto macht weniger Netto. Uraltes Geschäftsprinzip.

Aber, was solls. Auch gegen Ende des Jahrhunderts werde ich kein Händler. Mir reichts, wenigstens halbwegs jeden Tara-Schwindel zu begreifen. Dazu gehört Selbstkritik. Ja, auch ich bin Hunderte Male hinters Licht geführt worden, merkte zu spät, daß der Käse stark stinkt, die Rennen längst gelaufen sind, derweil man mir einredete, immer noch eine Startnummernoption – das sind Worte der Zeit – zu besitzen. Die Mini-»Siegfried und Roys« sind überall unter uns. Trickser, Antäuscher, Vorgaukler, Manipulierer, Ausblickvernebler, Illusionisten.

Jetzt offeriere ich ein Nachrichtengemenge. Alles Fakten, mindestens aber Meldungen aus der Sterbephase dieses Jahres, dieses Jahrzehnts, des abdankenden Jahrhunderts. Bunt gemischt. Da alles in Zeitungen stand, darf es jeder so ernst nehmen wie er kann.

Seit Juli 1999 feiert die Fußballwelt einen neuen »Weltrekordler«. Christian Vieri wurde von Lazio Rom zu Inter Mailand transferiert – so heißt das branchenübliche Wort für modernen Menschenhandel. Dabei kassierte Verkäufer Lazio Rom 90 Millionen Mark. Vieri empfängt nun jährlich 8 Millionen Mark netto. Das ist mehr, als der inzwischen irdisch eingeordnete Wunderknabe Ronaldo erhält. Machen wir uns das zweifelhafte Vergnügen und rechnen nach: bei 50 Spielen pro Jahr, mehr sind kaum möglich, kann Vieri 50mal auf einen Arbeitslohn (?) von jeweils 160000 Mark für 90 Minuten verweisen, also pro Minute rund 1800 Mark ... Wenn das nicht Rekorde menschlicher Vernunft sind? Halt! Neuer Dummheitsrekord! Gerade wird gemeldet Landsmann del Pieri wird bei Juventus Turin 8.5 Millionen Mark per anno bekommen. Das sind pro Partie 170000 Mark und pro Minute 1900 ...

Detmar Cramer, einst Bayern München-Trainer und dann Fußballweltenbummler: »Wer Millionen verdient, muß glauben, daß er perfekt ist. Viele junge Herren sind einem Honorar in dieser Höhe aber charakterlich nicht gewachsen ...«

Cesar Louis Menotti, Trainer der argentinischen Weltmeistermannschaft von 1978, jetzt 60: »Ja, ich habe immer unterschieden zwischen linkem und rechtem Fußball. Daran hat sich auch durch die Globalisierung des

Fußballs nichts geändert. Der rechte Fußball ist verlogen. Und egoistisch. Nur der Sieg zählt. Ihm ist jedes Mittel recht. Linker Fußball soll dagegen Lebensfreude vermitteln. Er soll Spaß machen. Er ist schön, großzügig und künstlerisch. Was zählt, ist nicht allein der Sieg, sondern vor allem der Weg, wie man diesen erreichen will.«

Nevio Scala, Ex-Trainer von Borussia Dortmund: »Solche Bezahlungen (Vieri, del Piero, Veron ...) entziehen sich der Beurteilung mit normalen Maßstäben. Diese Ablösesummen sind unglaublich und unmoralisch.«

Der britische Tierforscher Bryan Jones ist überzeugt, daß Fernsehunterhaltung zur Entspannung von Hühnern in engen Legebatterien beitragen kann. Sein Team vom Roslin Institute in Edinburgh berichtet, Hühner mit Fernsehunterhaltung wachsen schneller, brauchen weniger Futter, legen größere Eier und wirken glücklicher. Eine halbe Stunde Fernsehen pro Tag machen sie selbstbewußter.

In Deutschland ist die Zahl der Ehescheidungen auf einen neuen Höchststand geklettert. Wie das Statistische Bundesamt in Wiesbaden berichtet, ließen sich 1998 190000 Paare wieder trennen. Das waren drei Prozent mehr als im Vorjahr. Jede 99. Ehe wurde also geschieden.

In den vergangenen drei Jahrzehnten sind nach Angaben der World Wilde Fund for Nature (WWF) ein Drittel aller Bodenschätze und Rohstoffe wegen steigenden Verbrauches der Menschen verschwunden. Pro Jahr könne eine weitere Verschlechterung von jeweils drei Prozent festgestellt werden. Die Industriestaaten stehen an der Spitze des Verbrauches. Sie benötigen im Durchschnitt zweieinhalbmal mehr Rohstoffe als alle Entwicklungsländer zusammen. Weltweit wurden zwischen

1960 und 1990 13 Prozent aller Waldflächen abgeholzt, ein Gebiet von der Größe Spaniens.

Die Weltgesundheitsorganisation (WHO) attackiert erneut, Mai 1999, die Tabakkonzerne. »Die Tabakindustrie hat Produktionsinformationen über die negativen Konsequenzen des Rauchens immer verborgen. Sie hat mit ihren Werbungsetats verhindert, daß Zeitungen und Zeitschriften über Gesundheitsschäden berichten. Auch gebe die Industrie Studien in Auftrag, die Zweifel an der Schädlichkeit des Rauchens aufkommen lassen sollen. Nach Angaben der WHO werden 500 Millionen Menschen, die derzeit rauchen, frühzeitig an ihrem Laster sterben. Deshalb verlangt die Organisation ein weltweites Verbot für Tabakwerbung ...

Astrid Benöhr, 41 Jahre, aus Bergisch-Gladbach, hat im Juli 1999 den Männer(!)weltrekord im zehnfachen Ultra-Triathlon gebrochen. In Luckau (Brandenburg) überquerte sie nach 38 Kilometer Schwimmen, 1800 Kilometer Radfahren und 422 Kilometer Laufen die Ziellinie in neuer absoluter Rekordzeit von 187 Stunden und 18,37 Minuten. Seit dem Start hatte Benöhr nur 8 Stunden Schlaf. Nun sind die Männer am Zuge.

Kurz vorm Start zur Fußballmammutsaison 1999/2000 hat Dr. Wilfried Kindermann, Arzt der deutschen Fußballnationalelf, erneut vor der Überlastung deutscher Fußballprofis gewarnt. Generell könne ein Spieler die Belastungen von Champions League, EM-Qualifikation, Bundesliga, Pokalspiele, Freundschaftspartien und EM-Endrunde nicht durchstehen. »Ich kenne keine Ballspielsportart, deren Saison 11 Monate läuft. Auch Nationalspieler brauchen ihre Pausen, sonst werden sie verbrannt.«

Ost- und Westdeutsche entwickeln sich nach einer neuesten Studie (Juli 1999) immer weiter auseinander. Die

Ostdeutschen fühlen sich heute mehr denn je als Menschen zweiter Klasse ... Nach einer vom Sigmund-Freud-Institut (Frankfurt/Main) und der Leipziger Universität in Auftrag gegebenen Umfrage sind die Bürger in den neuen Ländern im zehnten Jahr der deutschen Einheit wesentlich pessimistischer und unzufriedener mit ihrem Leben als die Menschen in den alten Bundesländern. Das Berliner Meinungsinstitut USUMA hatte dazu im April 1999 je tausend Ost- und Westdeutsche zwischen 14 und 50 Jahren befragt. Anders als vor der Wende werde die ostdeutsche Identität immer stärker betont und gegenüber Westdeutschen verteidigt. Skeptisch äußerten sich die Ostdeutschen bei der Frage, ob das Gemeinschaftsgefühl in den nächsten Jahren eher zunehmen oder abnehmen wird. 70,8% in der Ex-DDR, aber nur 51,1% im Westen meinten, das Gemeinschaftsgefühl werde abnehmen. Eine NATO-Beteiligung im Kosovo-Krieg lehnten 55,9% der Ostdeutschen ab. Von den Westdeutschen waren nur 37,9% dagegen. Übereinstimmung herrscht, daß die Rücksichtslosigkeit zunehmen würde. Auch die Vergrößerung der Kluft zwischen arm und reich sehen Ost- und Westdeutsche gleichermaßen voraus.

In der Bundesrepublik Deutschland gibt es derzeit 5,2 Billionen private Sparvermögen. Eine weitere stetige Steigerung ist vorhanden, obwohl bei 50% der Bevölkerung die Spareinlagen abnehmen. Hingegen nehmen sie bei 10% rasant zu. Gegenwärtig gibt es in Deutschland hundert Milliardäre und über 280000 Vermögens-Millionäre. Die Zahl der Einkommensmillionäre ist seit der Wende um 40% gestiegen.

Zur Jahrhundertwende schreibt »Le Monde«: »Der Besitz der drei reichsten Menschen der Welt übersteigt zusammengenommen das kumulierte Bruttoinlandsprodukt der achtundvierzig (48) ärmsten Länder der Welt.

Das ist ein Viertel aller Staaten. Wenn man den 225 reichsten Menschen der Welt vier (4) Prozent ihres Vermögens nähme, könnte man mit dieser Summe problemlos den Grundbedarf der Weltbevölkerung an Nahrungsmitteln, Trinkwasser, Bildung und Gesundheit sichern. Die allgemeine Befriedigung der Gesundheits- und Nahrungsbedürfnisse würde jährlich nur dreizehn (13) Milliarden Dollar kosten, das ist knapp so viel, wie die Einwohner der USA und der EU (Europäischen Union) für Parfüm ausgeben ...«

Ausblick?

Wenigstens Einblicke.

1922, als sich eine Kriegsgeneration hoffnungssüchtig versuchte, im Leben neu einzurichten, warnte Kurt Tucholsky auf seine Weise.

Merkt ihr nischt?

[redacted]

s. letzte Seite

Jeder merkt schon was. Zu allen Zeiten. Nur: Wir wollen nicht alles bemerken. So ist der Mensch. Er hat zuerst immer mit sich selbst zu tun.

Henry Miller, der ältere von den Miller-Namensvettern, lebte ein wildes Leben. Immer auf Achse, lebenslang auf der Suche nach sich selbst. Fast alles, was der nordamerikanische Schriftsteller schrieb, vom »Wendekreis des Krebses« über »Welt des Sexus« bis zu »Lachen, Liebe, Nächte« besitzt autobiographische Fundamente.

Spannend ist deshalb auch einer seiner Erkenntnissätze. »Leben ist das, was wir daraus machen.« Doch ist es so leicht? Setzt es doch voraus, daß man jeden machen läßt und – zu viel verlangt? – daß man jedem Chancen bietet ...

Arthur Miller, 24 Jahre jünger, ebenso ruhelos und schaffenswütig, eine Lebensetappe lang auch Mann von Marilyn Monroe, bekennender Autor des »sozialen Dramas«, in den 50er Jahren vors Komitee gegen unamerikanische Umtriebe des Senators McCarthy zitiert, dort wegen Aussageverweigerung zu Geld- und Gefängnisstrafe verurteilt, sucht immer nach Schuld und Verantwortung des einzelnen in der Gesellschaft *und* der Gesellschaft überhaupt. Im »Der Tod des Handlungsreisenden«, vor 50 Jahren in New York uraufgeführt, zeigt er die Illusion des Menschen im Besitz des Erfolgsrezeptes für ein erfülltes Leben zu sein. Vielleicht blieb auch Dustin Hoffmans Filmleistung dazu im Gedächtnis.

Nein. Keiner besitzt solches Rezept. Jeder kann es nur für sich suchen. Und die Suche erfüllt das Leben.

Ist das der Ausblick? Suchender zu bleiben?

Erich Kästner, den wir gerade zum 100. Geburtstag ehrten, dessen Bücher die Nazis verbrannten, und der sich selbst als »letzten Urenkel der deutschen Aufklärung« sah, schrieb bereits vor zig Jahren Zeilen und gute Gedanken für den Jahrhundert- und bald Jahrtausendwechsel.

Dem Revolutionär Jesus zum Geburtstag

Zweitausend Jahre sind es fast,
seit du die Welt verlassen hast,
du Opferlamm des Lebens!
Du gabst den Armen ihren Gott.

Du littest durch der Reichen Spott.
Du tatest es vergebens!

Und dann weiter, in der letzten der fünf Strophen:

Die Menschen wurden nicht gescheit.
Am wenigsten die Christenheit,
trotz allem Händefalten.
Du hattest sie vergeblich lieb.
Du starbst umsonst. Und alles blieb
beim alten.

Inhalt

Quellennachweis

Erich Kästner, aus »Seelisch verwendbar«, Carl Hanser Verlag, München 1998: »Die Zeit fährt Auto«, »Was auch geschieht!«, »Jahrgang 1899«, »Dem Revolutionär Jesus zum Geburtstag«

Alfred Kerr, aus »Mit Schleuder und Harfe«, Henschel-Verlag, Berlin 1981: »Moissi«; aus »Trotz alledem, es hat gelohnt. Klassische Kleine Bühne«, Henschel-Verlag, Berlin 1967: »Kainz«, »Memento mori«, »Sechstagerennen«; aus »Die Welt im Licht«, Kiepenheuer & Witsch, Köln 1961: »Liebeserklärung«, »Summt«

Eva Strittmatter, aus »Ich mach ein Lied aus Stille«, Aufbau Verlag, Berlin und Weimar 1980: »Bilanz« und »Gegen November«

Wolfgang Thierse, aus der Eröffnungsrede zum Geschichtsforum »1949–1989–1999« in Berlin, am 25. Mai 1999

Kurt Tucholsky, aus »Ein Gruß nach vorn«, Rowohlt, Berlin 1930: »Merkt ihr nischt?«

Die Genehmigung zum Abdruck des Tucholsky-Zitats konnte leider trotz größter Anstrengungen nicht erlangt werden. Es handelt sich um die Strophe, die mit dem Vers »Von der Welt könnte ihr nichts wissen« beginnt, worauf Tucholsky dann im zweiten Vers wundersamer Weise »angelogen« reimt. Da sich vorliegendes Buch bereits in Druck befand, konnte die betreffende Stelle auf S. 250 nur noch geschwärzt werden. Merkt ihr nischt?

ISBN 3-360-00897-9

2., unveränderte Auflage

Rosa-Luxemburg-Str. 39, 10178 Berlin
Umschlagentwurf: Jens Prockat, unter Verwendung eines Fotos von Manfred Gößinger
Druck und Bindung:
Offizin Andersen Nexö Leipzig